HERCULANUM

ET

POMPÉI

—

TOME I

Typographie Firmin-Didot. — Mesnil (Eure).

HERCULANUM

ET

POMPÉI

RECUEIL GÉNÉRAL

DES

PEINTURES, BRONZES, MOSAÏQUES, ETC.

DÉCOUVERTS JUSQU'A CE JOUR, ET REPRODUITS D'APRÈS

LE ANTICHITA DI ERCOLANO, IL MUSEO BORBONICO

ET TOUS LES OUVRAGES ANALOGUES

AUGMENTÉ DE SUJETS INÉDITS

GRAVÉS AU TRAIT SUR CUIVRE

PAR

H. ROUX AINÉ

Et accompagné d'un Texte explicatif par M. L. BARRÉ

PEINTURES, PREMIÈRE SÉRIE
DÉCORATIONS ARCHITECTURALES

PARIS

LIBRAIRIE DE FIRMIN-DIDOT ET Cⁱᴱ

IMPRIMEURS DE L'INSTITUT, RUE JACOB, 56

M DCCC LXXV

NOTICE.

Quidquid sub terra est in apricum proferet ætas,
Defodiet condetque nitentia.
(HORAT., *Epist.*, I, VI, 24.)

« Le temps mettra au jour tout ce qui est
« enseveli sous la terre ; il engloutira et cachera ce
« qui brille maintenant. »

Les cités ensevelies auxquelles appartiennent les restes précieux que nous avons à décrire sont situées sur une ligne droite qui longe le golfe du Cratère, en se dirigeant du nord-est au sud-est, depuis le mont Leucogée jusqu'au Lactaire, théâtre de la défaite du roi goth Téias par l'eunuque Narsès.

En partant de Néapolis et de Palæpolis, à la tête de cette ligne, on trouvait, dans un repli du rivage qui est en face du Vésuve, Herculanum et Retina, qui ne formaient qu'une seule ville. On traversait ensuite la petite cité d'Oplonte, et on arrivait à Pompéi, située entre les salines d'Hercule et les marais Pompéiens. Pompéi communiquait en outre avec Nola, par une route qui passait près du Vésuve. Puis, après avoir franchi l'ancien lit du Sarnus, qui aujourd'hui a deux embouchures beaucoup plus au sud, on laissait encore à gauche un embranchement de route dirigé sur Nucérie, et l'on arrivait enfin à Stabies. Mais toute cette ligne du rivage, couverte de maisons de campagne et de constructions de toute espèce, ne formait à proprement parler qu'une seule ville, depuis Naples jusqu'à Stabies. La montagne elle-même, dont les anciennes éruptions n'avaient laissé qu'un souvenir confus (1), marqué par la dénomination de *Champs phlégréens* donnée au pays ; la terrible montagne était habitée, et plus d'une villa se montrait suspendue sur les bords du gouffre éteint.

Jetons un coup d'œil rapide sur l'histoire de ces localités ; car nous y puiserons des indications précieuses pour l'histoire de leurs monuments.

L'origine d'Herculanum et de Pompéi se perd dans la nuit des temps ; on attribuait leur fondation à Hercule, qui avait donné son nom à la première cité ; l'autre avait tiré le sien de la longue troupe de bœufs (*pompa*), que ce héros avait amenée d'Espagne en Italie (2). A l'aide de pareilles fables, les peuples anciens se dissimulaient qu'un voile impénétrable leur dérobait leur propre berceau : l'enfance est d'autant plus curieuse et crédule, qu'elle est plus ignorante.

(1) Diod. Sic. ; Strab., V et VI ;   (2) Solin., 2.
Plin., III, 5, 9.

Ces villes appartinrent d'abord aux Pélasges et aux Opiques : un grand nombre d'inscriptions osques prouvent qu'à travers toutes les vicissitudes politiques, la population conserva toujours un souvenir de sa langue primitive. Elles furent conquises ensuite par les Grecs, qui vinrent de l'Éolie et de l'Eubée aborder sur le rivage de Cumes. Ceux-ci à leur tour furent chassés par les Étrusques, qui donnèrent pour capitale à toute la Campanie et aux cités du Vésuve, Capoue, appelée alors Vulturnum, et adjointe aux douze villes de la confédération toscane.

A partir de là, Herculanum et Pompéi suivirent le sort commun de la Campanie : elles se donnèrent aux Romains, pour échapper aux Samnites; puis, elles acceptèrent momentanément le joug d'Annibal, et enfin elles prirent part à la guerre sociale. Alors Stabies fut détruite par Sylla, à la vue même des habitants de Pompéi; et depuis ce ne fut plus qu'une réunion de quelques maisons des champs, *in villas abiit* (1). Les Pompéiens, non intimidés, fermèrent leurs portes au vainqueur; ils ne capitulèrent qu'après la triple lutte commencée sous leurs murs par l'armée italiote, et terminée enfin, à Nola, par la mort du chef samnite Cluentius ou Cluventius.

Les cités de la Campanie qui se soumirent alors aux armes romaines furent traitées avec douceur. Pompéi garda ses droits de municipe, et put même opposer un refus aux

---

(1) Plin., *Hist. nat.*, III, 5, 9.

colons envoyés de Rome pour partager ces droits; seulement, ses murailles furent démantelées, comme le prouve leur état actuel. Pendant les guerres civiles, on fit, en quelques endroits de ces fortifications, des réparations dont les traces existent encore aujourd'hui. Sous Auguste, enfin, de longues courtines de ces murailles disparurent entièrement, de sorte que des constructions privées s'élevèrent sur leur emplacement; et ce fut alors seulement que la cité sans défense devint une colonie romaine, ainsi que le prouve une inscription trouvée au théâtre. On n'a pas de renseignements particuliers sur le sort d'Herculanum : il est probable que cette ville éprouva des vicissitudes toutes pareilles.

On sait que Pompéi fut la résidence de Cicéron et de sa famille, résidence constatée par des monuments et des inscriptions. Un des fils de l'empereur Claude y mourut, étouffé par un fruit qu'il avait avalé.

En l'an 59, pendant un combat de gladiateurs, que donnait un homme chassé du sénat et nommé Livineius Regulus, une querelle s'éleva entre les Pompéiens et les Nucériens, qui assistaient aux jeux de l'amphithéâtre; des mots injurieux on en vint aux coups; le sang coula, et les Pompéiens demeurèrent vainqueurs. Leur triomphe est rappelé non-seulement par le passage de Tacite, qui raconte cette espèce de sédition (1), mais encore par une espèce de caricature politique, que l'on a trouvée sur

---

(1) *Annal.*, XIV, 17.

les murs extérieurs de la rue de Mercure, et qui est accompagnée de cette inscription : *Campani, victoria una cum Nucerinis periistis.* « Campaniens, une victoire « sur les Nucériens vous a tués. »

En effet, cet avantage leur coûta cher : Néron et le sénat condamnèrent les vainqueurs à se passer de spectacle pendant dix années.

Le 16 février de l'an 63 (1), un tremblement de terre, précurseur qui seize années d'avance annonçait la catastrophe finale, vint renverser une partie des édifices de Pompéi, et causer également des ravages dans les murs d'Herculanum. L'année suivante, un autre tremblement de terre épouvanta la contrée, au moment même où Néron chantait sur le théâtre de Naples; et cet édifice s'écroula aussitôt que l'empereur l'eut quitté.

Enfin, le 23 août 79, éclata la terrible éruption qui causa la ruine de cinq cités opulentes, la désolation de la contrée la plus riche du monde, et en même temps le trépas non moins regrettable du grand naturaliste romain. Le neveu de celui-ci, Pline le Jeune, nous a conservé le récit de cette catastrophe, dans deux lettres à Tacite, son ami; lettres qui sont des modèles de narration, et par cela trop connues pour que nous les reproduisions ici.

La position élevée et assez éloignée de Pompéi mit

---

(1) Senec., *Quæst. nat.*, VI, 1 et 26.

cette ville à l'abri des torrents de lave; mais elle fut couverte d'une couche de cendres et de petits cailloux, qui atteignit une hauteur de 15 à 18 pieds, et dans laquelle on trouve quelques sphéroïdes (1), parfaitement cristallisés, semblables à des aérolithes. Cette espèce de déluge de matières volcaniques ne dépassa nulle part la hauteur du premier étage des édifices; mais les toits et les terrasses s'affaissèrent sous son poids, et dans les endroits où les voûtes et les murs offraient une résistance suffisante, comme à l'amphithéâtre, il se forma des monticules de cendres. Une partie des habitants parvint sans doute à s'échapper; mais, d'après les cent soixante squelettes trouvés dans les parties déblayées, c'est-à-dire dans la huitième partie de la ville, on peut conjecturer qu'il n'y eut pas moins de treize cents personnes qui périrent étouffées dans l'enceinte des murs.

La double cité d'Herculanum et de Retina, située plus près du volcan, dans le bas du rivage et sur la route des laves à la mer, ne put échapper à ce fléau; elle fut recouverte de couches successives de matières en fusion et de petits cailloux (*lapilli*), qui se sont amoncelées en quelques endroits jusqu'à la hauteur de soixante-dix pieds au-dessus du sol de l'ancienne ville.

Un étrange paradoxe a été soutenu par quelques antiquaires à l'égard des villes campaniennes; on a prétendu d'abord distinguer, et même séparer par plusieurs siècles

---

(1) Mazois, *Ruines de Pompéi*, tom. I, *Notice historique*, p. 18.

de distance, l'époque de l'ensevelissement d'Herculanum et celle de la ruine de Pompéi. Cependant on ne paraît guère avoir eu de meilleure raison pour établir cette distinction, que la différence des couches de terrain qui recouvrent les deux cités. On n'a pas voulu voir que cette différence tenait uniquement à la situation des villes. Bâties dans les lieux élevés, mais placées sous le vent, qui soufflait du sud-est, et qui a porté les cendres jusqu'en Égypte, Pompéi et Stabia ne pouvaient recevoir que les matières les plus subtiles de l'éruption. Herculanum et Retina, gisant au bas de la plus grande déclivité de la montagne, devaient être écrasées sous les plus gros débris que lançait le cratère, brûlées et ensevelies par les torrents de substances qui se frayaient un chemin vers la mer. Les partisans de l'opinion que nous combattons sont tombés dans une étrange erreur en s'appuyant du silence de Sénèque (1), et en faisant observer que cet écrivain, après avoir parlé de l'ébranlement des édifices des deux villes par le tremblement de 63 (2), n'a point mentionné leur destruction complète en 79; ces critiques ne se sont donc point rappelé que Sénèque est mort en l'an 65 !

Un argument plus sérieux des antiquaires qui ont rapproché de nous la ruine d'Herculanum, jusqu'à en assigner la cause à l'éruption de 471, repose sur la table

---

(1) *Edinb. Review*, tom. XVI, p. 383.

(2) *Quæst. nat.*, loc. citat.

peutingérienne, monument qui date du règne de Théodose, et qui signale encore Herculanum au nombre des lieux de la Campanie.

En effet, cette table porte ces indications : « De Naples « à Herculanum 6 ; Oplontis 6 ; Pompéi 3. » Mais, en partant de là, M. Laporte-Dutheil, le plus habile défenseur du paradoxe en question (1), a bien senti que, s' l'argument est valable pour Herculanum, il s'appliqu également à Oplonte, à Pompéi et à Stabies, et il e1 a conclu que « toutes ces villes ont survécu à l'éruptio1 « de 79 et aux suivantes ; qu'elles sont sorties de leur « ruines sous le règne même de Titus ; qu'elles euren « encore un reste de splendeur sous Adrien, et qu'on le « retrouve dans le règne d'Antonin (2). »

Voilà qui simplifie la question ; et il s'agit maintenan de savoir si Pompéi, comme les autres cités, a été détruit en 79 ou en 471.

A ce point de la discussion, il suffira de remarque d'abord que la table peutingérienne pourrait bien être surtout en ce qui concerne l'Italie, la copie d'une suit de monuments du même genre, dont l'original serait an térieur à l'an 79 ; que d'ailleurs ces endroits peuvent avoir été indiqués, soit à cause de leur ancienne célébrité causée par le désastre même dont ils ont été le théâtre soit peut-être parce que de nouvelles habitations, en peti

---

(1) *Magasin Encyclopédique.*
(2) Cité par M. Quatremère de Quincy, *Dict. d'archit.*, article *Herculanum.*

nombre, s'y seraient élevées sur la lave, depuis longtemps refroidie, comme y ont été construits, dans les temps tout à fait modernes, les palais et les édifices de Portici et de Resina.

Nous disons que cette remarque suffit, et qu'il est inutile de réfuter les autres raisonnements de nos modernistes : c'est qu'en effet nous avons pour nous des preuves d'un ordre supérieur à toutes les inductions tirées des monuments étrangers, des preuves que nous pourrions appeler intrinsèques, et qui nous sont fournies par les ruines mêmes qui forment l'objet de la contestation. En effet, nous voyons, tant à Herculanum qu'à Pompéi, nombre de monuments et d'inscriptions qui signalent des faits encore récents au moment de l'éruption de 79, et qui se rapportent à des personnages contemporains ou à peine antérieurs; tandis que personne n'a vu, ni à Pompéi, ni à Herculanum, aucun témoignage postérieur à la catastrophe décrite par Pline.

On y rencontre presque vivant le souvenir des Cicérons, de Caligula enfant, des Agrippines et de Néron, de toute la famille des premiers Césars, et rien au delà. On voit les théâtres, les temples fraîchement réparés après le désastre de l'an 63, et couverts d'inscriptions dictées par la reconnaissance, en faveur des citoyens qui ont contribué de leurs deniers à cette restauration. On lit sur les murs des phrases tracées au pinceau, qui parlent de la lutte avec les Nucériens, par exemple (1), comme d'un

(1) Voyez ci-dessus, p. v.

fait de la veille. Et tout cela aurait été conservé intact, aucune addition n'y aurait été faite jusqu'en l'an 471! Nous verrions les réparations faites après le tremblement de terre de 63; et, de celles qui auraient dû avoir lieu après l'éruption de 79, nulle trace ne serait restée! Le goût grec et le goût de l'époque césarienne n'auraient nulle part été remplacés ou gâtés par l'empreinte barbare et byzantine des temps intermédiaires; la basilique ne serait point devenue chrétienne sous Constantin, et les statues des idoles seraient demeurées debout, leurs images profanes auraient subsisté sur les murailles! En vérité, tout cela serait plus merveilleux encore que la conservation souterraine des deux cités. Nous regrettons presque que cette surprenante hypothèse soit contredite et ruinée de fond en comble par l'examen attentif de tous les monuments que nous reproduisons dans cet ouvrage : chacun de ces monuments serait plus qu'une rareté; il deviendrait un prodige.

Concluons. Tout ce qu'on peut inférer de la table peutingérienne, c'est que l'emplacement des villes ensevelies était encore connu au cinquième siècle; et il paraît, en effet, que des fouilles furent entamées à Pompéi, soit immédiatement après l'éruption, soit au moins à des époques fort anciennes, pour retirer quelques objets précieux des parties les plus élevées de la ville; c'est ainsi que disparurent les marbres du théâtre. Il ne pouvait pas en être de même à Herculanum.

La tradition d'une ville engloutie se conserva longtemps dans la mémoire des hommes, puisque le terrain sous lequel était Pompéi reçut au moyen âge le nom de Cività, nom que l'on donne encore à cet endroit et aux fouilles qui s'y pratiquent. Mais le sens primitif de cette expression était entièrement perdu au seizième siècle; car, en 1592, Dominique Fontana, pour conduire à Torre dell' Annunziata les eaux du Sarno, creusa un aqueduc à travers les ruines mêmes; et cet architecte, homme habile et instruit cependant, ne se douta pas de l'existence d'une ville antique dans le terrain qu'il fouillait.

Chose étrange! Pompéi était restée pour ainsi dire à fleur de terre; le lieu avait gardé un nom significatif; et ce fut Herculanum, oublié, caché à soixante-dix pieds sous terre, que l'on découvrit d'abord. En 1684, comme on creusait un puits, on eut quelques indices de ruines romaines en cet endroit. Ce puits, qui existe encore aujourd'hui, descendait précisément au milieu du théâtre d'Herculanum.

Le prince d'Elbœuf, Français de naissance, envoyé à Naples à la tête d'une armée impériale, et ayant épousé une princesse de ce pays, fit, en 1706, l'acquisition du terrain, et y bâtit un palais : il trouva, vers 1713, dans le puits qu'il fit agrandir, des marbres dont il orna ses terrasses et ses escaliers, et des statues qu'il envoya en France ou à Vienne, à sa famille et au prince Eugène, sous lequel il avait servi. Bientôt le gouvernement de Naples intervint, et fit suspendre les fouilles; mais ce ne fut que plus de vingt ans après, vers 1736, que ces travaux furent repris pour le roi. Une nouvelle entrée fut pratiquée à Resina, et l'on découvrit successivement le théâtre, des temples, des édifices privés, des inscriptions et des médailles, qui ne laissèrent aucun doute sur l'identité de ces ruines avec celles de la malheureuse cité d'Herculanum, ensevelie sous Titus.

Cependant les excavations, prolongées à une profondeur de soixante-dix pieds, étaient fort difficiles et demandaient des frais considérables; on se rappela qu'en 1689, des paysans avaient trouvé, sur le terrain appelé Cività, quelques débris antiques. On chercha Pompéi en 1748, sous les amas de cendres, et bientôt on vit qu'à bien moins de frais, on l'en pouvait tirer tout entière. Ce qui dut imprimer à ces nouvelles découvertes un caractère tout différent des anciennes, c'est qu'on avait ici une ville avec ses rues, ses places publiques, ses portiques, revivant tout à coup à l'air pur et sous la belle lumière de l'Italie; tandis que de l'autre côté, on ne possédait que des catacombes, une mine d'antiquités, mine d'une extraordinaire richesse, mais froide, obscure et resserrée.

Ce double succès conseilla quelques tentatives du côté de Stabies, sur l'emplacement où est bâtie aujourd'hui la ville de Castel-a-Mare; et l'on y découvrit, en effet, quelques débris précieux : mais la cherté des terrains fit bientôt abandonner les fouilles; tandis que celles d'Herculanum et de Pompéi, poussées avec ardeur à la fin du dix-huitième siècle, reçurent un nouvel accroissement sous l'administration française, qui, avec son activité ordinaire, fit explorer toute l'enceinte de la ville. Enfin, les recherches devinrent de plus en plus productives depuis la restauration de 1815, et surtout depuis l'avénement du souverain actuel.

Un grand nombre de publications ont été entreprises pour faire connaître à toute l'Europe les richesses conquises par le gouvernement de Naples. Dès 1755, parut un catalogue des antiquités rassemblées depuis dix-neuf ans dans le musée de Portici; et en 1757 commença l'impression du magnifique ouvrage des académiciens d'Herculanum, ouvrage qui se compose aujourd'hui de huit volumes in-folio.

Nous ne citerons que pour mémoire les deux gros in-quarto de Monsignor Bayardi, au bout desquels l'auteur ne fait encore que d'arriver de Sicile, avec le fondateur d'Herculanum et les bœufs de Géryon.

Le grand ouvrage de Mazois, commencé en 1812 et terminé en 1838 (1), a pour objet principal la description et la représentation exacte des monuments d'architecture; et c'est un modèle unique à cet égard. On y trouve, en outre, des renseignements précieux sur quelques-uns des objets d'antiquités découverts dans les édifices pompéiens.

C'est en 1824 que commença la publication du Musée

---

(1) *Ruines de Pompéi*, 4 vol. in-folio, chez M. Firmin Didot : le 4ᵉ vol. a été rédigé par M. Barré.

tistes qui consulteront notre ouvrage, et nous l'avons partagé en deux grandes parties : *Peinture* et *Sculpture*, subdivisées chacune en plusieurs séries, que nous allons passer en revue, après quelques observations préliminaires.

Longtemps le gouvernement napolitain s'est opposé à ce que l'on copiât les peintures antiques, et cette interdiction a donné lieu à un fait assez curieux.

Malgré les précautions quelquefois exagérées avec lesquelles étaient gardées les fresques du musée, alors à Portici, quelques copies furtives en étaient faites au moins de souvenir, et le public recherchait ces copies avec d'autant plus d'avidité qu'elles étaient plus rares et se vendaient avec plus de mystère. Un peintre vénitien, nommé Joseph Guerra, établi à Rome, où il manquait d'ouvrage, quoiqu'il ne fût pas absolument dépourvu de talent, entreprit de bâtir sur une fraude encore plus hardie l'édifice de sa fortune. Guerra ne se hasarda point seulement à débiter des copies des peintures antiques : il vendit ces peintures elles-mêmes. Il peignit différentes fresques à la manière antique, sur des fragments d'enduit, et les céda à quelques amateurs, en leur avouant, sous promesse du secret, qu'il les avait achetées lui-même de quelque employé des fouilles napolitaines. Grande rumeur à Naples, où d'abord on cherche en vain le coupable ! Mais, ayant reçu de Rome des indices positifs, les directeurs du musée firent d'abord acheter secrètement trois des fresques qui circulaient dans cette capitale; puis un de leurs agents alla s'adresser à Guerra lui-même, et lui demanda l'Achille et Chiron, alors déjà gravé et publié dans le premier volume des Antiquités d'Herculanum. Guerra, sans défiance aucune, fit la copie ou plutôt l'imitation demandée; car il ne pouvait travailler en présence de l'original. Dans cette copie, qu'il signa, on reconnut exactement le faire des trois fresques achetées; mêmes efforts pour suivre un modèle entrevu seulement de loin; mêmes différences échappées, malgré ces efforts, et surtout analogie parfaite des copies entre elles, quoique les modèles différassent beaucoup. Le gouvernement de Naples n'usa point de son influence dans l'État pontifical pour inquiéter Guerra. On se contenta d'exposer les quatre imitations près des originaux, avec une inscription explicative, afin de prémunir les curieux contre toute fraude de ce genre. Guerra, ne pouvant plus vendre de faux antiques, revint, non sans quelque succès, à un usage légitime et avoué de son pinceau. D'après cette anecdote, on ne s'étonnera plus de ne pas rencontrer dans notre recueil tout ce qui a été colporté en Europe comme provenant de Pompéi : les imitateurs de Guerra nous ont trouvés sur nos gardes.

Dans tout le cours de cet ouvrage, nous nous servons du mot *fresque* en parlant des peintures murales que nous reproduisons : nous employons ce mot suivant l'usage général, qui l'applique à tous les tableaux de ce genre; mais nous prions nos lecteurs de n'en pas conclure que, selon nous, les anciens aient toujours étendu leurs couleurs sur l'enduit encore frais. Il est évident qu'ils peignaient aussi à la *guazza* ou en détrempe, avec des couleurs préparées à la gomme ou au gluten (1). On en trouve la preuve dans un grand nombre de tableaux du musée, dont les couleurs non-seulement s'altèrent, mais s'écaillent aussi et se séparent de l'enduit du mur : on voit même quelquefois une teinte primitive reparaître, à mesure que la couche supérieure tombe; ce qui ne peut avoir lieu dans une fresque. Nous savons, d'ailleurs, que toutes les couleurs ne résistent pas à la chaux, et, par conséquent, ne sont pas propres à la fresque : telles étaient, parmi les couleurs en usage chez les anciens, celles qu'ils appelaient *purpurissum, indicum, cœruleum, melinum, auripigmentum, appianum* et *cerussa*. Or il est évident que nos peintres ont rarement été arrêtés par cette restriction, dans l'emploi des teintes les plus riches. Cette simple observation suffira pour prévenir toute interprétation peu exacte de notre pensée.

Nous devons ajouter ceci : nous n'ignorons nullement que toutes les peintures antiques, sans exception, n'étaient pas des peintures murales : car on peignait quelquefois sur des tablettes de bois, sur des peaux ou membranes (2), et même sur de la toile, comme nous en voyons un exemple dans cette image colossale de Néron, haute de cent vingt pieds, qui fut consumée par la foudre dans les jardins de Marius (3). Notre ouvrage même

(1) Plin., XIII, 11; XXVIII, 17; XXXV, 6; Vitruv., VII, 10.

(2) Plin., XXXV, 11.
(3) Plin., XXXV, 7.

en fournit encore des preuves, dans les peintures qui représentent une femme artiste à son chevalet, et un Pygmée occupé à peindre de même. Nous avons eu occasion, dans un autre ouvrage, de reconnaître qu'il existe au temple de Vénus un endroit de la muraille évidemment destiné à recevoir un tableau suspendu : nous avons aussi recueilli quelques faits de ce genre dans nos observations sur la pornographie des anciens. Nous regretterions donc qu'un savant archéologue, qui a pris parti exclusivement pour ce genre de peinture, crût que nous nous refusons sur ce point à l'évidence; mais nous ne voulons pas non plus que l'exception prenne la place de la règle générale, et nous conservons toute notre estime hautement avouée pour les travaux qui ont assigné à la peinture murale un emploi général dans la décoration des édifices antiques. Nous nous sommes même prononcés, et nous nous prononçons encore, pour les idées émises récemment sur l'architecture peinte; nous croyons que dans ces idées se trouve l'intelligence du passé de l'architectonique, et peut-être la prévision de son avenir.

La première série des *Peintures* se compose des *Décorations*, la plupart architecturales, qui couvrent les parois des salles d'un grand nombre d'édifices. Les décorateurs et les ornemanistes modernes y trouveront des modèles et des inspirations : cette partie de l'ouvrage ne sera pas inutile aux architectes eux-mêmes, soit parce qu'ils sont appelés à diriger la décoration des édifices qu'ils construisent, soit parce qu'ils peuvent trouver dans ces caprices architectoniques des motifs qui, réduits à des proportions moins fantastiques, deviendraient applicables à des constructions réelles. L'antiquaire et l'archéologue rencontreront encore dans ce volume quelques sujets relatifs à leurs études et à leurs recherches habituelles; partout se trouvent des figures et des emblèmes mythologiques, des attributs dramatiques ou religieux propres à éclaircir quelques points contestés; çà et là se révèlent quelques traits spéciaux, qui n'ont point été enregistrés dans l'histoire de l'art.

La deuxième série, qui comprend les *Tableaux*, est la plus étendue, comme elle est aussi sans contredit la plus importante et la plus curieuse. Elle éclaire à la fois, par les sujets, la mythologie et l'histoire du temps héroïque; par les détails, la science du costume, et, conséquemment, l'art dramatique aussi bien que l'antiquité proprement dite; et enfin, par la composition et l'exécution des tableaux, l'art moderne lui-même, qui a encore quelque chose à apprendre des anciens.

Ce que nous venons de dire s'applique également à la troisième série, comprenant les *Figures isolées*.

La quatrième, qui se compose des *Frises*, a quelques rapports, tant avec la première, par sa destination architecturale, qu'avec la seconde, par les sujets qu'elle comprend.

La cinquième est formée des *Paysages;* elle offre des particularités toutes nouvelles encore pour un grand nombre d'artistes; elle peut enseigner comment doivent être composées les villes, les villas, les plus simples fabriques, dans un paysage historique, dont le sujet appartient à l'antiquité. Claude Lorrain lui-même aurait pu gagner quelque chose à l'examen de ces planches. Parmi ces vues d'édifices, quelques-unes seulement confirmeront ce que l'on sait déjà de la connaissance approfondie qu'avaient les anciens des règles de la perspective, tant aérienne (1) que linéaire (2).

Les *Mosaïques*, sixième série, sont accompagnées d'une introduction spéciale.

Dans l'autre partie de l'ouvrage, la première série comprend non-seulement les statues de bronze, mais aussi celles de marbre qui ont été trouvées dans les villes du Vésuve. Ici figurent ces chefs-d'œuvre qui sont venus prendre rang après les plus célèbres, à savoir : le Mercure assis, la Vénus détachant de son pied une de ses périscélides, et enfin le Faune endormi. Cette partie comprend aussi quelques bas-reliefs.

La deuxième série, celle des *Bustes*, s'adresse moins aux artistes qu'aux historiens et aux iconographes; il ne paraît pas que ceux-ci aient complétement exploité déjà les matériaux que les fouilles leur ont livrés.

La troisième se compose des *Lampes, candélabres, vases, bijoux et ustensiles* de toute espèce : les artistes qui travaillent les métaux, orfévres, bijoutiers et fon-

---

(1) Philostr., *Imag.*, I; 4 et 13; II, 20.   (2) Vitruv., I, 2; V. præf.

deurs, y trouveront des formes, des combinaisons, applicables peut-être, sauf de légères modifications, à des besoins tout modernes.

Nous n'avons pas à parler du *Musée secret*, auquel nous avons joint, sous forme d'avant-propos, les explications et les apologies nécessaires.

Nous n'entreprendrons point ici de justifier quelques opinions du texte, qui, faute du développement nécessaire, pourront paraître hasardées, ni d'en éclaircir quelques autres qui sembleront obscures, parce que nous ne les avons peut-être pas assez dégagées de la discussion des hypothèses contradictoires. Nous ne rejetterons point sur les ouvrages traduits les fautes du traducteur, ni sur la rapidité de la publication les défauts d'une rédaction trop hâtive. Les excuses mal fondées ajoutent un tort de plus aux torts de l'écrivain; les excuses valables ennuient le lecteur, qui les eût bien divinées. Il est pourtant un point que l'on oubliera bientôt et qu'il nous importe de constater. Cet ouvrage n'a pas été publié continûment, en commençant par la première série, et en passant à la seconde, après celle-ci épuisée : mais plusieurs séries, entamées à la fois, ont dû marcher de front. Il a pu résulter de là quelques répétitions. Des contradictions même, plus apparentes que réelles, ont pu être causées par la diversité des sources où nous avons puisé. Nous comptons sur l'indulgence du lecteur, pour faire dans la critique la part de cette difficulté, et pour nous attribuer définitivement, dans les cas douteux, l'opinion qui s'accorde le plus avec le bon sens universel et avec son propre jugement. Ainsi, en donnant une interprétation, que nous regardions comme nouvelle, de l'inscription gravée sur les cachets de spectacle, nous ne nous rappelions pas avoir examiné ailleurs une opinion presque semblable et l'avoir rejetée. Nous l'adoptons, enfin, mais par de nouveaux motifs : ce sont ceux-là seulement que nous tenons pour valables, ainsi que la décision dernière.

Le texte de cet ouvrage n'a point été continué et terminé par l'écrivain auquel il avait été confié en premier lieu. M. Bories, appelé à d'autres travaux, a rédigé quelques feuilles des trois premières séries des peintures, ainsi que de la première des bronzes. J'ai fait seul tout le reste. Il était de mon devoir de tracer cette limite; car je craindrais également d'usurper des éloges dus à mon collaborateur, et de faire retomber sur lui le blâme que j'aurais mérité.

L. Barré.

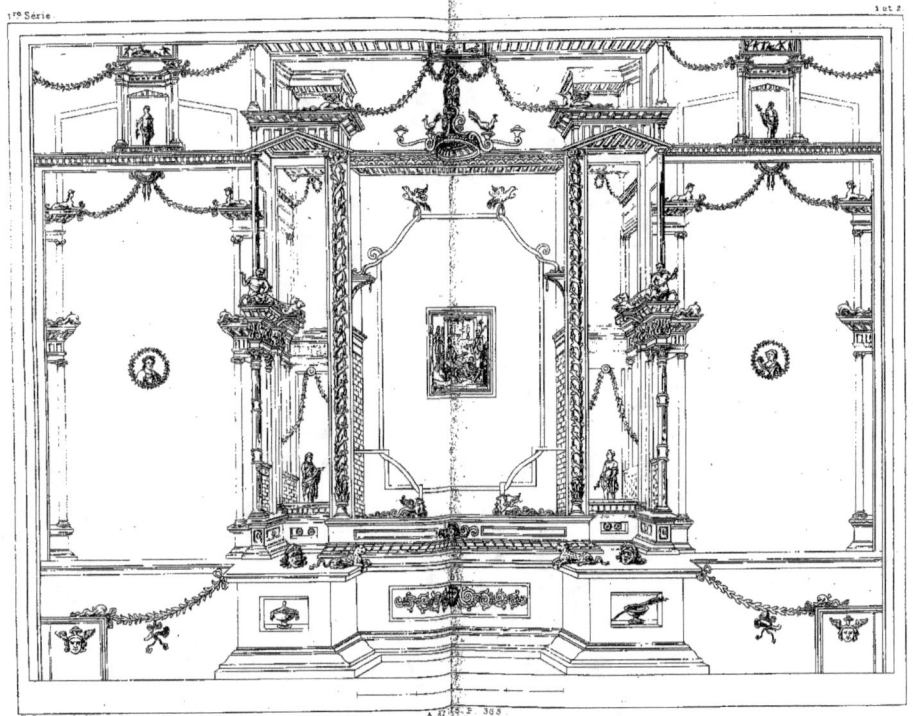

DÉCORATION ARCHITECTURALE.

EXPLICATION DES PLANCHES.

PEINTURES.

1ʳᵉ Série.

DÉCORATIONS ARCHITECTURALES.

PLANCHES 1 ET 2.

Cette peinture architecturale, trouvée dans les fouilles de Pompéi avec les deux suivantes, est remarquable par l'originalité et la multitude des ornements qui la composent. On voit à son étendue et à sa forme qu'elle faisait à elle seule la décoration d'un des murs d'une salle.

L'architecture, d'un jaune très-foncé, se détache sur un fond d'un jaune plus clair, et les ornements qui la décorent sont blancs. Dans le milieu est un tableau que nous développerons dans la neuvième planche de la deuxième série des peintures. Il est entouré par une petite draperie étroite de couleur blanche.

Les tritons, les griffons, les dauphins, les paons, les

sphinx et les tigres que l'on voit épars dans les diverses parties de notre peinture sont d'un clair obscur jaune; les guirlandes sont vertes; les deux vases peints sur le socle, ainsi que les rhytons suspendus au milieu des guirlandes attachées aux deux côtés du socle, ont une couleur de bronze. Les masques sont couleur de chair. Le mascaron du milieu est rouge et entouré d'ornements verts.

Les deux figures au-dessus de la corniche tiennent en main des rameaux. Des deux autres figures que l'on aperçoit plus bas dans la peinture, l'une tient aussi un rameau; et l'autre, dont la tête est voilée, semble porter une patère. Deux bustes sont peints dans les médaillons latéraux : l'un des deux se distingue par une corne d'abondance; l'autre n'a pas d'attribut qui le caractérise.

Cette peinture architectonique semble avoir été faite à l'intention de Bacchus. En effet, le tableau peint au milieu a quelque analogie avec le culte de ce dieu. Les tigres, les griffons et les autres animaux fabuleux lui conviennent parfaitement; nous aurons occasion d'en parler ailleurs. Les rhytons ont avec le dieu des vendanges un rapport qu'on ne contestera pas. Les rameaux dans les mains de plusieurs figures, le voile sur la tête de l'une d'elles, indiquent des sacrifices ou des cérémonies religieuses. Enfin le médaillon qui représente une femme tenant en main une corne d'abondance peut nous offrir l'image de Cérès, mère de Bacchus, selon quelques

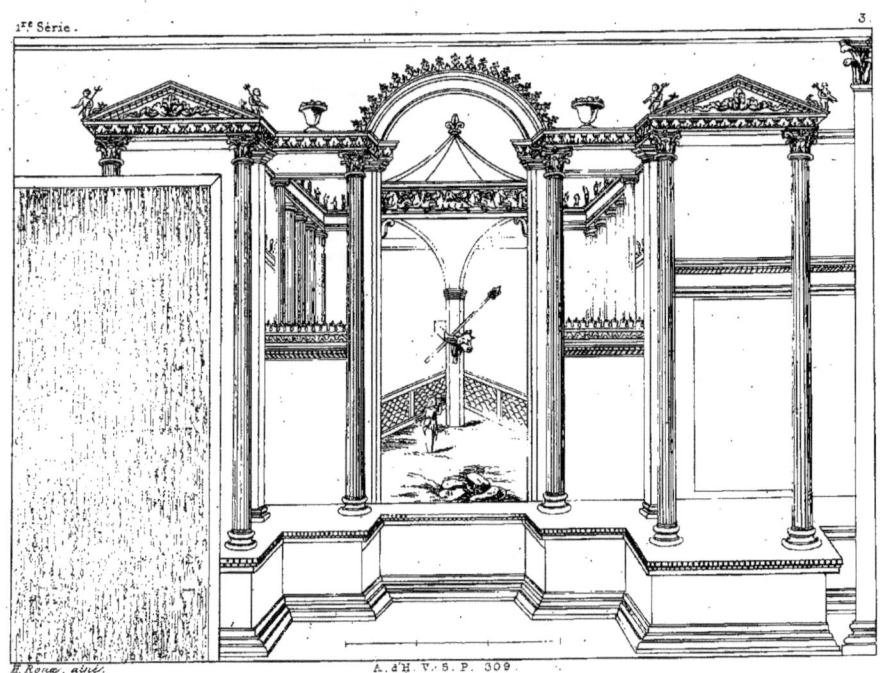

DÉCORATION ARCHITECTURALE.

auteurs, et l'autre celle de Vénus, dont Bacchus cultivait l'amitié (1).

Sine Cerere et Libero friget Venus (2).

PLANCHE 3.

Cette peinture rivalise avec la précédente pour le goût, mais elle lui cède pour la régularité et pour l'entente de la perspective. Elle formait aussi à elle seule la décoration complète d'une des murailles d'un appartement.

Le fond est un ciel bleu avec des nuages. A l'exception de la frise qui est noire, et des petites statues qui sont blanches, l'architecture entière est de couleur rouge; l'arc est d'un ton moins foncé. Les vases posés sur la corniche et les tritons sont d'un rouge clair. Le pilastre du milieu, où sont attachés un thyrse et une tête de bœuf avec une draperie rouge; l'intérieur de l'édifice, couronné par un tholus, et les balustrades qui ferment le vestibule, où se trouve un Priape, sont de couleur jaunâtre. La frise, ornée de chevaux ailés, est de la même couleur; les chevaux sont blancs; les colonnes fuyantes sont d'un jaune clair. Le soubassement et la terrasse sont peints au naturel, et les pierres qui se trouvent au-dessus sont brunes.

Quant au sujet de cette peinture, il semble qu'il ne peut pas être autre chose qu'un temple. Le Priape placé dans le vestibule ne serait pas une indication suffisante

(1) D'Arnaud, *de Diis* παρέδροις.   (2) Térence, *Eunuch.*, IV, 5, 6.

pour porter à croire que l'édifice est dédié à cette divinité secondaire. Le thyrse attaché à un des pilastres ferait pencher la balance en faveur de Bacchus, si les tritons et surtout les conques qui ornent les deux frises ou les tympans latéraux, n'appartenaient d'une manière toute particulière à Vénus. Priape, on aura occasion de le dire ailleurs, conviendrait également à Bacchus et à Vénus. Les colonnes extérieures empruntent à l'ordre corinthien leurs chapiteaux, mais non pas leurs bases; celles en perspective semblent appartenir par leurs chapiteaux à l'ordre dorique; mais par leur simplicité elles se rapprochent du toscan.

PLANCHES 4 ET 5.

On voit à l'étendue et à la forme de cette peinture qu'elle décorait encore un des murs d'une salle. Elle est divisée en plusieurs compartiments dont chacun offre un sujet différent. Les quatre motifs de dessus, peints sur fond bleu, sont entourés de filets bruns. Ils reposent sur une longue corniche peinte à l'imitation d'un stuc blanc, qui traverse la décoration dans toute sa longueur. Dans le premier on voit un socle qui en supporte deux autres. Sur l'un de ces deux socles est une corbeille; sur l'autre on a placé deux petits pains qui semblent appartenir par leur forme à cette espèce particulière que les Romains appelaient *quadræ* (1) et les Grecs τετράτρυφοι (2),

(1) Horace, I, *Ep.* XVII, 49; Martial, III, *Ep.* 76, et IX, *Ep.* 95; Juvénal, V, 2.
(2) Hésiode, Ἔργ. 440.

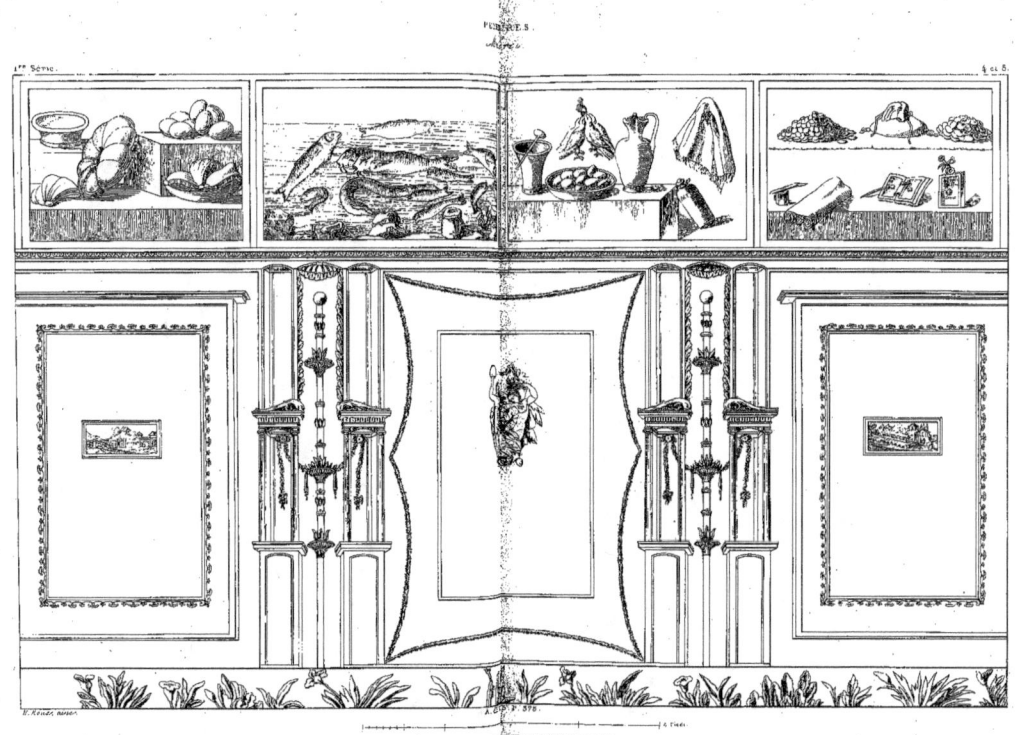

sans doute à cause des quatre subdivisions qui y étaient indiquées. Un pain beaucoup plus gros et d'une forme différente est appuyé sur le socle, au-devant duquel se trouve un bassin d'argent rempli de pâtisseries; peut-être les *placentæ* ou les *scriblitæ* dont il est question dans plusieurs auteurs latins (1). Le second représente la mer et des poissons, parmi lesquels on peut reconnaître deux gros surmulets et une lamproie; quelques pierres sont sur le bord : le tout est de couleur naturelle. Dans le troisième, et sur un socle, l'on voit deux vases couleur de bronze, dont l'un supporte une passoire (2) et un bassin de la même couleur qui contient des œufs. Un troisième vase, couleur de terre cuite, s'appuie sur le socle, et porte une inscription dont le but est d'indiquer le nom du propriétaire (3), ou celui de la fabrique, ou celui du vin, peut-être encore celui du consulat sous lequel il a été recueilli (4), ou celui du pays qui l'a produit (5).

Les peuples de l'Italie devaient étiqueter leurs vins avec d'autant plus de précautions que Pline admettait à peu près *quatre-vingts* sortes de vins célèbres, dont les deux tiers appartenaient à la seule Italie (6). Quant à ceux de Pompéi, si on veut l'en croire, ils n'étaient pas potables avant d'avoir atteint leur dixième année, et ils étaient si capiteux que ceux qui en buvaient en ressen-

(1) Martial, III, 17; Athénée, XIV, 13.
(2) V. dans cet ouvrage la pl. XX de la 2ᵉ série des peintures.
(3) Plaute, *Rud.*, II, V, 21.
(4) Pline, XIV, 14 et 21; Horace, I, *Ep.* V, 4.
(5) Pline, *loc. cit.;* Plaute, *Pœn.*, IV, 2, 14; Juvenal, V, 34.
(6) Pline, XIV, 11.

taient des douleurs de tête jusqu'à la sixième heure du lendemain (1). Quatre oiseaux, dont le plumage est roux et le bec blanc, sont suspendus au mur, où l'on a attaché aussi une espèce de serviette blanche. Enfin dans le haut du dernier compartiment on aperçoit un tas de pièces d'or, puis un petit sac et un autre tas de pièces d'or et d'argent mêlées ensemble : par-dessous, un encrier blanc avec une plume jaunâtre ; un parchemin à demi déroulé ; des tablettes ouvertes avec quelques inscriptions et une plume, et d'autres fermées couvertes de caractères, et suspendues à un clou. La bande qui traverse toute la peinture par-dessous la corniche en stuc est verte ; le fond des deux compartiments latéraux est rouge, et les deux petits tableaux qui occupent le milieu ont des bordures blanches et noires. Ils représentent des paysages peints de couleur naturelle. Les grands cadres tracés au milieu de ces deux compartiments latéraux sont blancs, et les petites fleurs qui les ornent, jaunes. Le fond sur lequel se détachent les deux compartiments, ainsi que celui des quatre stylobates, est jaune. Leurs petites corniches et leurs bordures sont vertes. Le fond de l'architecture qui reste est blanc. Les petites guirlandes sont vertes, les dauphins jaunes, les deux candélabres rouges sur fond noir, les boules qui décorent leurs extrémités supérieures, couleur de bronze ; les coquilles que l'on voit au-dessus, bleues. Tout le feuil-

(1) Pline, XIV, 6.

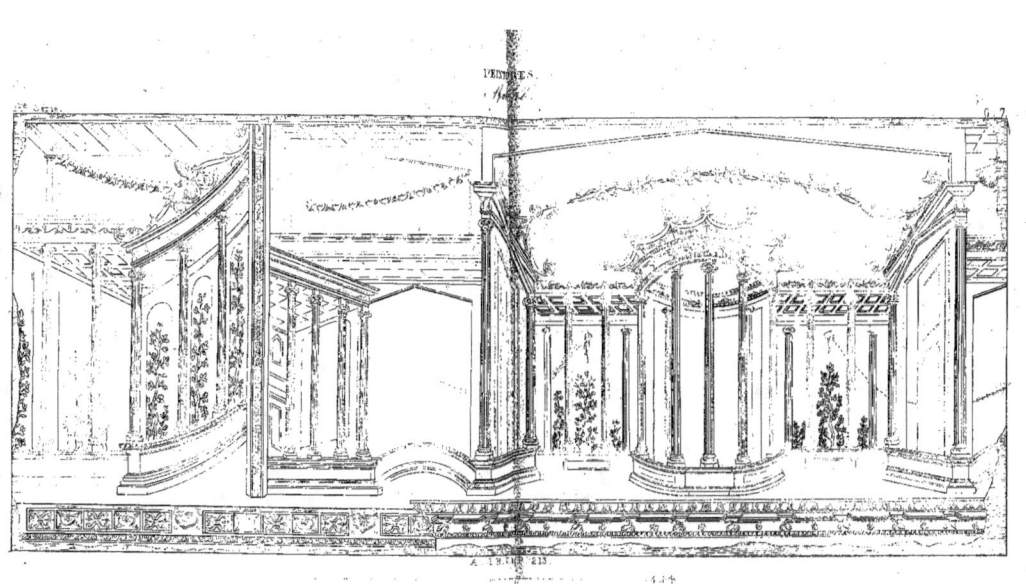

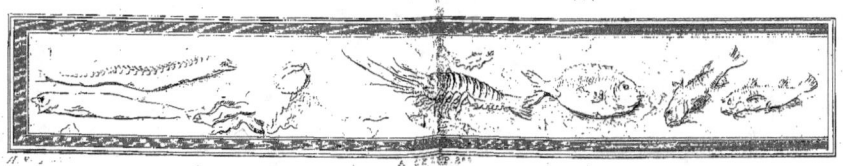

Architectonische Verzierung

lage des candélabres et du socle qui traverse et termine la peinture est en partie jaune et en partie blanc. Le fond de l'ajustement du milieu est rouge ; celui de la draperie, qui imite une *vela*, est jaune ; la bordure qui entoure les deux figures du milieu est blanche. Le groupe de la bacchante et du faune se trouve en grand dans le présent ouvrage, au Musée secret.

PLANCHES 6 ET 7.

On ne doit voir dans cette peinture architectonique, et dans toutes celles du même genre appelées par Vitruve du nom générique d'*expolitiones* (1), autre chose que des sujets d'imagination dont les peintres et les ornemanistes décoraient les appartements. Dans les compositions de ce genre, comme on peut le voir par cette planche, la vérité était toujours sacrifiée à la grâce de l'ajustement. On s'inquiétait peu de composer des plans d'édifices vrais ou même vraisemblables ; de dessiner une perspective juste ; d'observer dans le courant de toute la composition le même horizon, le même point de vue et la même distance : le caprice du peintre était sa seule loi. Il faut reconnaître cependant que, malgré le peu de respect des ornemanistes anciens pour les règles de l'art, leurs décorations avaient souvent beaucoup de mérite, et n'en étaient jamais absolument dépourvues. Les connaisseurs leur accordent une certaine vivacité de com-

(1) Livre VII, ch. 5.

position, un faire soigneux, de la hardiesse dans le pinceau, et une intelligence parfaite des touches. Ladius, peintre du siècle d'Auguste, paraît avoir été le premier qui ait décoré l'intérieur des appartements de peintures architectoniques. *Instituit amœnissimam parietum picturam, villas et porticus ac topiaria opera* (1). Il résulterait de ce fait que l'usage des peintures architecturales serait postérieur à celui des décorations de tableaux, qui remontait à une antiquité bien plus reculée. Mais Vitruve, dans les détails où il entre sur les *expolitiones*, ne rapporte pas le nom de leur inventeur, ni l'époque d'où elles datent. Il aime mieux penser qu'elles ont été adoptées progressivement, et qu'après avoir d'abord essayé d'imiter sur les enduits les veines du marbre, les ornemanistes ont été conduits à peindre sur les murs, des colonnes, des coupoles, des édifices, des paysages, etc., etc.

La décoration d'architecture reproduite par notre planche serait attribuée peut-être avec plus de raison à un peintre qu'à un architecte. Elle est incomplète; la colonnade circulaire paraît en être le milieu, et alors il est certain qu'il manque à la partie gauche tout ce que l'on voit de plus dans la partie droite. On ne doit y chercher autre chose qu'un assemblage de diverses colonnades, où, malgré bien des erreurs et bien des défauts, l'on reconnaît partout l'ordre ionique. Cette composition, toute de fantaisie et dans le goût arabesque,

(1) Pline, XXXV, 4.

peut servir de commentaire à un passage de Vitruve, où, dans une noble indignation d'artiste, il blâme les peintres de son temps de ne plus se contenter, comme les anciens, du vrai ni du vraisemblable, et, par exemple, de faire des *roseaux* ou des *candélabres* au lieu de colonnes, et des *harpaginetuli* (enroulements entrelacés) en guise de faîtes. Il est certain que les proportions des colonnes sont exagérées, et motivent en quelque sorte la critique de Vitruve. Le tholus qui est supporté par la colonnade circulaire du milieu est sans doute aussi un de ces faits que Vitruve appelle *harpaginetuli*, et dont il condamne la bizarrerie. Si nous en croyons Perrault, Vitruve aurait tout à fait manqué son but en donnant une description des arabesques, et en la faisant suivre d'une critique sévère; non-seulement il ne serait pas parvenu à détruire l'usage de ce genre chez les anciens, mais encore ce serait lui qui en aurait donné l'idée et fourni le modèle aux artistes modernes. Cette observation ne semble pas fondée; et il paraît certain, au contraire, que les arabesques n'ont jamais été abandonnées. Saint Bernard reproche aux moines de Cluny le scandale qu'ils occasionnaient en faisant orner d'arabesques les murs de leurs cloîtres. On doit remarquer enfin dans les deux cloisons que contient notre peinture la division de leurs compartiments et les guirlandes qui lient entre elles les différentes parties de l'édifice.

PLANCHE 8.

Cette peinture est dans le goût de la précédente. Comme elle aussi, elle est incomplète et tronquée. La large bande qui la termine formait sans doute l'entablement d'une décoration inférieure, et se divise en trois parties. La première, qui tenait lieu d'architrave, a pour ornement des ailes et des drageons de vigne, disposés alternativement. La partie de dessus ressemble à une corniche, ou plutôt à un simple larmier décoré. Celle du milieu ne peut être qu'une frise, ou un *zoophore* (de ζῶον, animal, et φέρω, je porte), nom que les anciens donnaient aux frises dont la décoration était formée par des animaux (1). Elle est ornée d'oiseaux disposés deux à deux, soutenant des couronnes, et portés alternativement, les uns par des pavillons, les autres par des conques. Chaque couple est séparé par une tête entourée d'ornements.

A gauche du cadre on voit trois espèces de pavillons. Celui du milieu est quadrangulaire, et ne laisse apercevoir que cinq colonnes. Les deux de côté sont moins grands et moins élevés, et ont une forme triangulaire. Leurs colonnes, quoique sans base, appartiennent à l'ordre ionique. Elles posent sur un soubassement percé

---

(1) Philandre, ch. 3, liv. III de Vitruve.

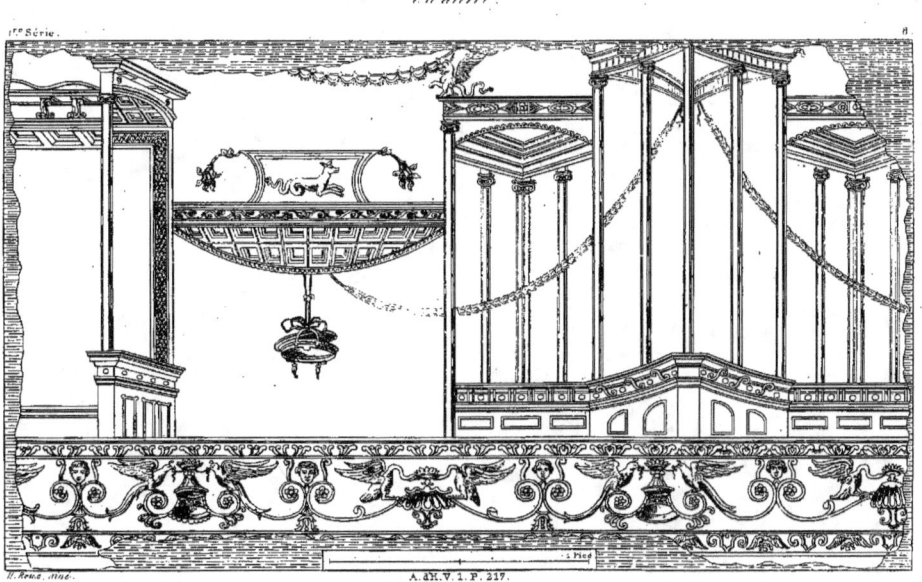

DÉCORATION ARCHITECTURALE.
Architectonische Verzierung.

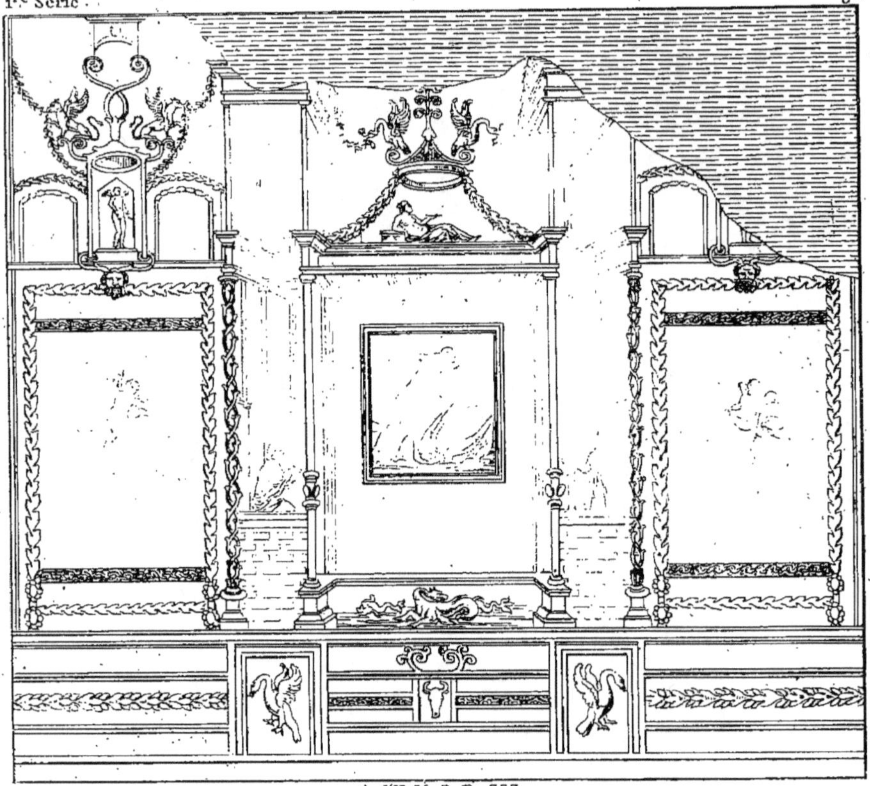

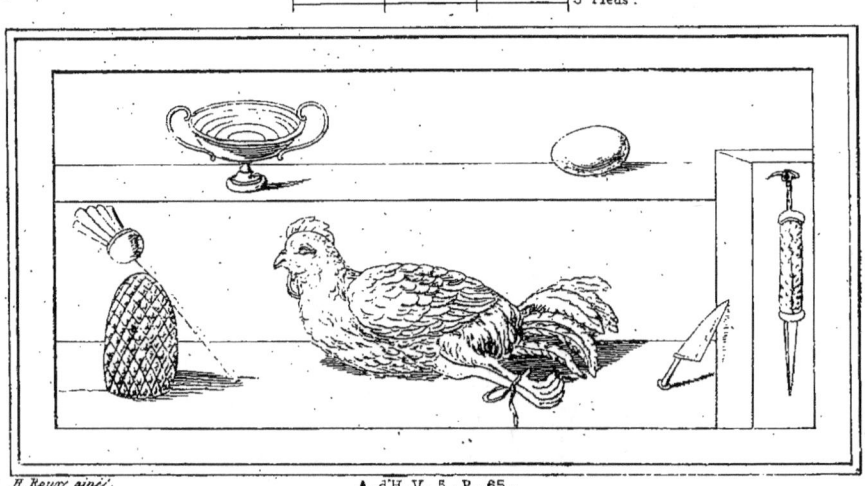

DÉCORATION ARCHITECTURALE.
Architectonische Verzierung.

de petites baies et couronné d'un entablement dont la frise est ornée de modillons.

La symétrie qui règne entre les deux pavillons triangulaires et les guirlandes fait présumer que le portique ou pavillon quadrilatéral formait le milieu de toute la décoration.

A droite est un commencement de portique de même ordre que les pavillons, dont le soubassement est décoré de trois ouvertures ressemblant à des fenêtres.

L'intervalle entre ce portique et les trois autres est rempli par une espèce de pavillon ou de dais, surmonté d'un cadre qui contient un animal marin. Dans le milieu est suspendue une corbeille. On a cru voir dans cette peinture une décoration en l'honneur de Vénus ou d'Isis.

PLANCHE 9.

Cette peinture formait la décoration entière d'une muraille. Le fond du socle est noir; les filets qui l'ornent dans toute sa longueur sont blancs, les petites guirlandes vertes; les cygnes et la tête de bœuf (1), d'un jaune clair. La partie supérieure de la décoration est sur fond jaune; les petites colonnes, et tout le reste de l'architec-

(1) Pline, VIII, 45.

ture, ont une teinte jaunâtre; les deux autres côtés de la peinture, qui ont été faits à l'imitation d'une construction en travertin, ont une couleur jaune foncé. Les deux figures symétriquement posées au-dessus sont vêtues de draperies de couleur changeante entre le vert et le pourpre. L'une d'elles est représentée lisant un papyrus. Les deux génies, dans les panneaux latéraux, sont peints au naturel : ils ont des ailes vertes et une petite draperie rouge. L'un d'eux tient d'une main une patère, et de l'autre un vase dont on ne peut déterminer la forme. Le tableau du milieu, qui représente une bacchante et un faune, sera donné en grand et développé dans la série à laquelle il appartient. Les deux masques sont de couleur de chair, et les longues cornes dont ils sont surmontés permettent d'affirmer qu'ils ont été faits à l'intention de Bacchus.

La figure couchée sur la corniche est peinte au naturel. Elle est à demi voilée par une draperie rouge. Les cygnes posés sur le pavillon au-dessus de sa tête, et le dard (dont une de ses mains est armée) (1), font reconnaître Vénus. On a donné une couleur rouge aux ailes du génie que l'on aperçoit tout nu et debout sur un des côtés de la peinture, ainsi qu'aux griffons qui surmontent l'espèce de niche où il se trouve placé.

Les personnes qui tiennent à donner à ce genre de peinture une intention autre que l'ajustement et la grâce

---

(1) *Thes. Brand.*, t. I, p. 17.

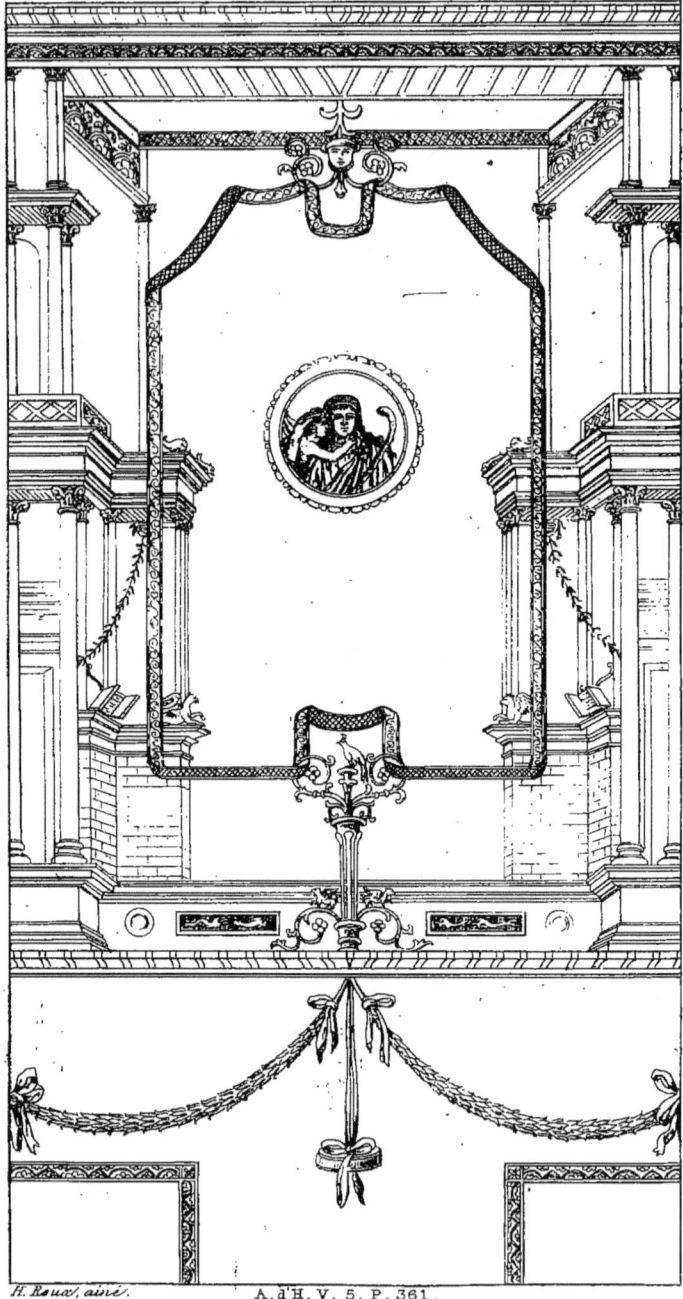

DÉCORATION ARCHITECTURALE.

de la décoration, pourront rapporter cette planche à Bacchus.

La Bacchante, les masques surmontés de cornes, Vénus, les Amours, car on ne saurait voir autre chose dans les trois génies de cette peinture,

> Nuda Venus picta est, *nudi* pinguntur Amores (1);
> Et puer est, et *nudus* Amor : sine sordibus annos,
>   Et *nullas vestes*, ut sit apertus, habet.
> Quid puerum Veneris pretio prostare jubetis?
>   Quo pretium condat, non habet ille sinum (2);

peuvent donner quelque vraisemblance à cette interprétation.

PLANCHE 10.

On ne saurait assez admirer la disposition heureuse et la grâce de la décoration d'architecture qui fait le sujet de cette planche. Toute cette composition repose sur un socle dont le fond noir est traversé par des guirlandes vertes attachées avec des rubans d'un rouge clair qui supportent une corbeille jaune. Les deux panneaux latéraux dans le socle sont rouges et entourés de cadres blancs. Tout le reste de la peinture est sur fond jaune; l'architecture est jaune aussi, mais bien plus foncée. Une bandelette blanche est suspendue à l'ornement supérieur,

---

(1) Ovide, *Amor.*, I, 10, 15.   (2) Pithœus, lib. I.

et elle vient s'unir à l'ornement inférieur en retombant des deux côtés. Le paon, les griffons, les deux petites boîtes ouvertes et posées sur les deux pilastres latéraux, imitant la construction travertine, et la tête bachique suspendue à l'architrave, sont d'un jaune clair. Le médaillon du milieu, qui représente Vénus rustique et l'Amour, sera donné en grand dans une planche de la deuxième série.

PLANCHE 11.

L'irrégularité et l'originalité capricieuse de la décoration d'architecture qui fait le sujet de cette planche, sont pleines de goût et de grâce. Toute la construction extérieure, les divers ornements, les griffons, les petites figures, se dessinent sur un fond noir, et sont peints à l'imitation d'un marbre jaune. Le char de la Victoire, et la figure ailée qui est suspendue au milieu de l'arc et supporte une espèce de lampe à plusieurs becs, sont de la même teinte. Les entablements, les vases, et le livre que l'on aperçoit dans l'architecture intérieure, sont aussi peints en jaune, mais d'une teinte plus claire. La guirlande attachée à la lampe est verte. Dans le bas, et derrière un balustre orné de trois petites sphères surmontées d'une fleur ou d'une croix, on voit une figure peinte au naturel. Son manteau est bleu et recouvre une tunique verte à manches longues. Son front est orné d'une

PEINTURES
Malerei

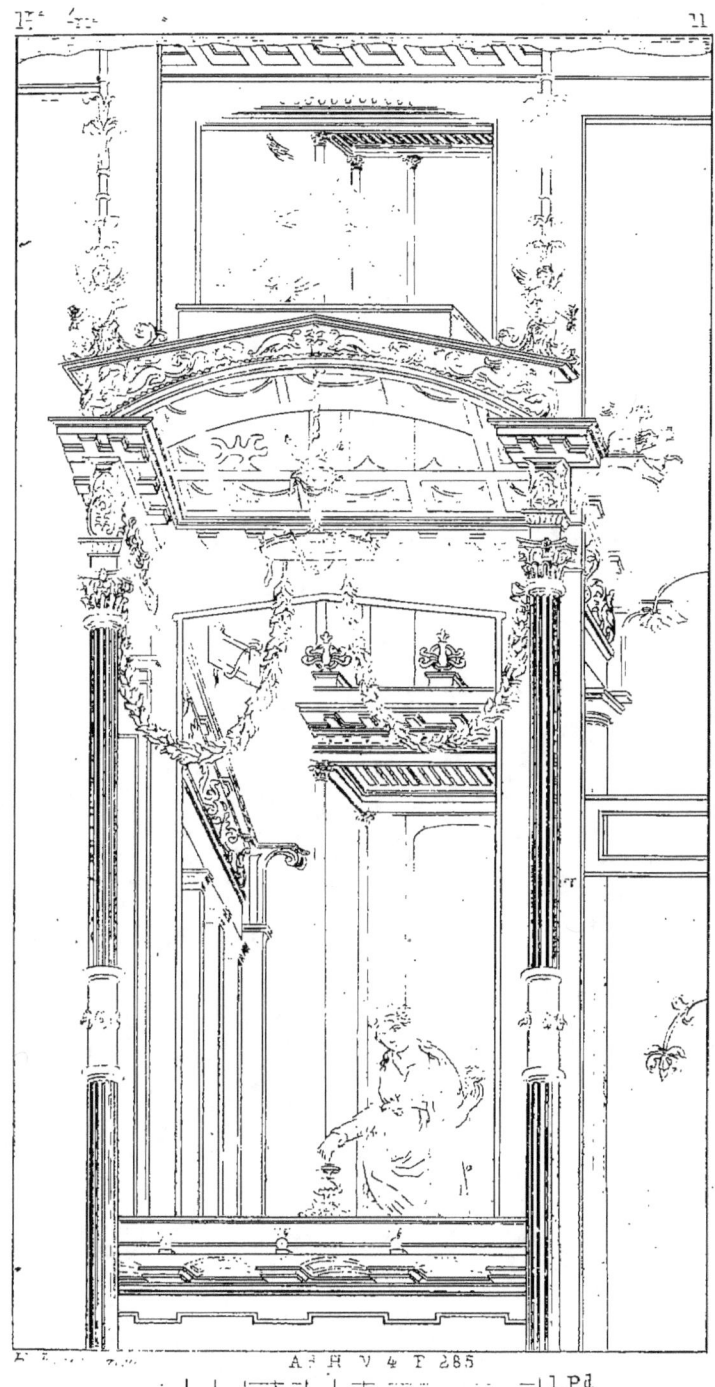

DÉCORATION ARCHITECTURALE.
Architectonische Verzierung

couronne d'or; l'espèce d'autel qui porte sur le balustre, et l'autre vase que la figure tient dans une de ses mains, sont du même métal.

Si l'on veut assigner à l'édifice de cette peinture une destination quelconque, on pourra peut-être y voir un arc de triomphe. Les anciens en construisaient de plusieurs sortes : de simples, qu'ils appelaient du nom d'*arcus*; et de composés avec quatre portes, et même quelquefois plus, qu'ils nommaient *Jani* (1). Ils leur donnaient une hauteur prodigieuse, qui surpassait quelquefois celle des temples eux-mêmes (2). Enfin ils posaient sur le faîte de petits temples avec des statues et d'autres ornements (3). Ceci donnera une explication de l'originalité de notre peinture, et de ses *acrotères* (c'est le nom que l'on donnait aux ornements qui décoraient le sommet des édifices) (4).

Le quadrige, qui était toujours employé dans les pompes et dans les cérémonies triomphales, aurait eu plus de rapport avec l'arc de triomphe que le bige conduit par la Victoire (5). Cette observation pourrait faire élever des doutes sur la destination de l'édifice représenté dans notre

---

(1) Suétone, *Domit.*, XIII; *Octav.*, XXXI; Tite-Live, XLI, 27; Cicéron, *de N. D.*, II, 37; Pline, XXXIV, 6; Marlian., *Topogr. Urb. Ro.*, II, 14; Fabrizio, *Descript. Urb. Ro.*, cap. 14; Boulenger, *de Triumph.*, cap. 2.

(2) Pline, *Paneg.*, LIV, 4.

(3) Pline, XXXVI, 5.

(4) Vitruve, III, 12, et ses commentateurs.

(5) Florus, I, 5; Buonarotti, *Etr. Reg.*, Pl. 48 et 49; Dempster, III, 36; Suétone, *Domit.*, XIII; Prudence, *Symm.*, II, v. 555.

peinture, et on s'est demandé à cet égard si le bige (1), qui disputait au quadrige l'honneur de soulever la poussière du cirque, ne serait pas une indication suffisante pour autoriser à voir dans ce tableau un fragment d'un lieu construit pour les spectacles ; ou bien encore d'un gymnase, ou de thermes, qui avaient aussi leur hippodrome (2).

On a voulu aller plus loin, et l'on n'a pas craint de supposer que l'arc de triomphe qui fait le sujet de cette décoration pouvait très-bien être celui que l'on éleva pour le cinquième et le dernier triomphe de César. Alors, malgré la ressemblance de la figure principale avec une figure de femme, tant pour les traits du visage que pour la chevelure et la forme du vêtement, on s'est décidé à y voir un portrait du vainqueur des Gaules, de la Grande-Bretagne, et de l'Espagne, et pour cela l'on a tiré parti de quelques lignes de Suétone (3) qui justifieraient jusqu'à un certain point cette hypothèse. On a rappelé aussi que le sénat lui avait décerné une couronne d'or ornée de pierres précieuses (4). Enfin, les trois petites sphères placées dans le balustre indiqueraient les trois parties du monde subjuguées par César, et le livre suspendu dans l'intérieur de l'édifice serait le livre des ordres, *liber*

---

(1) Pline, XXXIV, 5 ; VII, 56 ; Pausanias, V, 8 ; Schæffer, *de Re vehic.*, II, 11 ; Begers, *Th. Br.*, p. 294.

(2) Vitruve, VII, 5.
(3) *In Jul.*, XLV.
(4) Dion, XLIV, § 6, p. 243 ; et XLV, § 6, p. 273.

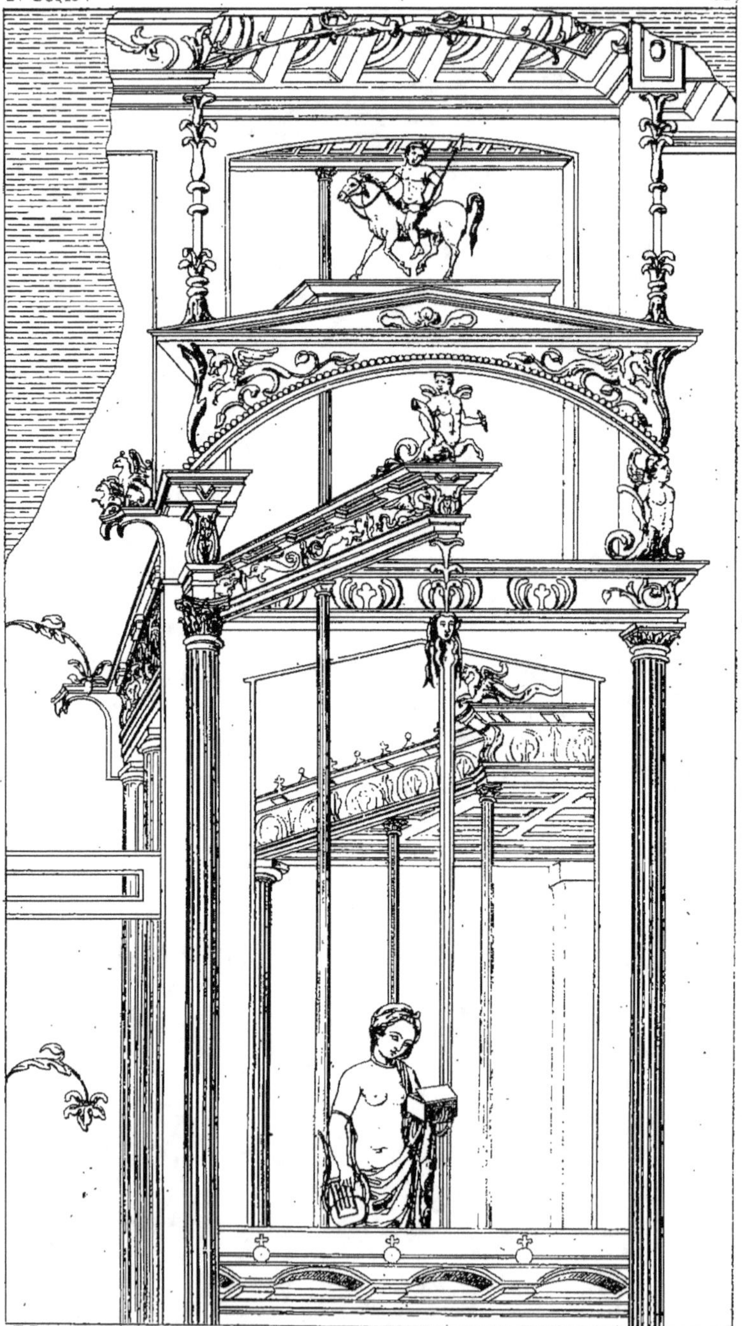

PEINTURES.
Malerei.

1re Série. 12.

H. Roux, ainé. A. d. H. V. 4. P. 289.

DÉCORATION ARCHITECTURALE.
Architektonische Verzierung.

mandatorum que les consuls et les généraux romains recevaient du sénat.

On a pensé aussi au culte de la Grande Mère, qui avait un temple à Herculanum. Dans cette explication, la figure principale serait une de ses prêtresses.

PLANCHE 12.

Cette figure a été trouvée avec la précédente aux fouilles de Portici. Elle est, comme on peut le voir, absolument du même genre; et elle lui ressemble par la couleur du fond, l'architecture, les ornements des corniches, tels que les griffons et les petites figures, les entablements, et toute la perspective intérieure. Enfin, la figure équestre correspond au bige de la Victoire, et une figure de femme placée derrière un balustre tout à fait pareil à celui de la planche précédente; orné comme lui de trois petites sphères, fait pendant à la figure que l'on a dit être César triomphant, ou une prêtresse de la Grande Mère. Comme elle, on l'a peinte au naturel. Ses boucles d'oreilles, son collier et ses bracelets sont couleur d'or. Elle tient une lyre, et porte un petit coffre. La draperie qui lui couvre la tête et retombe sur son épaule gauche est blanche, et la partie inférieure de son corps est voilée par un vêtement jaune, qu'elle retient de sa main gauche.

Il est difficile de trouver dans les détails de cette peinture des indications assez plausibles pour faire soupçonner l'intention du peintre au pinceau duquel nous la devons. La figure équestre pourrait amener l'idée d'une ovation, qui se faisait toujours à cheval (1), ou bien encore celle d'un monument élevé pour célébrer quelque succès éclatant dans une guerre (2), ou dans des jeux (3), ou un grand service rendu à la patrie (4).

La nudité de la figure principale a fait penser aussi aux jeux Floraux et aux fêtes Éleusines, où les courtisanes paraissaient toutes nues (5). Enfin, l'on sait encore que les femmes de Sparte se dépouillaient de leurs vêtements pour exercer leur corps dans le Gymnase, et que les joueuses de lyre et de flûte s'habillaient toujours d'une manière très-peu modeste. La petite boîte aura toujours sa place dans chacune de ces suppositions; car nous en avons déjà trouvé, et nous aurons occasion d'en trouver encore de pareilles dans le cours de cet ouvrage, entre les mains de femmes qui s'en servent pour serrer leur toilette ou des objets appartenant aux sacrifices.

La lance et surtout la cuirasse dont la figure équestre a été armée sont des motifs suffisants d'affirmer que cette peinture est d'origine romaine. *Græca res est nihil velare, at contra romana ac militaris thoracas addere :*

---

(1) Tibulle, I, *El.* I; Aulu-Gelle, V, 6.
(2) Justin, XI, 6.
(3) Pline, XXXIV, 5.
(4) Pline, XXXIV, 6.
(5) Ovide, *Fast.*, V. 279; Lactance, I, 12; Valerius Maximus, XI, 10, 8.

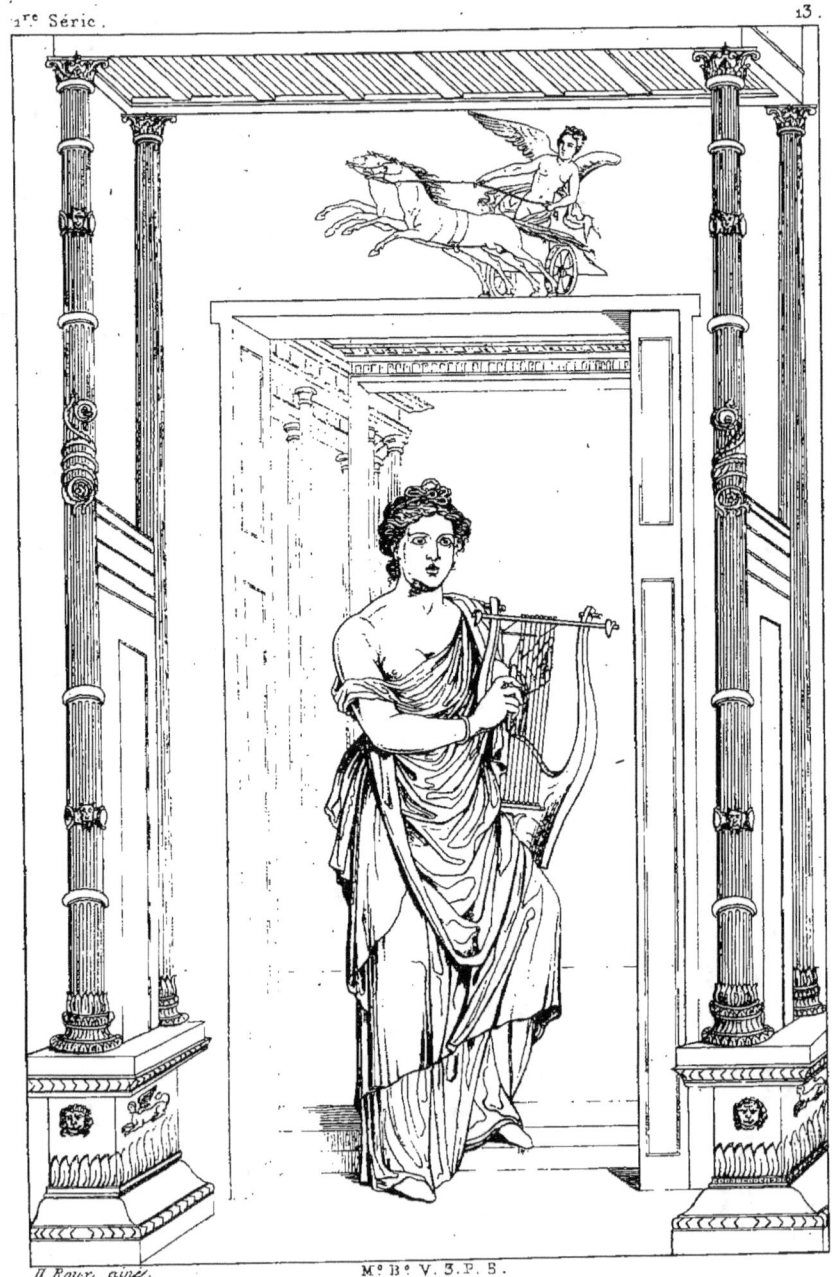

CITHARISTE.

Cæsar quidem dictator loricatam sibi dicari in foro suo passus est (1).

PLANCHE 13.

Cette peinture et la suivante ont été trouvées à Pompéi, et faisaient partie de l'édifice appelé le *Panthéon*.

Au milieu d'une architecture peinte dans le goût arabesque, on aperçoit une belle cithariste qui descend le gradin d'une porte et semble marier l'harmonie de sa voix à celle de son instrument. Sur le chambranle de la porte une Victoire, peinte avec un art merveilleux, fait tous ses efforts pour modérer la fougue de deux coursiers qui paraissent plus rapides que le vent. La cithariste est d'un goût exquis. Elle laisse négligemment tomber ses vêtements qui découvrent une partie de sa gorge et descendent sur son bras. Elle est toute à l'enthousiasme qui la transporte, et s'élève à ce que la poésie a de plus sublime. Ses regards enflammés semblent parcourir comme un éclair les espaces de l'imagination. Lorsqu'on la regarde avec attention, on croit entendre à la fois l'harmonie de sa voix et celle de son instrument.

Elle est un tiers de nature. Son habillement se compose d'une tunique blanche, d'une autre tunique violette

(1) Pline, XXXIV, 5; Servius, *Æn.* VIII, 435; Nicolaï, *de Triumph.*, c. 7, § 2.

par-dessus, qui des épaules descend jusqu'à ses pieds, chaussés de jaune, et d'un *tunico-pallium* de couleur verte, dont les plis laissent à son bras l'agilité dont il a besoin pour parcourir les cordes de la cithare, et se rattachent d'une manière assez élégante sur le flanc droit. Son front est orné par une bandelette d'or, ses oreilles et ses bras par deux anneaux du même métal. On remarquera que notre belle citharíste emploie ses deux mains au jeu de son instrument suspendu à son épaule gauche par un ruban rouge. Nous ne saurions trop admirer l'expression de cette figure, qui est drapée avec ampleur et avec grâce, et admirablement bien posée.

PLANCHE 14.

Cette décoration et la précédente formaient les deux pendants. Elles sont tout à fait semblables, et ne diffèrent que par les sujets, qui encore sont du même genre et de la même beauté. Dans celle-ci, c'est une prêtresse vêtue d'un *tunico-pallium* blanc, avec des franges d'or, qui descend devant et derrière jusqu'au-dessous du genou. Ce vêtement ressemble beaucoup à celui de la Flore du Capitole. Il recouvre une tunique bleue, qui tombe jusqu'aux pieds, chaussés de jaune. La tête de la prêtresse est ceinte d'un bandeau d'or; ses oreilles sont ornées de pendants d'une forme peu ordinaire, et ses bras de deux cercles d'or. Un *guttum* dans la main

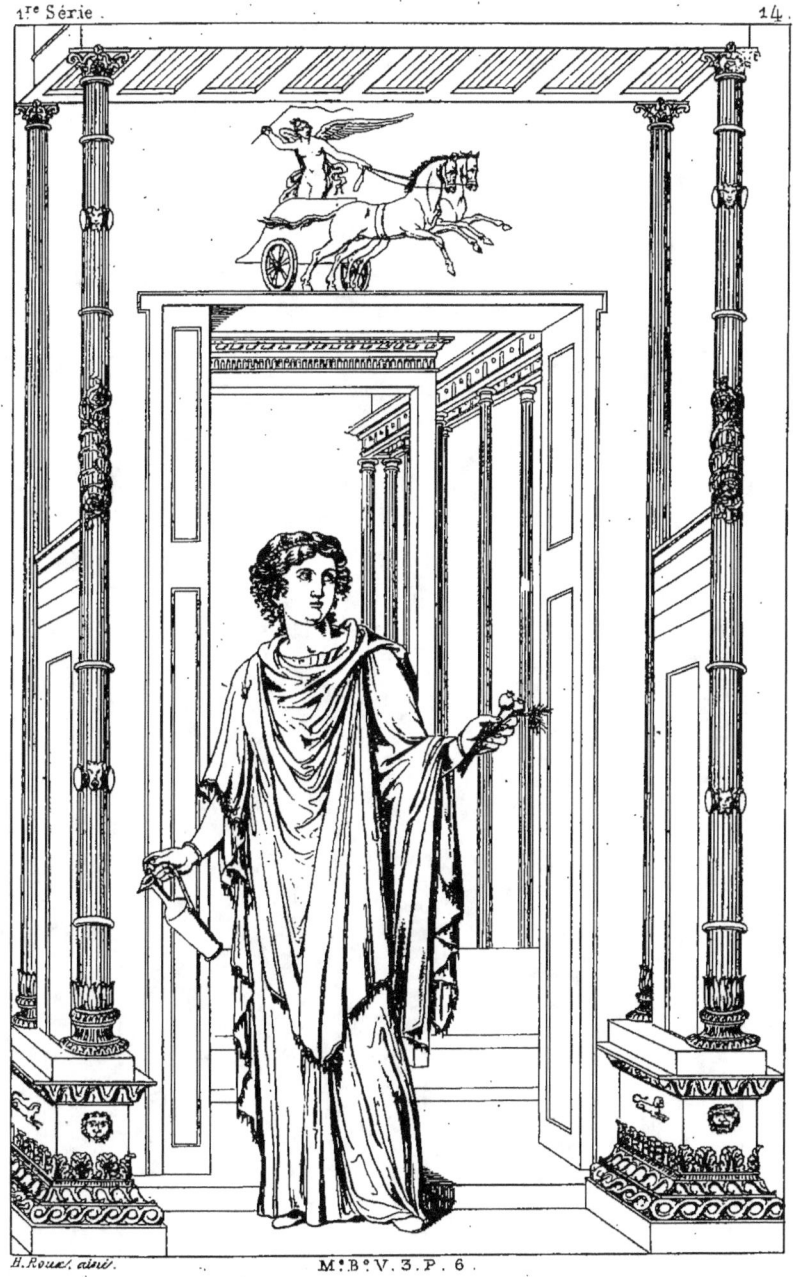

PRÊTRESSE.

PEINTURES
Malerei

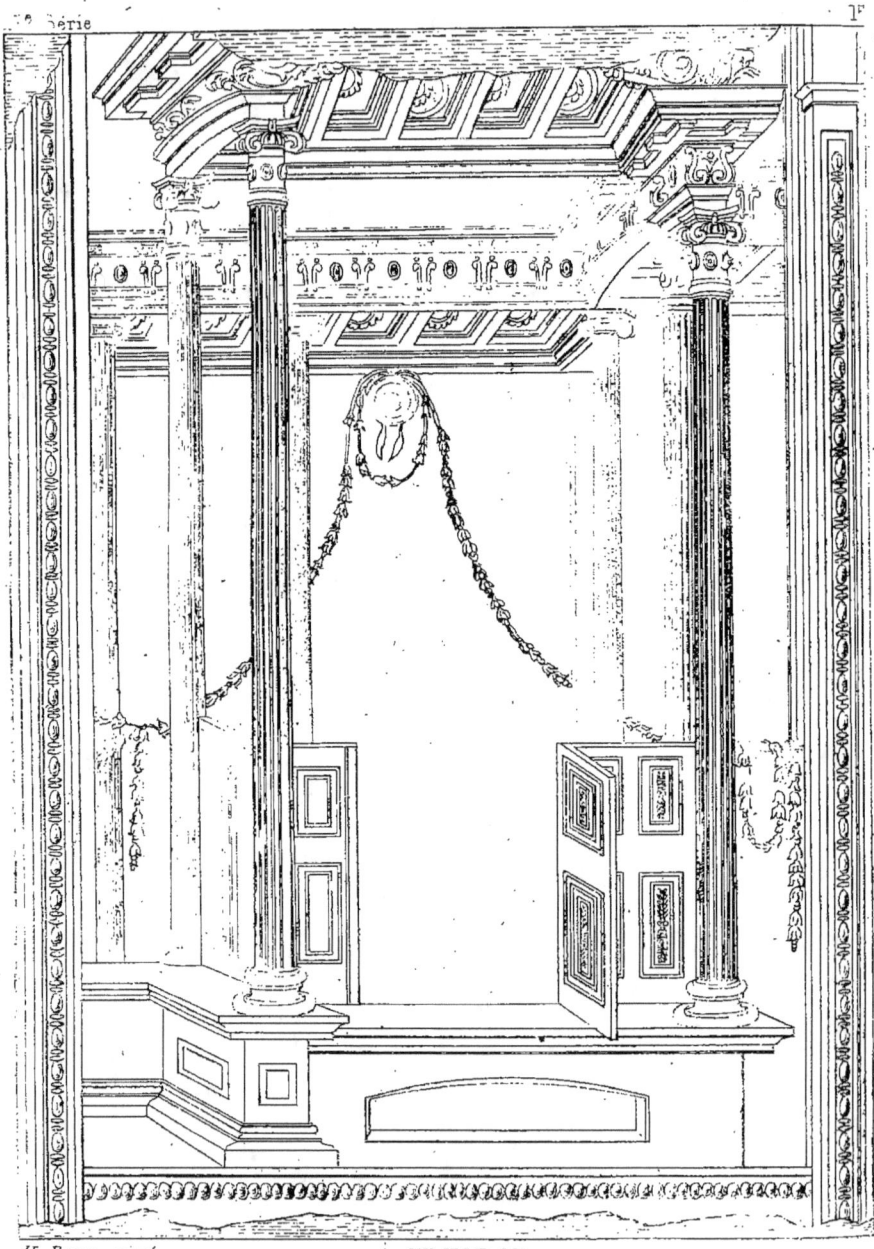

DÉCORATION ARCHITECTURALE.
Architectonische Verzierung

droite, des épis et des pavots dans la main gauche, elle sort d'une porte et s'achemine sans doute vers le lieu où elle doit s'acquitter de son ministère. Son attitude est très-animée, son visage respire la vie, et les draperies dont elle est vêtue ont été peintes par une main savante. Sur le chambranle de la porte, une Victoire couleur d'or excite avec un fouet les deux coursiers de son bige. Les anciens avaient créé ce symbole pour figurer la marche impétueuse de la fortune des armes; et les peuples de cette époque avaient sous les yeux un exemple frappant de la rapidité de la Victoire, eux qui avaient vu les Romains, leurs maîtres, subjuguer le monde en si peu de temps.

Dans cette peinture et dans la précédente, la figure est peinte sur fond blanc, et produit un effet merveilleux. Il est bon d'observer à ce sujet que dans presque tous les tableaux antiques les figures sont détachées sur des fonds clairs et lumineux, et que ce procédé leur donne un relief et une apparence de vérité dont on ne saurait se faire idée. Du reste, ce procédé est basé sur la nature.

PLANCHE 15.

On voit dans cette peinture une composition bizarre qui offre au premier aspect l'apparence d'un édifice bien ordonné; mais lorsqu'on la regarde attentivement, l'œil se perd dans ses diverses parties, et y cherche en vain quelque symétrie. Sur le devant est un portique formé de quatre colonnes d'ordre composite pour les chapiteaux et les proportions. Leurs bases sont attiques, et reposent sur un socle ou soubassement construit à l'imitation d'un piédestal, et percé dans le milieu d'une grande ouverture horizontale. Le portique est fermé par un *pluteus*, ou une barrière de bois de moyenne hauteur. Derrière est un autre portique, d'ordre ionique, moins bien conservé que le premier : la corniche est dans le goût arabesque, mais les métopes dont elle est ornée la rapprochent assez du dorique. Comme à l'ordinaire toutes les parties de l'édifice sont liées entre elles par deux guirlandes attachées à la voûte du portique postérieur, d'où elles partent pour aller l'une à droite, l'autre à gauche, après avoir entouré un petit écusson. Si l'on ne tient aucun compte des défauts qui dénotent une ignorance complète de l'art, tels que le désaccord qui existe entre les hauteurs des colonnes, les architraves et les corniches, on pourra dire que l'auteur de cette peinture a voulu figurer un pronaos, c'est-à-dire le vestibule d'un temple, fermé, comme c'était l'usage, par une barrière de bois ; et la vue d'une partie du Forum, qui se trouvait ordinairement à l'entrée des temples (1).

PLANCHE 16.

L'originalité de cette peinture, trouvée aux fouilles de

(1) Pallad., lib. IV, cap. 8 et 9.

PEINTURES
Malerei

1re Série 16

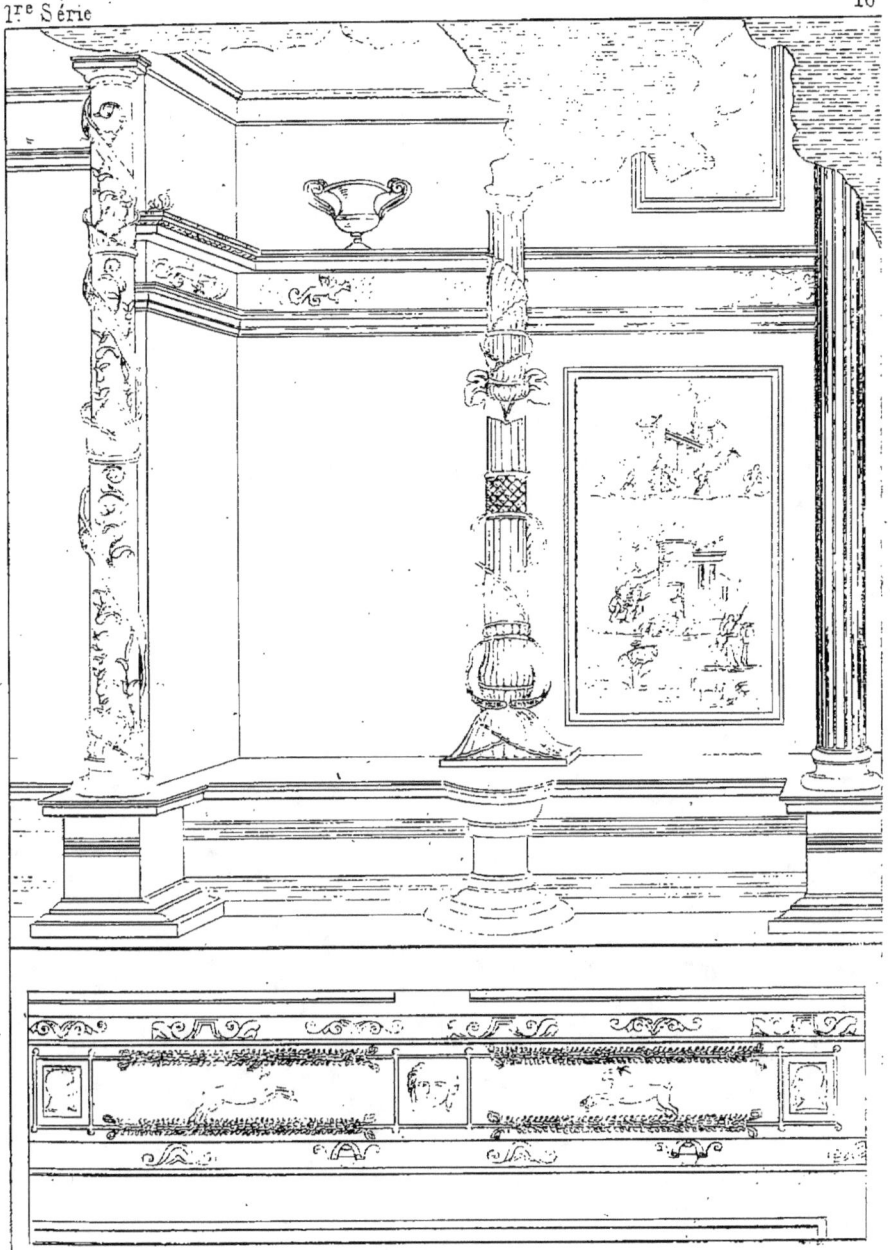

A.d.H. V. 4. P. 51

DÉCORATION ARCHITECTURALE.
Architectonische Verzierung

Portici, doit la rendre digne de quelque attention. Sur un panneau imitant une fenêtre, on aperçoit deux habitations rustiques avec des personnages. Auprès de la première est une femme qui tient une longue perche, destinée sans doute à abattre des fruits, et appelée ῥακτρία par les Grecs (1). Près d'elle sont deux jeunes filles, dont l'une porte sur la tête une espèce de corbeille, qui servait à serrer et à transporter les fruits, et que les Latins nommaient *corbis, quia curvatis virgis contexuntur* (2). Un homme, précédé par un chien, marche en s'appuyant sur un bâton; il est coiffé d'un *petasus*, et porte une besace sur son dos (3). Il a sur l'épaule une longue barre, aux extrémités de laquelle sont suspendus deux espèces de sacs. Sur le devant on aperçoit une chèvre. Auprès de l'édifice supérieur est une femme entourée de deux petits enfants. Trois autres enfants, plus grands, et tout nus, sont dans des attitudes variées, et paraissent vouloir s'exercer à la course.

Le petit motif placé au bas de cette planche est peint sur fond jaune. Les guirlandes sont vertes; les chèvres peintes au naturel, le masque du milieu, couleur de chair sur un fond cendré; et les deux petits cadres latéraux, noirs sur fond jaune.

(1) Pollux, VII, 146; X, 130, et ses scoliastes. Voyez aussi Hesychius.

(2) Isidore, XX, 9; Pollux, X, 129.
(3) Pollux, X, 43.

PLANCHE 17.

Cette décoration semble se rapporter au vestibule d'un temple. Le tholus et toute l'architecture sont peints au naturel; les deux sphinx ailés, les ornements posés sur les acrotères, les hippogriffes, les fleurs de la frise, les deux têtes d'Hermès ou cariatides, sont couleur d'or. Les ornements en forme de pointes, ou les feuillages que l'on aperçoit sur l'entablement, sont dignes par leur bizarrerie de quelque attention. On a voulu y voir des joubarbes, connues par les anciens sous le nom de *barba Jovis;* mais on ferait peut-être mieux, dans le cas où l'on voudrait prêter à l'auteur de cette peinture une autre intention que son caprice, d'y voir des *persea,* qui étaient très-connues en Égypte, et que l'on rencontre souvent sur la tête des animaux sacrés et des divinités égyptiennes (1); et cela avec d'autant plus de raison qu'une plante égyptienne figurerait avec à-propos à côté de la fleur du lotus placée ici sur la tête des sphinx, et aussi à côté des cariatides, dont l'ajustement est tout à fait conforme à celui que l'on donne le plus volontiers à la tête d'Isis. La bande obscure que l'on aperçoit sous l'entablement, et qui descend derrière les deux colonnes en traversant tout le tableau, est de couleur verte. La

---

(1) Pignor., *Mensa Is.*, p. 35. Cuperus, *Harpocr.*, p. 21.

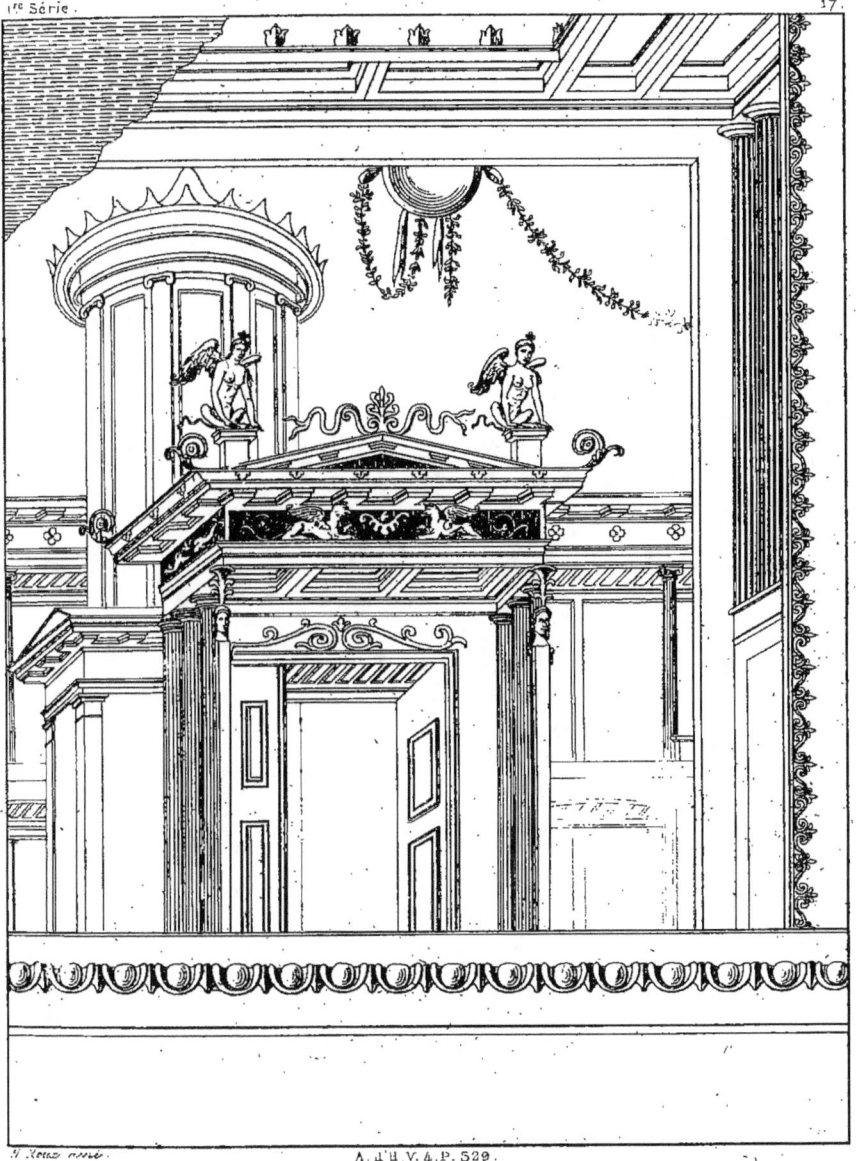

DÉCORATION ARCHITECTURALE.
Architektonische Verzierung.

PEINTURES.
Malerei.

1re Série. 18.

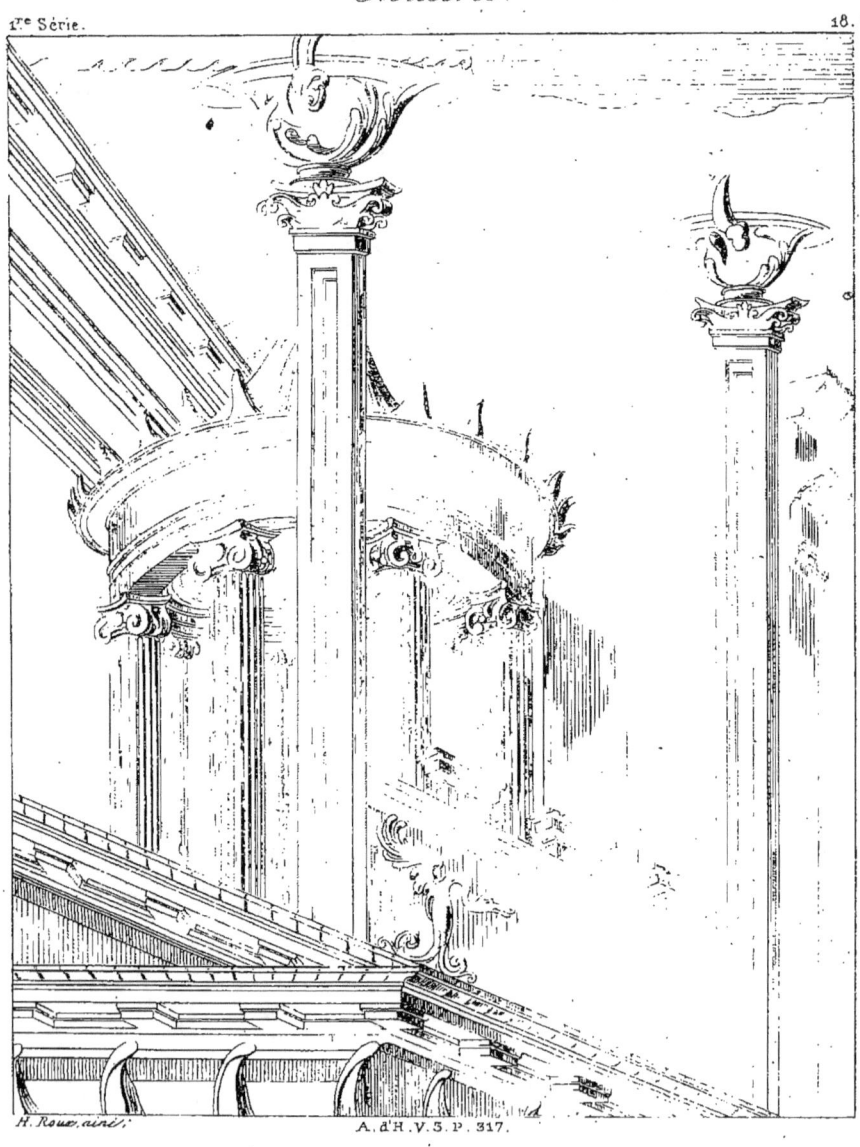

H. Roux aîné. A. d'H. V. 3. P. 317. 1 Pied.

DÉCORATION ARCHITECTURALE.
Architectonische Verzierung.

bande extérieure est rouge, les petits ornements sont couleur d'or; les colonnes imitent un marbre blanc; le *pluteus* placé au-devant est jaune. La bande inférieure est verte; les oves et la bande, de teinte claire, sur laquelle ils sont peints sont d'une couleur jaunâtre. La guirlande suspendue au soffite est verte; la teinte du bouclier ou du disque est incertaine. Les objets que nous avons passés sous silence sont peints en rouge.

PLANCHE 18.

Au milieu de plusieurs morceaux d'architecture s'élève un tholus supporté par huit colonnes d'ordre ionique et orné de pointes. Le tholus était, à proprement parler, la construction à laquelle nous donnons le nom de coupole : Θόλος, κυρίως καμάρα (1).

> Par facies templi : nullus procurrit in illo
> Angulus : a pluvio vindicat imbre tholus (2).

Le mot *tholus* fut employé ensuite par extension pour désigner la totalité et l'ensemble d'un édifice construit en rotonde : Θόλος, στρογγυλοειδὴς οἶκος (3), *Tholus qui est intra rotundus, columnatus* (4). Cette architecture fut adoptée d'abord d'une manière exclusive pour les

---

(1) Hesychius.
(2) Ovide, *Fast.*, VI, 281.
(3) Hesychius.
(4) Varron., *R. R.*, III, 5, 12.

temples érigés en l'honneur de Vesta (1); mais on l'employa plus tard pour les autres divinités; et nous lisons dans Athénée (2) que le grand vaisseau de Ptolémée Philopator contenait un temple de Vénus en forme de tholus. Il paraît aussi que Bacchus en avait un pareil.

Les antefixes qui ornent la partie supérieure de la coupole se retrouvent encore dans les corniches des constructions latérales; sur l'une d'elles est posé un oiseau qui ressemble à un cygne et se termine en arabesque. Derrière est un appui qui joint deux grands pilastres. L'intervalle qui les sépare est occupé par trois autres pilastres moins élevés, de forme quadrangulaire, et qui peuvent passer pour des autels; chacun des deux grands pilastres porte un vase orné de feuillage.

Le cygne aurait assez de rapport au Soleil ou à Apollon; les vases donnent à cette décoration une couleur égyptienne, et peuvent encore porter à croire qu'elle représente un monument funèbre.

PLANCHE 19.

Un pronaos ou un magnifique vestibule de temple tétrastyle forme le sujet de cette peinture sur fond rouge. Nous retrouvons autour du faîte, ou frontispice triangulaire, les pointes ou antefixes qui étaient peut-être les

(1) Meursius, *Ceram. Gem.*, cap. 7.   (2) Athénée, V, 9, p. 205.

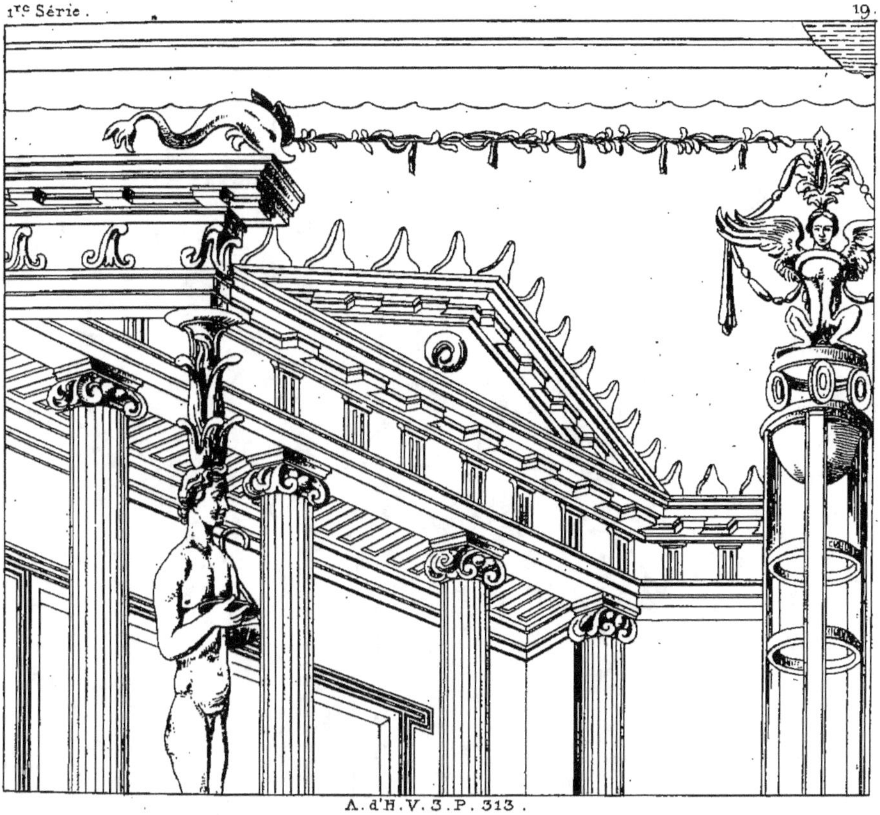

PEINTURES
Malerei.

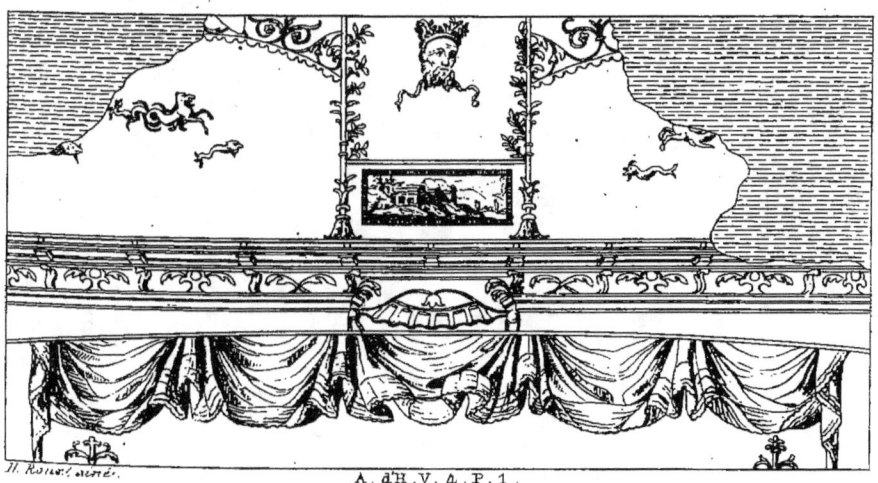

A. d'H. V. 3. P. 313.

A. d'H. V. 4. P. 1.   1 Pied

DÉCORATION ARCHITECTURALE.
Architectonische Verzierung.

harpaginetuli, dont parle Vitruve. L'entablement est soutenu par quatre colonnes ioniques. L'autre morceau de corniche, sur l'extrémité de laquelle est posé un dauphin, s'appuie sur un fragment de colonne entouré de feuillages. Cette colonne est portée à son tour par une figure qui, par ses formes sveltes et ses cheveux courts, ressemble beaucoup à une figure égyptienne. La patère et le bâton pastoral se trouvent dans les mains d'Isis et d'Osiris. Enfin, le fragment de colonne à feuillage qui repose sur la tête de la figure se rapproche aussi beaucoup du genre égyptien. Tout ceci cependant ne serait pas une raison suffisante de croire que l'architecture représentée ici appartînt à l'Égypte. Le caractère grec y est empreint avec trop de sévérité pour qu'on puisse le méconnaître.

De la corniche surmontée du dauphin part une guirlande qui va joindre un ornement en forme d'éventail, dans le milieu duquel est un miroir; il sort de la tête d'un sphinx ailé, assis sur un trépied très-élevé, dont on distingue toutes les parties. Le sphinx et le trépied étaient les deux symboles consacrés à exprimer les mystères et les choses obscures et douteuses. Le dernier de ces attributs est peint avec tant d'exactitude, que nous allons énumérer brièvement toutes ses parties. Les trois petits cercles servent à réunir et à attacher solidement entre elles les trois branches qui composent le trépied. Le bassin qui porte sur le premier de ces trois cercles est le *crater* ou le bassin; les trois petits rouleaux perpendiculaires sont les manches du *crater*. Enfin, l'autre hémisphère qui est posé sur les trois manches du crater, et sur lequel le sphinx se tient assis, est la fameuse *cortina*, le couvercle du trépied que les Grecs appelaient ὅλμος. Dans le fragment qui occupe la partie inférieure de cette planche, on voit un masque, peint au naturel, avec une barbe épaisse, une couronne radiée, garnie de petits rameaux, peut-être de branches de corail, et attachée avec un ruban dont on aperçoit les deux bouts. Des deux côtés sont des dauphins ou des chevaux marins. Le fond de la peinture est noir, les arabesques sont jaunes ainsi que le cadre du petit tableau qui représente un paysage. La corniche et tous ses ornements sont jaunes aussi. Enfin la draperie attachée à la corniche est verte et a une frange d'or.

PLANCHE 20.

Cette peinture est sur fond blanc et bordée d'un cadre dont la bande intérieure est noire et la bande extérieure rouge foncé. On y voit sur un entablement supporté par des colonnes ou des poteaux un édifice composé de deux ailes. Le toit et le fronton de l'aile extérieure reposent sur deux colonnes semblables à celles de l'entablement inférieur; ils sont jaunes, à l'exception des frises, auxquelles on a donné une couleur rouge, et du tympan, qui est vert. L'aile intérieure, qui est tout à fait pareille

PEINTURES.
Malerei.

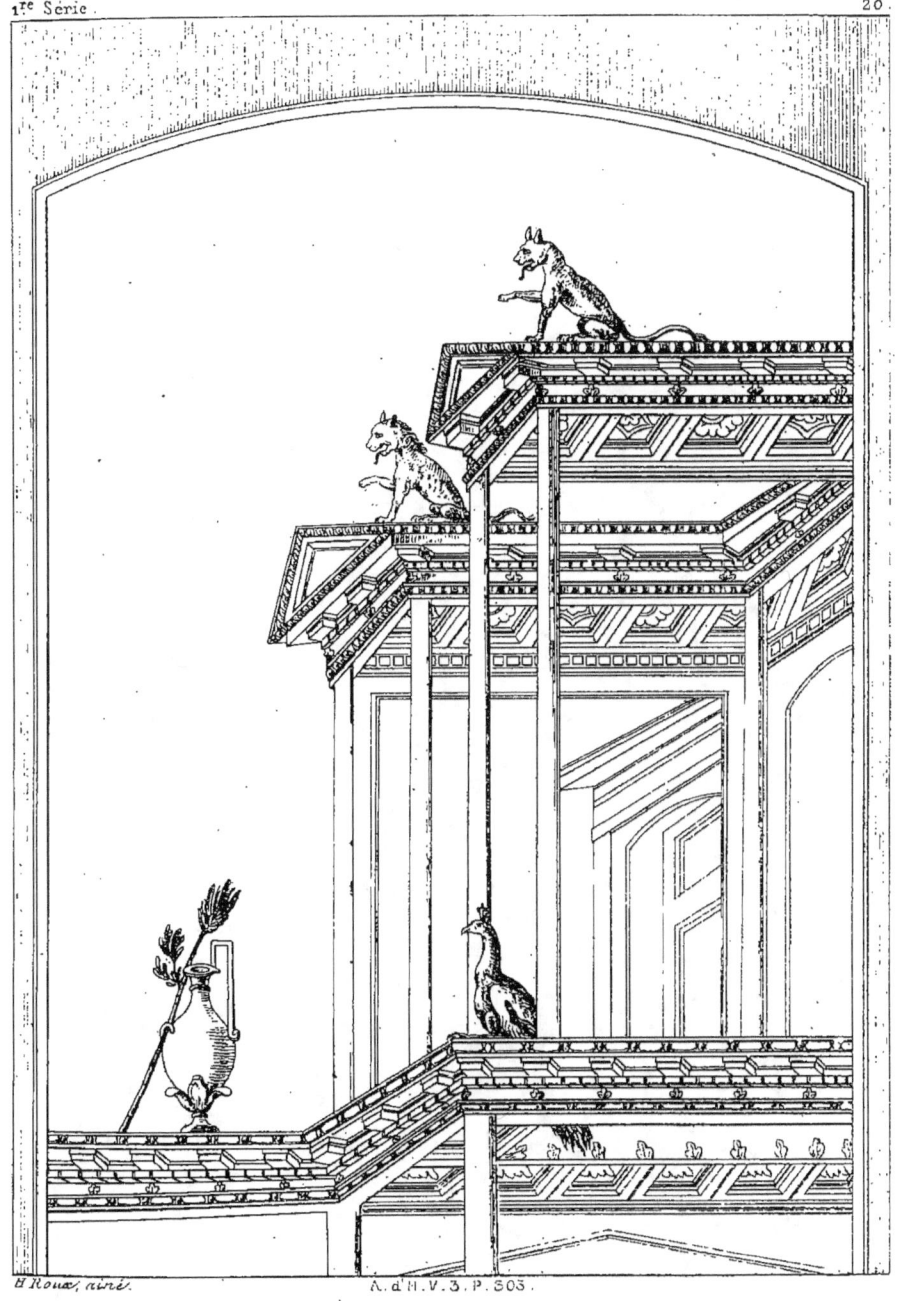

DÉCORATION ARCHITECTURALE.
Architektonische Verzierung.

PEINTURES.
Malerei.

1ʳᵉ Série.   21.

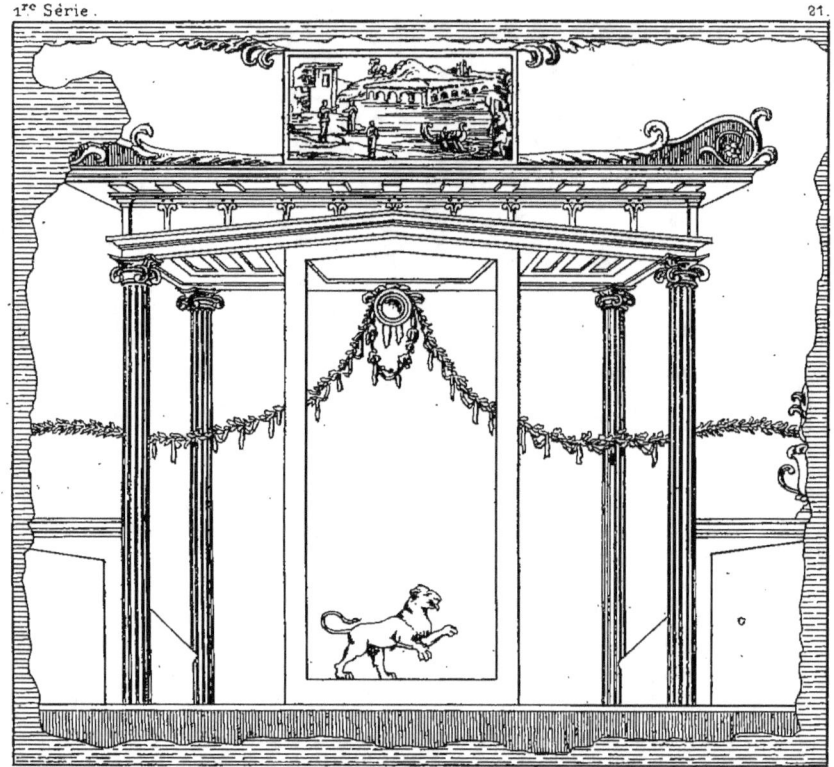

A. d'H. V. I. P. 233.

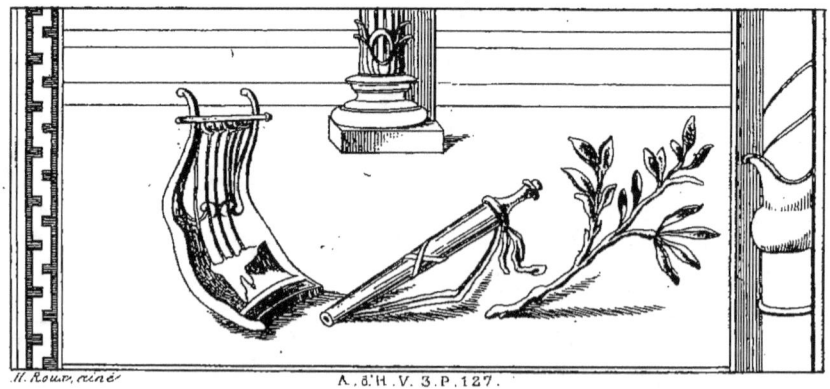

A. d'H. V. 3. P. 127.

DÉCORATIONS ARCHITECTURALES.
Architectonische Verzierung.

à la première, est couleur de fleur de pêcher. C'est aussi la teinte de la partie du milieu qui unit les deux ailes et qui repose sur un arc de couleur verte. La porte est jaune et moins foncée. Sur les toits des deux ailes on a placé deux panthères cendrées avec la langue rouge. Un paon, peint au naturel, se tient sur le premier entablement. A quelque distance est un vase d'argent avec une anse et un goulot étroit, qui soutient une branche de palmier.

Les panthères étaient consacrées à Bacchus, et le paon à Junon; mais de ces deux faits on ne saurait induire rien de positif pour arriver à comprendre la destination de l'édifice dont on voit ici un fragment.

PLANCHE 21.

Cette planche comprend plusieurs sujets : le premier représente un tholus ou un vestibule. Dans le compartiment du milieu, on pourra voir l'entrée principale et deux petites portes de côté. La corniche paraît appartenir, par ses triglyphes et ses modillons, à l'ordre dorique; elle est soutenue par des colonnes ioniques et sans base, dans le goût ordinaire. La lionne, la guirlande tressée avec des rubans rouges, que l'on retrouve ici comme dans toutes les décorations architecturales, et le disque à couleur d'argent, semblent placés ici pour remplir le vide, pour animer et lier ensemble les parties diverses de la peinture. Le petit cadre placé au-dessus de cette décoration doit être considéré comme un ornement ajouté à la grâce du tableau. Les anciens avaient donné à ces petits motifs, indépendants du sujet principal, le nom de *parerga : adjecerit parvulas naves longas in iis, quæ pictores* parerga *appellant* (1).

La vignette qui complète cette planche représente, sur le plancher d'un édifice dont on aperçoit un fragment de colonne de couleur rouge, une lyre de même couleur, un carquois fermé et attaché avec un ruban de la même teinte que la colonne, et un rameau de laurier vert; la colonne extérieure est d'un rouge plus foncé, sur fond noir. La lyre, le carquois et le laurier, réunis ici, ne permettent pas de douter qu'ils ont été peints à l'intention d'Apollon. On devra observer la forme de la lyre, qui est sans doute la *curva lyra,* dont il est souvent question dans les poëtes anciens (2). La forme recourbée lui avait été conservée sans doute de la *testudo* dont elle se composa d'abord, et dont elle garda le nom.

Qui persepe *cava testudine* flevit amorem (3).

Au reste on sait que la cithare différait de la lyre en ce que celle-ci avait toujours une cavité pour recevoir le son, et que celle-là se composait de cordes, de traverses,

(1) Pline, XXXV, 20; Vitruve, IX, cap. ult.
(2) Ovide, *Fast.*, V, 54 et 415;
Horace, I, 10, 6, et III, 28, 11.
(3) Horace, *Épod.*, XIV, 14.

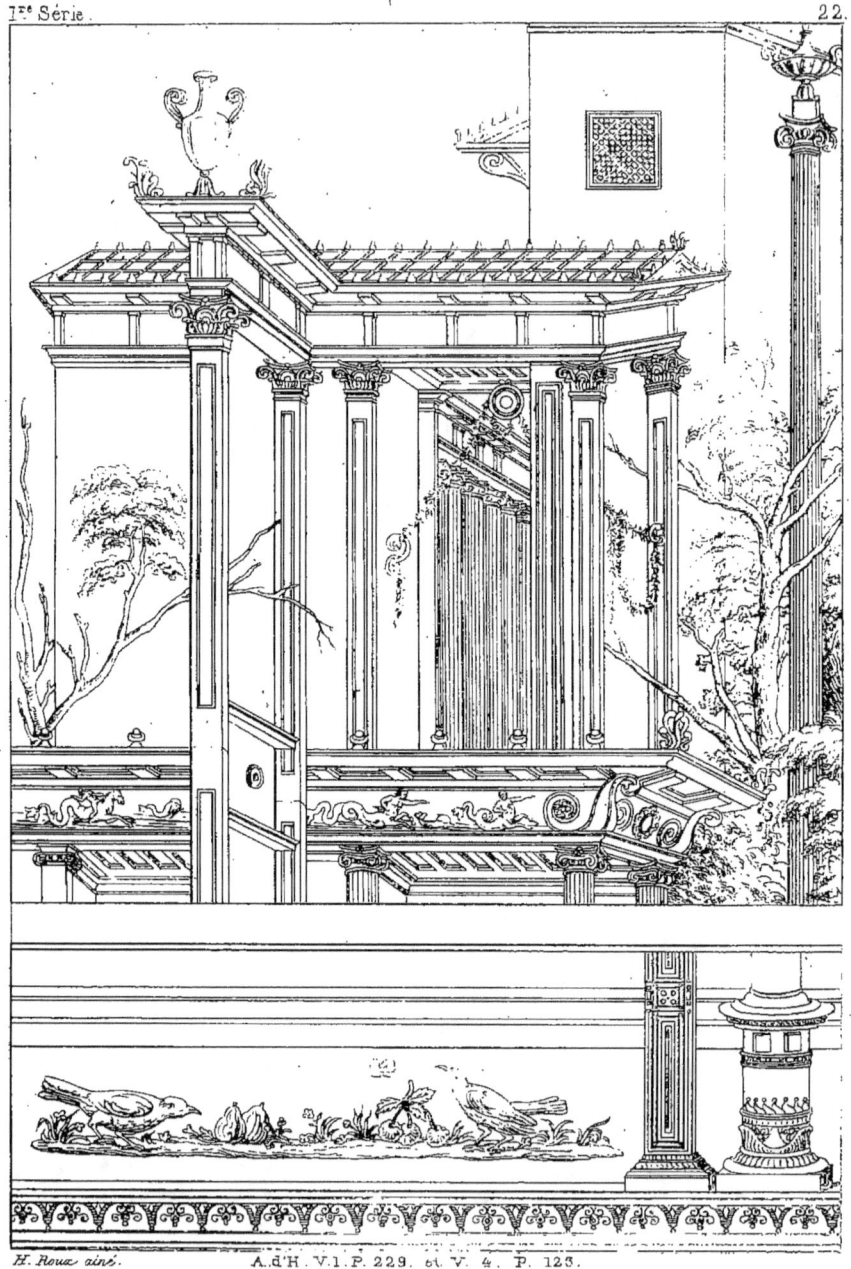

DÉCORATION ARCHITECTURALE.

supérieures où elles étaient attachées, et de deux manches latéraux.

PLANCHE 22.

Sur un portique d'ordre ionique, dont on aperçoit seulement les chapiteaux, la corniche et la frise ornée de dauphins, de tritons et d'autres monstres marins est une construction en bois, à demi ouverte, à demi fermée. Le chapiteau qu'elle surmonte se rapproche du corinthien. La corniche, le fronton et le toit sont gracieux et ne manquent pas d'originalité. Sur un des côtés se détache un morceau de construction dans le même goût, qui consiste en deux pilastres de bois. Ils descendent plus bas que le portique et portent une amphore. Sur l'autre côté on aperçoit une autre édifice et une colonne très-longue surmontée d'un vase. Les arbres qui étendent leurs branches dans l'édifice supérieur peuvent faire soupçonner que la construction représentée ici appartient à une villa.

La vignette est une frise sur fond noir fermée par des bandes et des ornements de diverses couleurs. La colonne et le pilastre sont ornés d'arabesques. Le premier oiseau a un plumage de couleur changeante du jaune au vert; l'autre ressemble à un merle. Le papillon, les figues et les arbouses sont peints au naturel; les plantes sont vertes, et les petites fleurs, blanches.

PLANCHE 23.

Nous le disons ici, sans crainte d'être taxés d'exagération, la peinture qui fait le sujet de cette planche ne serait pas indigne, par son goût, son fini et sa délicatesse, de figurer à côté des arabesques de Raphaël.

Au milieu, et sur un fond blanc, est une espèce de candélabre dont la partie inférieure est rouge et cannelée, et supporte un vase jaune orné tout autour de feuillages. Sur les bords du vase sont posés deux perroquets, peints au naturel, et du milieu s'élève une guirlande de feuillages verts, de fleurs blanches et rouges, et de fruits, qui se termine par un pavillon de couleur jaune. Ce pavillon porte deux figures : l'une d'elles représente un jeune homme avec une draperie rouge sur le bras, et une verge à la main droite; l'autre représente une jeune femme, vêtue d'une draperie jaune bordée de rouge; elle tient un rameau dans sa main gauche. Ces deux figures, qui peuvent être Mercure et la Paix, ou Bacchus et Cérès, ou, plus généralement encore, deux Bacchantes, ont un pied en l'air et se retiennent, par une de leurs mains, à deux branches qui sortent des deux côtés du pavillon et se croisent dans le milieu d'un autre fût de candélabre, rouge comme celui de la partie inférieure, pour aller se réunir encore sous une fleur d'un rouge moins foncé. De là ils sortent chacun de leur côté, se recourbent

PEINTURES.
Malerei.

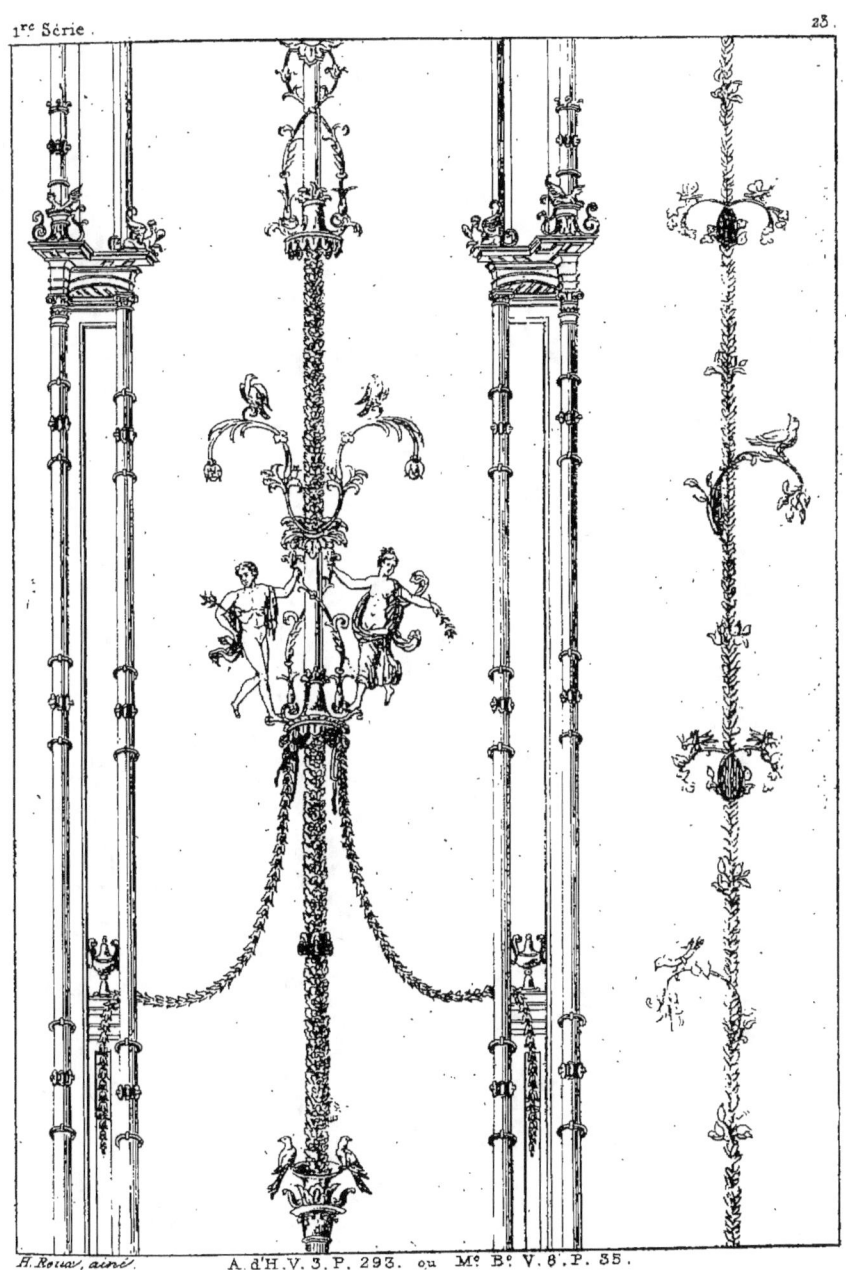

A. d'H. V. 3. P. 293. ou M⁰ B⁰. V. 8. P. 35.

DÉCORATION ARCHITECTURALE.
Architectonische Verzierung.

ici en dehors, et se terminent par deux fleurs jaunes. Sur leurs courbures sont deux petits oiseaux. Du milieu de la fleur s'élève une autre guirlande, semblable à la première, qui se termine aussi par un petit pavillon jaune; après le pavillon, le fût du candélabre continue encore et se termine en une fleur rouge toujours moins foncée que le candélabre. Il est encore traversé dans le milieu par deux branches semblables à celles de dessous.

De dessous le premier pavillon sortent deux guirlandes vertes qui joignent deux constructions tout à fait semblables. Elles se composent de deux colonnes rouges, ceintes en trois endroits par des anneaux ou des nœuds jaunes. Elles supportent un soffite rouge qui s'appuie par derrière sur un pilastre vert orné de deux bandes, l'une blanche et l'autre rouge. Sur la corniche rouge, aussi en dedans, est posé un sphinx. Le fragment de la colonne supérieure est rouge encore et orné de trois nœuds ou anneaux jaunes. La partie extérieure de la corniche est décorée de feuillages rouges et d'un petit sphinx. Sur le derrière, entre la colonne intérieure et le pilastre, est une petite construction avec des pilastres et une corniche qui supporte un vase de couleur noire.

A droite est une guirlande de feuilles entourée par un lierre sur les branches duquel sont peints de petits oiseaux et des insectes.

1re Série. — Peintures.

PLANCHE 24.

Cette peinture est une vue intérieure d'un temple. Sur un fond noir, et au milieu d'une architecture de couleur naturelle, est une jeune femme coiffée d'une draperie blanche. Son cou est orné d'un collier de perles; on ne distingue pas bien la couleur des draperies dont elle est revêtue; cependant il semble qu'elles tirent sur le jaune. La coupe qu'elle tient dans sa main gauche et le vase posé sur la galerie sont peints de couleur d'or.

La manière dont est disposée la draperie qui enveloppe la tête de cette jeune femme se rapporte beaucoup à l'arrangement de la coiffure des prêtresses de Cérès (1), qui se voilaient de blanc :

.... Albenti velatæ tempora vittâ (2).

Mais Cérès exigeait dans ses suivantes plus de décence et de chasteté que n'en montre notre figure. Les femmes qui composaient son cortége étaient citées par opposition aux courtisanes (3).

Il est plus prudent de croire que la jeune femme peinte dans cette décoration architecturale, et qui semble tenir de sa main droite le manche d'un petit vase plongé dans

---

(1) T. VII, p. 61, *A. G.*
(2) Ovide, *Métam.*, V, 110; et les commentateurs.
(3) Lucien, t. III, p. 298; *Dial. Merc.*, VII.

PEINTURES.
Malerei.

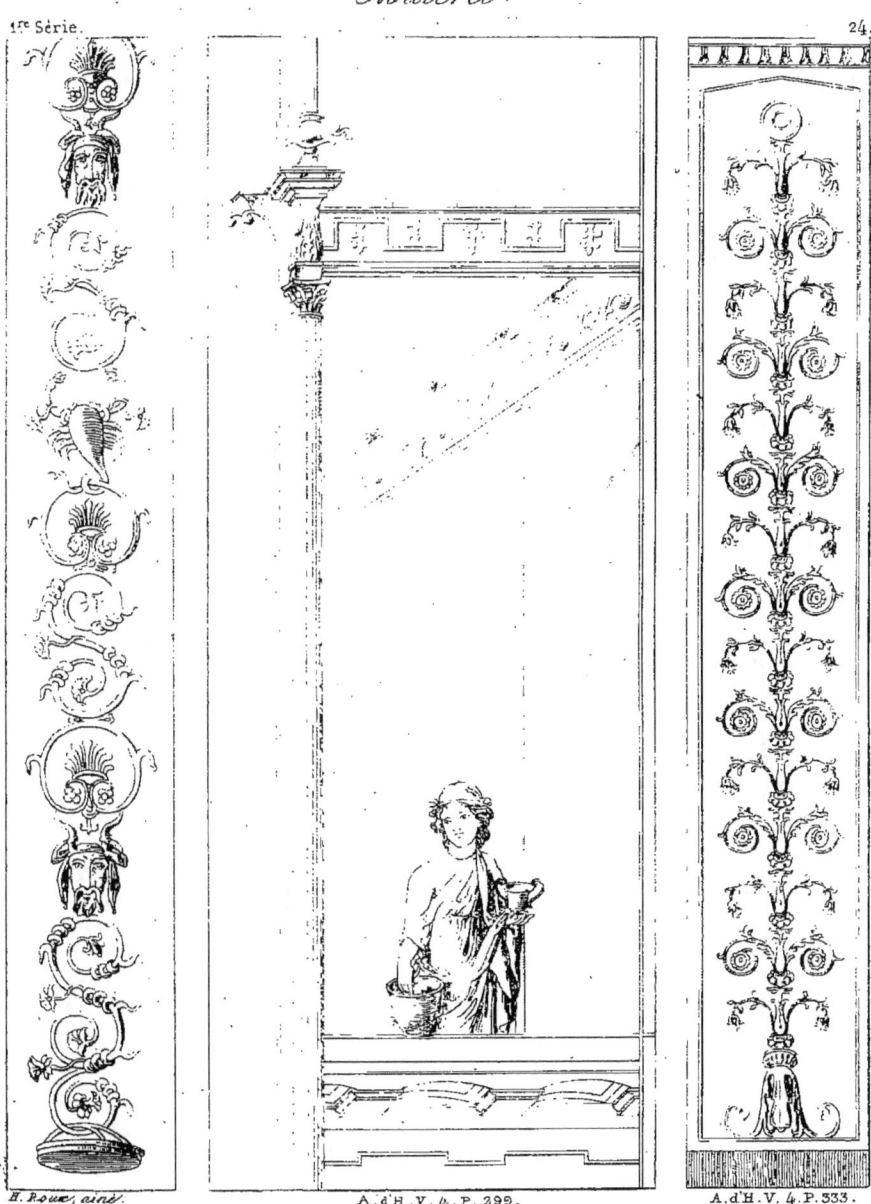

DÉCORATIONS ARCHITECTURALES.
Architectonische Verzierungen.

PEINTURES.
Malerei.

1ʳᵉ Série. 25.

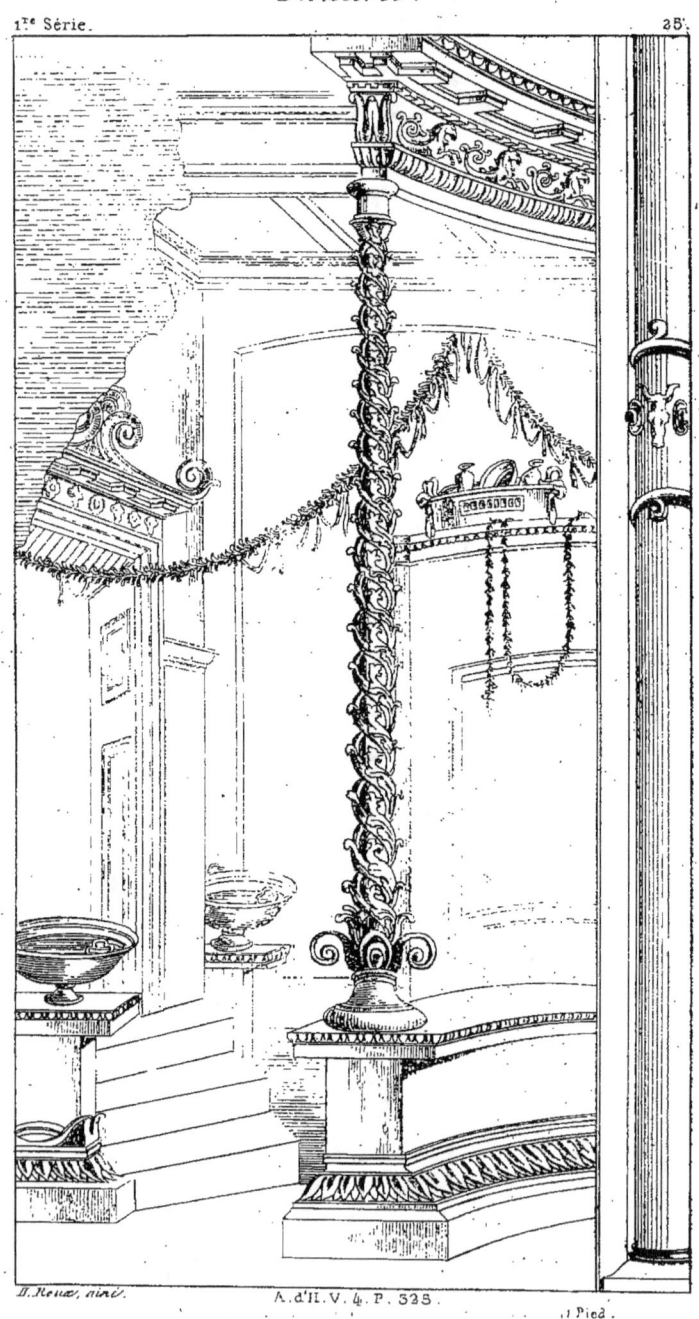

DÉCORATION ARCHITECTURALE.
Architectonische Verzierung.

le grand, est une *simpuviatrix*. Le *simpuvium* ou *simpulum* était un petit vase qui servait à puiser, par de petites quantités, le vin des libations; *quo sumebant minutatim, a sumendo simpulum nominavere* (1). Cet usage existait déjà du temps d'Homère :

.... μέθυ δ' ἐκ κρητῆρος ἀφύσσων
Οἰνοχόος φορέῃσι καὶ ἐγχείῃ δεπάεσσιν (2).

On appelait *simpuviatrix* la femme chargée de cette fonction (3).

PLANCHE 25.

On doit voir ici l'entrée d'un temple, auquel on monte par trois gradins. La porte et ses ornements sont couleur d'or. C'est aussi la couleur de la grande base sur laquelle est posée la colonne entortillée, dont le fond est vert et dont le feuillage est doré, de la corniche, de la frise et des autres ornements de cette peinture, et enfin de la corbeille qui contient des vases et d'autres objets sacrés. Les guirlandes sont rouges.

Deux piédestaux semblables, et de couleur d'or, supportent deux vases pour les lustrations, deux *périrrhantères*, περιῤῥαντήρια, qui imitent le cuivre. Les Latins avaient

(1) Varron, IV, *de L. L.*, p. 31.
(2) *Odyss.*, I, v. 9.
(3) Juvénal, *Sat.* VI, 342, et le scoliaste; Musée de Rome, t. II, pl. II.

donné à ces vases, que l'on plaçait à l'entrée des temples, le nom de *aquiminaria*, ou *aquimanaria* (1). L'eau lustrale qu'ils contenaient, que les prêtres consacraient en éteignant dedans un tison pris à l'autel, et dont les fidèles présents au sacrifice se servaient pour se laver et purifier, avait été appelée par les Grecs χέρνιψ (2) :

> .... οἱ μιᾶς τε χέρνιβος
> Βωμοὺς περιρραίνοντες, ὥσπερ ξυγγενεῖς (3).

Par extension, le nom de χέρνιψ fut donné aussi au vase qui contenait l'eau lustrale. On l'appelait cependant de préférence χερνίβιον et χέρνιβον (4).

Les deux vers d'Aristophane que nous venons de citer plus haut, et dont le sens est celui-ci : *Ils aspergent les autels avec la même eau lustrale, comme s'ils étaient de la même race*, nous amènent à dire que l'usage en commun des mêmes objets sacrés était le signe d'une liaison intime (5). Les lustrations étaient une coutume religieuse fort répandue non-seulement chez les Égyptiens, les Grecs et les Étrusques (6), mais encore chez les Hébreux (7).

(1) L. 21 *de A. et A. Leg.*; Vossius, *Etym. in Aqua.*

(2) Athénée, IX, 18; Aristophane, *Av.* 851; *Pac.* 955; *Lys.* 1131; Euripide, *Herc. fur.*, 929; *Iphig. in Aul.*, 1569.

(3) Aristophane, *Lysistr.*, 1132.

(4) Homère, *Il.*, Ω, 304; *Odyss.*, A, 136; Γ, 440.

(5) Le scoliaste d'Aristophane, *Lysistr.*, 1131.

(6) Lomeier, *de Lustrat.*, cap. 18; Broukhusius ad Tibull., II, *El.*, 14; Rycquius, *de Capit.*, cap. 37; Lorenz, *Var. sac. gent.*, cap. 14, t. VII, A. G.; T. Liv., lib. LV.

(7) Josèphe, III, 5.

PEINTURES.
Malerei.

1re Série.   26.

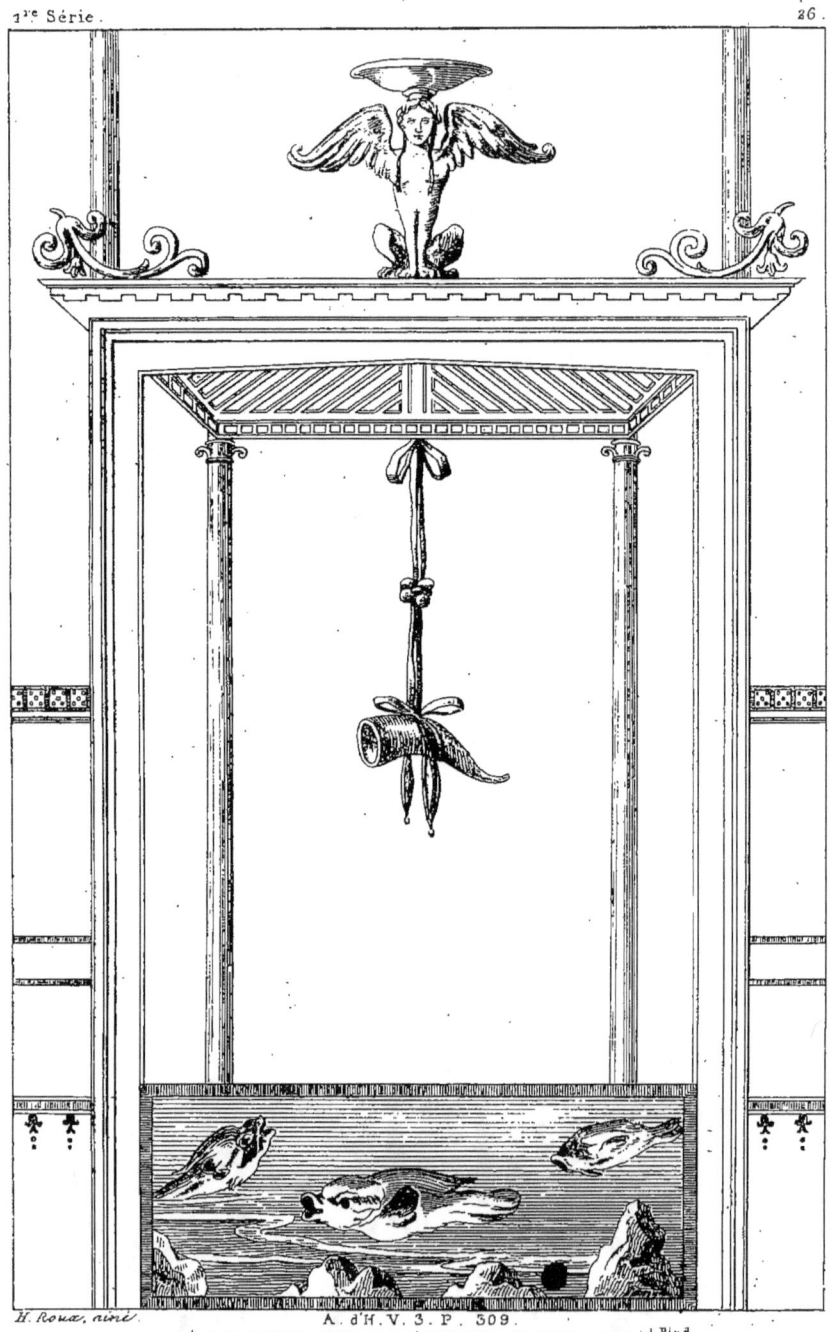

DÉCORATION ARCHITECTURALE.
Architectonische Verzierung.

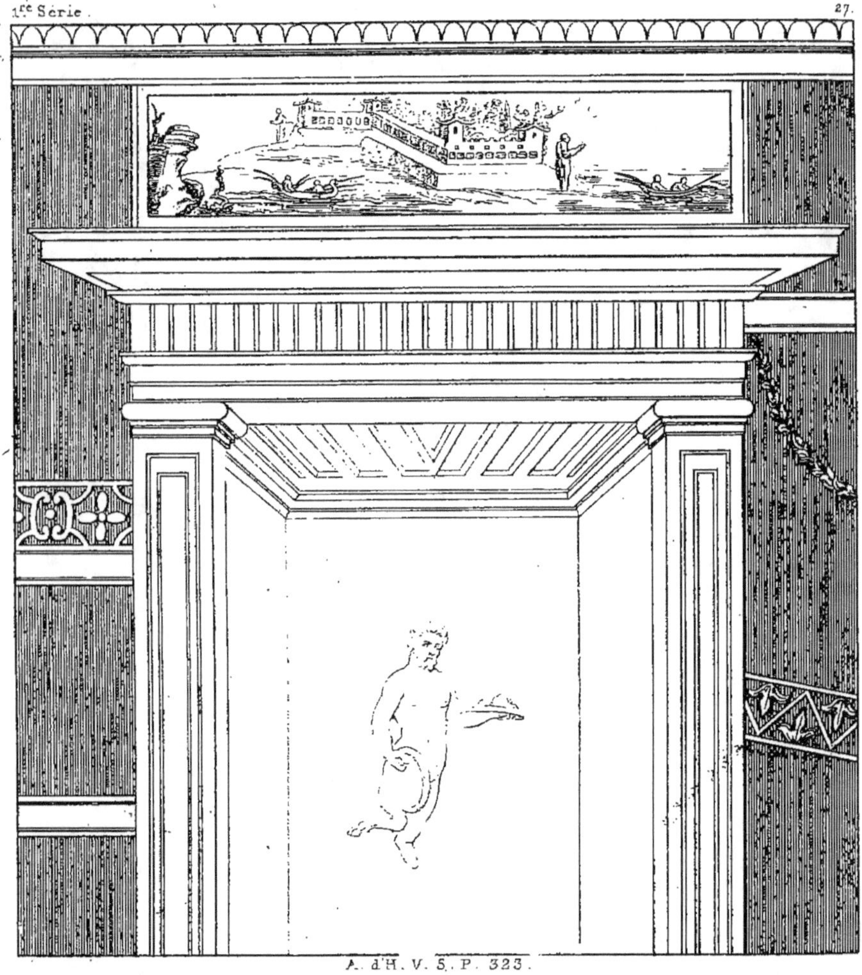

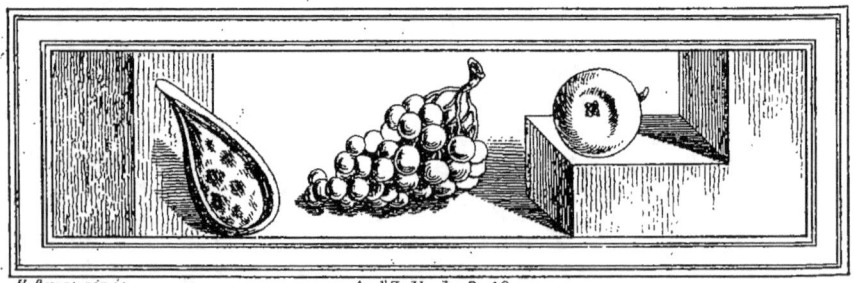

DÉCORATION ARCHITECTURALE.

PLANCHE 26.

Nous donnerons à la peinture architectonique qui fait le sujet de cette planche le nom de *tholus*. Ce nom s'appliquait à la fois à un toit sans murailles, porté par des colonnes, *tectum sine parietibus subnixum columnis;* et à la partie du soffite où étaient suspendus les ex-voto: *Tholus proprie est veluti scutum breve, quod in medio tecto est, ad quod dona suspendi consueverunt* (1).

Le tholus que l'on voit ici est rouge clair sur un fond blanc. Il s'appuie par devant sur une construction dont la partie extérieure est jaune, et la petite bande intérieure rouge foncé; et par derrière sur deux colonnes qui, avec l'architrave, sont peintes à l'imitation du stuc. Un sphinx ailé, à tête et à poitrine de femme, est placé sur le milieu de la corniche. Il est d'une teinte marbrée, mais ses cheveux sont jaunes; il porte sur sa tête une vasque couleur de marbre. Au soffite est suspendue une corne couleur d'or, attachée avec un ruban rouge. Dans le bas de la peinture est un petit tableau entouré d'une bande noire, où l'on voit la mer avec des rochers et des poissons.

PLANCHE 27.

A l'exception du paysage dont les bateaux sont rouges,

(1) Servius, *Æn.*, IX, 408.

et les figures, les édifices, les arbres et la mer, peints de couleurs naturelles, cette composition est tout entière d'une teinte jaunâtre. Dans le milieu est un satyre qui tient d'une main un objet qu'il est difficile de déterminer, et de l'autre une corbeille remplie de fruits. Ce n'est pas chose nouvelle que de voir ici un satyre portant les produits de la terre. Dans plusieurs recueils d'antiquités (1), ces divinités secondaires sont ainsi représentées. On leur attribuait la fertilité des vignes, des champs et des arbes :

Dant fauni quod quisque valet, de vite racemos,
De campo culmos, omnique ex arbore fruges (2).

D'ailleurs les satyres faisaient partie du cortége de Bacchus, qui comptait parmi ses attributs les fruits de la terre ; et le satyre de cette planche a le droit, en sa qualité de suivant de Bacchus, de porter une corbeille de fruits.

PLANCHE 28.

Au caprice et à la bizarrerie de la composition que nous retrouvons ici, comme dans beaucoup d'autres planches de la même série, se joignent une grâce parfaite et un goût exquis. Il y a dans l'irrégularité de cette déco-

(1) *Mus. Kirch., Thesaur. Brandeb.*   (2) Nemesian., *Ecl.*, I, 66.

PEINTURES.
Malerei.

1re Série. 28.

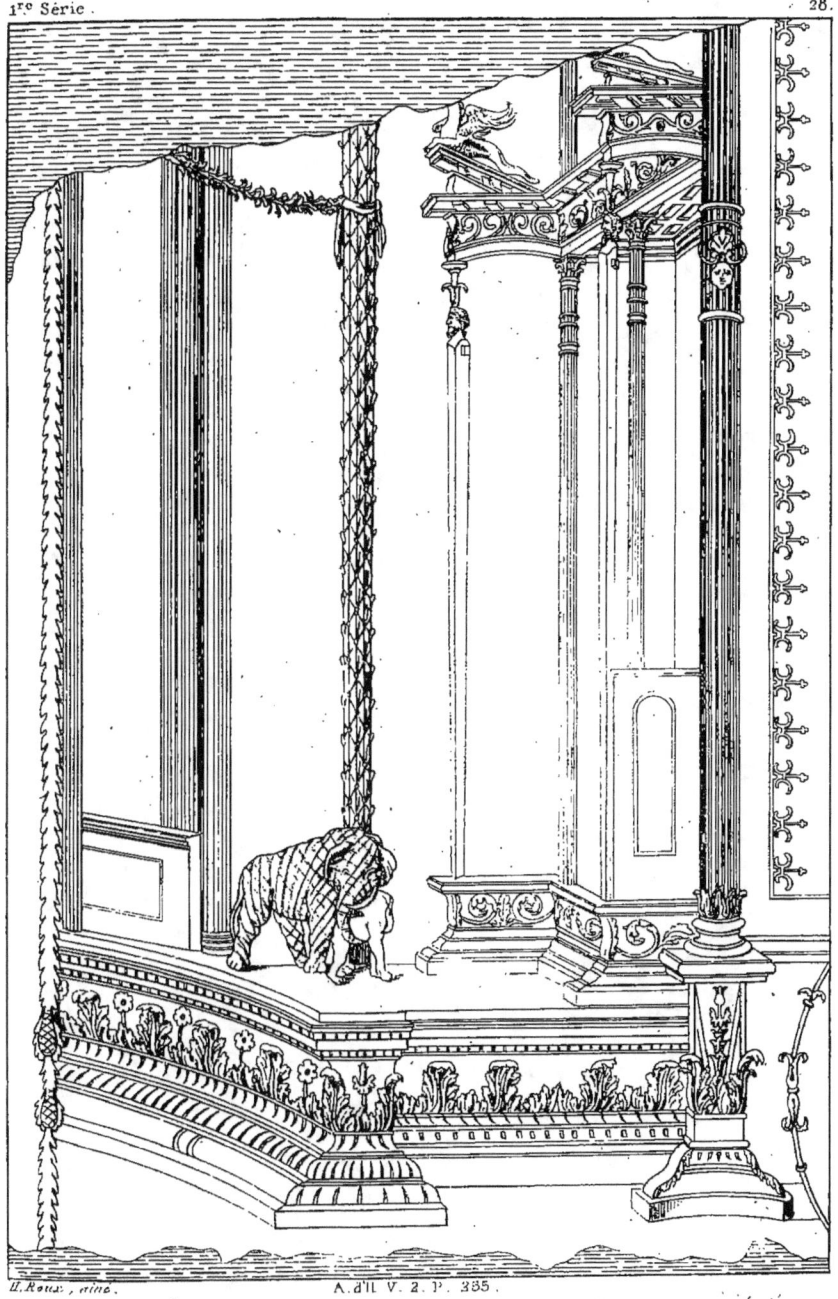

DÉCORATION ARCHITECTURALE.
Architectonische Verzierung.

ration une espèce d'ordre et d'harmonie. Nous arrêterons notre attention sur l'éléphant qui entoure et soulève avec sa trompe un autre éléphant beaucoup plus petit. Ces animaux, introduits en Italie par Pyrrhus, furent d'abord un sujet de terreur pour les armées de la république, et plus tard un objet de curiosité pour les citoyens paisibles à qui on les montrait dans les spectacles. On les faisait combattre avec des hommes et des bêtes féroces(1), et on les dressait aussi à des jeux qui amusaient les spectateurs. Ils dansaient sur la corde ou jouaient avec de petits animaux inoffensifs, et recevaient avec le bout de leur trompe les pièces de monnaie destinées à récompenser et à encourager leur intelligence (2). On pourrait supposer alors que l'architecture de cette planche est une partie d'un théâtre. Si l'on aime mieux penser qu'on a figuré ici une vue d'un temple, on devra dire que l'éléphant appartenait à Bacchus, et que dans la pompe bachique on voyait la statue de ce dieu sur un de ces animaux (3). Une particularité que nous ne devons pas passer sous silence, c'est la couverture à carreaux, ou l'espèce de filet, dont est revêtu le plus grand des deux animaux. Plusieurs médailles antiques représentent des éléphants ainsi habillés, et Spanheim (4) suppose que cette espèce de vêtement leur était donnée en guise de cuirasse pour les préserver

---

(1) Pline, VIII, 9 et 7; Sénèque, *de Brev. vitæ*, cap. XIII.
(2) Cuper, *Ex.*, II, 7; Boulenger,
de Theat., I, 35.
(3) Athénée, V. 7.
(4) *De V. et P. N.*, diss. III.

des coups et des blessures qu'ils auraient pu recevoir à la guerre. Cette interprétation, qui semble très-hasardée, est appuyée sur l'autorité de plusieurs auteurs anciens qui représentent ces animaux couverts de fer pour leur défense, et quelquefois de cuirasses d'or qui leur étaient données comme vêtement de luxe. Enfin ces carreaux tracés sur la peau des éléphants dans les médailles antiques et dans la planche qui fait le sujet de cette dissertation peuvent figurer les rides qui sillonnent leurs peaux (1).

PLANCHE 29.

On voit ici une espèce de vestibule (2) avec une grande et belle corniche soutenue par quatre colonnes. A la corniche est suspendu un petit écusson dans lequel on distingue une tête à peine ébauchée. Cet ornement se rapporte à l'usage où étaient les anciens, d'orner leurs palais de petits boucliers représentant les images de leurs ancêtres (3). L'invention de ce genre de décoration est attribuée par Pline à Appius Claudius, qui orna des portraits de ses ancêtres le temple de Bellone : *Suorum vero clypeos in sacro vel publico, vel privatim dicare primus instituit, ut reperio, Ap. Claudius, qui consul fuit cum Servilio, anno CCLIX. Posuit enim in Bellonæ æde majo-*

---

(1) Pline, VIII, 10; Rodigino, V, 14, et Cuper, *Exercitatio*, II, 9.
(2) Antichità di Ercolano, t. I, tav. XLII, n. 2 et 4.
(3) Antichità di Ercolano, t. II, tav. XXXVI, n. 3.

PEINTURES.
Malerei.

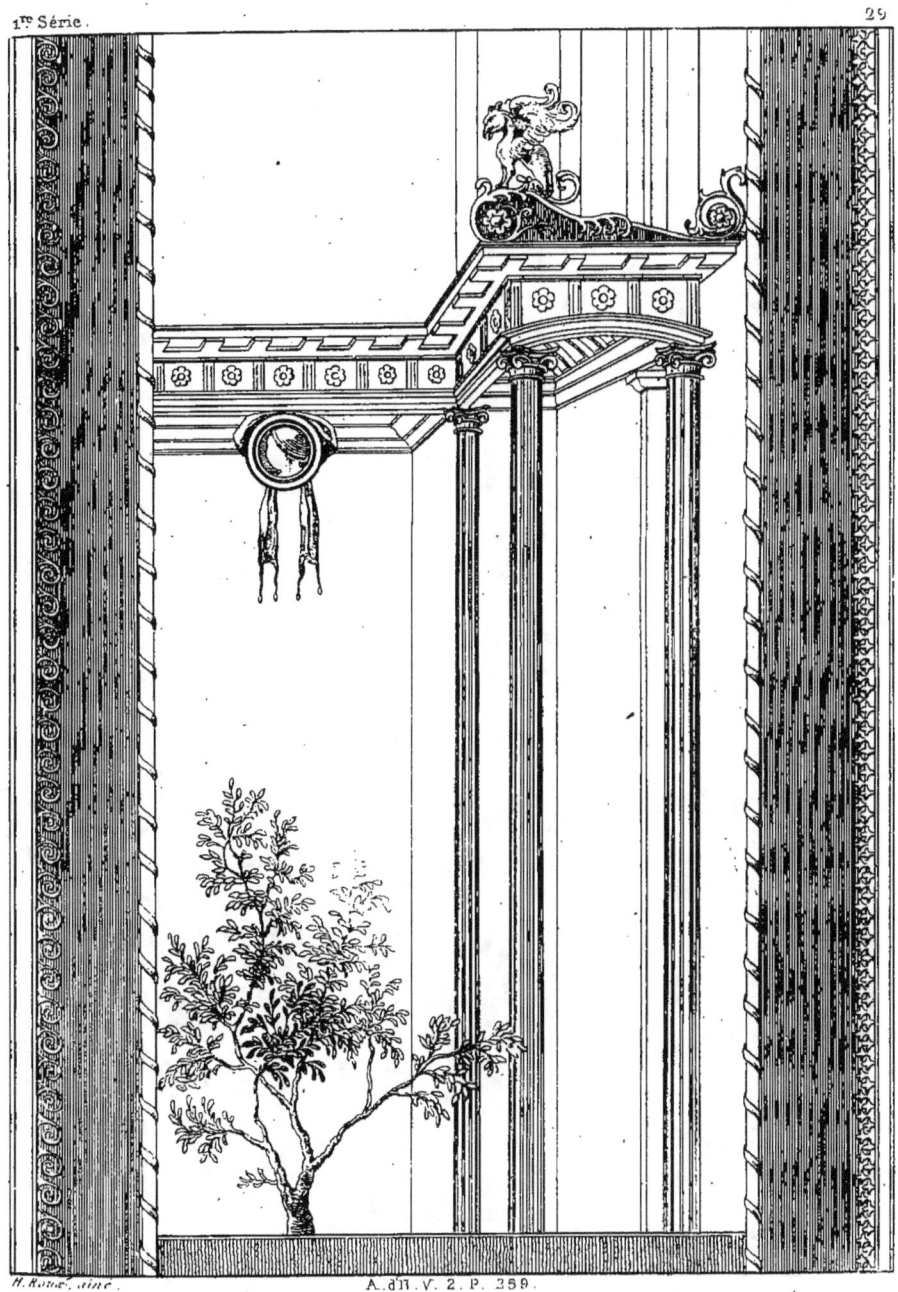

DÉCORATION ARCHITECTURALE.
Architectonische Verzierung.

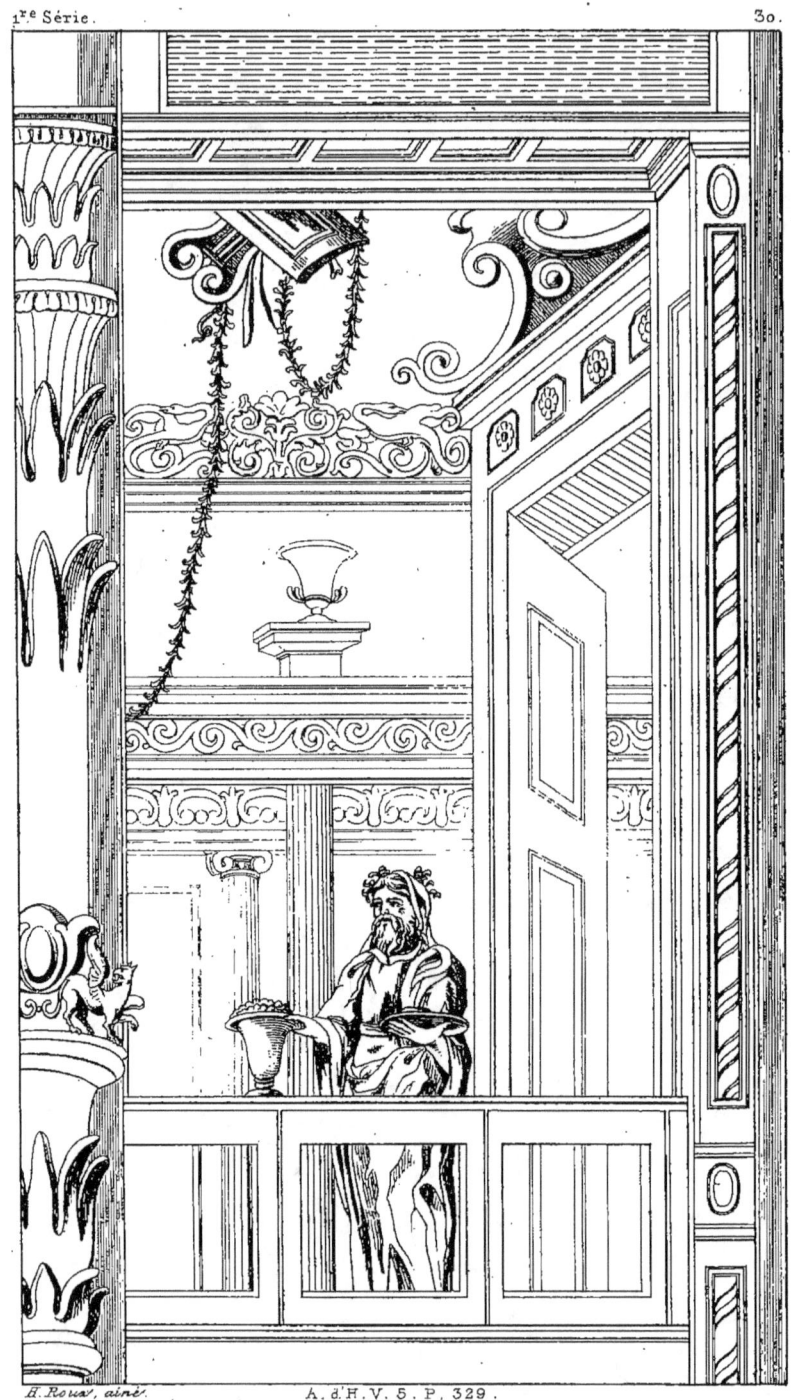

DÉCORATION ARCHITECTURALE.

res suos, placuitque in excelso spectari; ac titulos honorum legi (1). Plus tard ces portraits furent posés dans les atriums avec des inscriptions et les dépouilles des ennemis. *Apud majores hæ* (imagines) *in atriis erant. Expressi cera vultus singulis disponebantur armariis... Stemmata vero lineis discurrebant ad imagines pictas... Aliæ foris, et circa limina animarum ingentium imagines erant; affixis hostium spoliis quæ nec emptori refingere liceret* (2).

Dans le vide qui a été ménagé au-dessous du bouclier, et qui figure sans doute l'ouverture d'une porte, on aperçoit un arbre. Les anciens faisaient planter des arbres devant leurs portiques :

> Nempe inter varias nutritur silva columnas,
> Laudaturque domus, longos quæ prospicit agros (3).

PLANCHE 30.

On ne se douterait guère que cette décoration architecturale ait pu fournir matière à de longues et pénibles recherches et à un immense travail d'érudition. Cependant le bouclier et la lyre que l'on aperçoit suspendus au soffite de cet édifice ont donné bien de la peine aux antiquaires qui ont essayé d'expliquer pourquoi on avait

(1) XXXV, 3.   (3) Horace I, *Epist*. X, 22.
(2) XXXV, 2.

ainsi réuni ces deux objets d'origine et d'usage si différents. Il n'y a pas d'explication si extraordinaire, si inattendue, si recherchée, qui n'ait été avancée (1). La lyre est l'attribut d'Apollon ; le bouclier que l'on aperçoit dans cette planche convient à Mars. Donc Apollon ou le Soleil ne forme avec Mars qu'une seule et même divinité (2). Alors on a compris, il est vrai, pourquoi les Mégariens dédièrent à Apollon une statue tenant une lance, λόγχην ἔχοντα (3) ; mais on s'est trouvé au milieu d'une foule d'invraisemblances qui ont dépouillé cette opinion de toute apparence de vérité. On a nommé ensuite Mercure inventeur de la lyre (4), et Bacchus, que l'on voit quelquefois aussi avec cet instrument (5). La lyre unie aux armes pourra indiquer que ce noble instrument enfantait l'immortalité des héros (6). La lyre appartiendra encore à Vénus, et les armes au dieu Mars (7). On sait que des amours de ces deux divinités naquit l'Harmonie (8), qui règne dans l'ordre d'une bataille, comme elle doit se

---

(1) Antichità di Ercolano, t. V, tav. LXXIII.

(2) Julien. *Orat*, IV ; Macrobe, *Sat.* I, 17 et 19 ; Cuper, *Harp.* p. 13.

(3) Plutarque, *de Pyth. orac.*, p. 402.

(4) Ératosthène, *Catast.*, 24 ; Horace, I, *Od.*, X, 6.

(5) Callistrate, *Sat.* VIII.

(6) Homère, *Il.*, I, 199 ; Virgile, *Æn.*, IX, 777 ; Horace, *Art. P.* 55.

(7) Homère, *Odyss.*, Θ, 266 ; Ovide, *Met.*, IV, 189, et *Art.* II, 561.

(8) Hésiode, Θ, 975 ; Hyginus, *Fab.* 6 ; Pausanias, IX, 5 ; Nonnus, *Dion.*, III, 370 ; Lactance, I, 17 ; Le scoliaste d'Hésiode, *loc. cit.;* Plutarque, *de Is. et Os.*, pag. 370 ; *de An. Procr. et Tim.*, p. 1026 ; Artémidore, I, 58.

trouver aussi dans les sentiments des sujets de Vénus ; enfin, la réunion de deux attributs si distincts et si opposés indiquera le secours que la lyre prêtait aux armes, et l'harmonie au courage des guerriers,

Ἕρπει γὰρ ἄντα τῷ σιδάρῳ τὸ καλῶς κιθαρίζειν (1).

et on se rappellera que les Crétois combattaient au son de la cithare (2); ou plutôt, lorsqu'on aura examiné, avec quelque attention, chacune de ces explications, on trouvera qu'elles sont aussi peu vraisemblables les unes que les autres, et l'on ne verra, avec nous, dans cette peinture que ce que nous sommes forcé d'y voir, c'est-à-dire un fond blanc, des colonnes, des corniches, et des ornements rouges. Le fond sur lequel se dessine la colonne à feuillages, la bande du côté opposé et tous les autres fonds des ornements sont verts. C'est aussi la couleur des guirlandes de myrte attachées au soffite avec la lyre et le bouclier. La porte est couleur de bois. les quatre rosaces, jaunes, les deux vases et le bassin, couleur de bronze. Un des deux vases et le bassin contiennent des fruits. Ils sont portés par un vieillard couronné de myrte, vêtu d'un habit de dessous rouge et d'un manteau vert qui lui couvre la tête.

(1) Plutarque, *de Alex. fort.*, Orat. I, p. 335.

(2) Plutarque, *de Mus.*, p. 1140; Martianus Capella, lib. IX.

PLANCHE 31.

La composition d'architecture de cette planche est la même que celle de la planche précédente pour le dessin et pour les couleurs; seulement dans celle-ci nous avons de plus un masque rouge sur la colonne (1), et un paysage avec des figures, des constructions, des pins, des cyprès et de l'eau, peints au naturel. Ces deux objets se trouvaient sans doute dans la peinture de la planche 30, à l'endroit où l'enduit a été enlevé. Au soffite sont attachés un écusson, une épée avec un ceinturon rouge et un bouclier ou un miroir. La jeune femme est vêtue d'une draperie verte et couronnée de myrte. C'est aussi un rameau de myrte qu'elle tient de la main gauche.

PLANCHE 32.

Le fond de cette peinture est rouge. Les ornements sont jaunes dans les parties claires, et rouges dans les parties ombrées. Les bandes de l'architecture sont vertes, avec des filets blancs. Le fût de la colonne entouré de feuillages, et la corbeille avec les vases

---

(1) *Mus. Étr.*, t. III, p. 210.

PEINTURES.
Malerei.

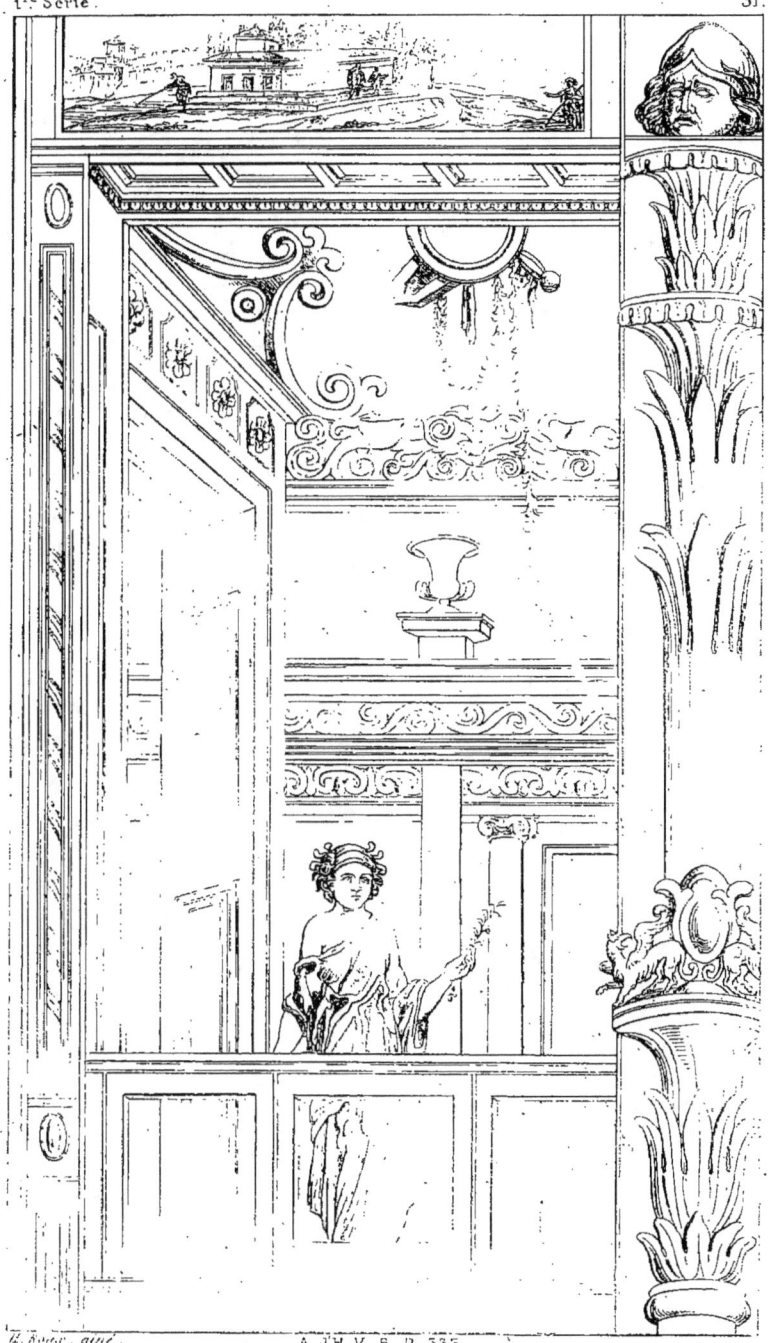

DÉCORATION ARCHITECTURALE.
Architectonische Verzierung.

PEINTURES.
Malerei.

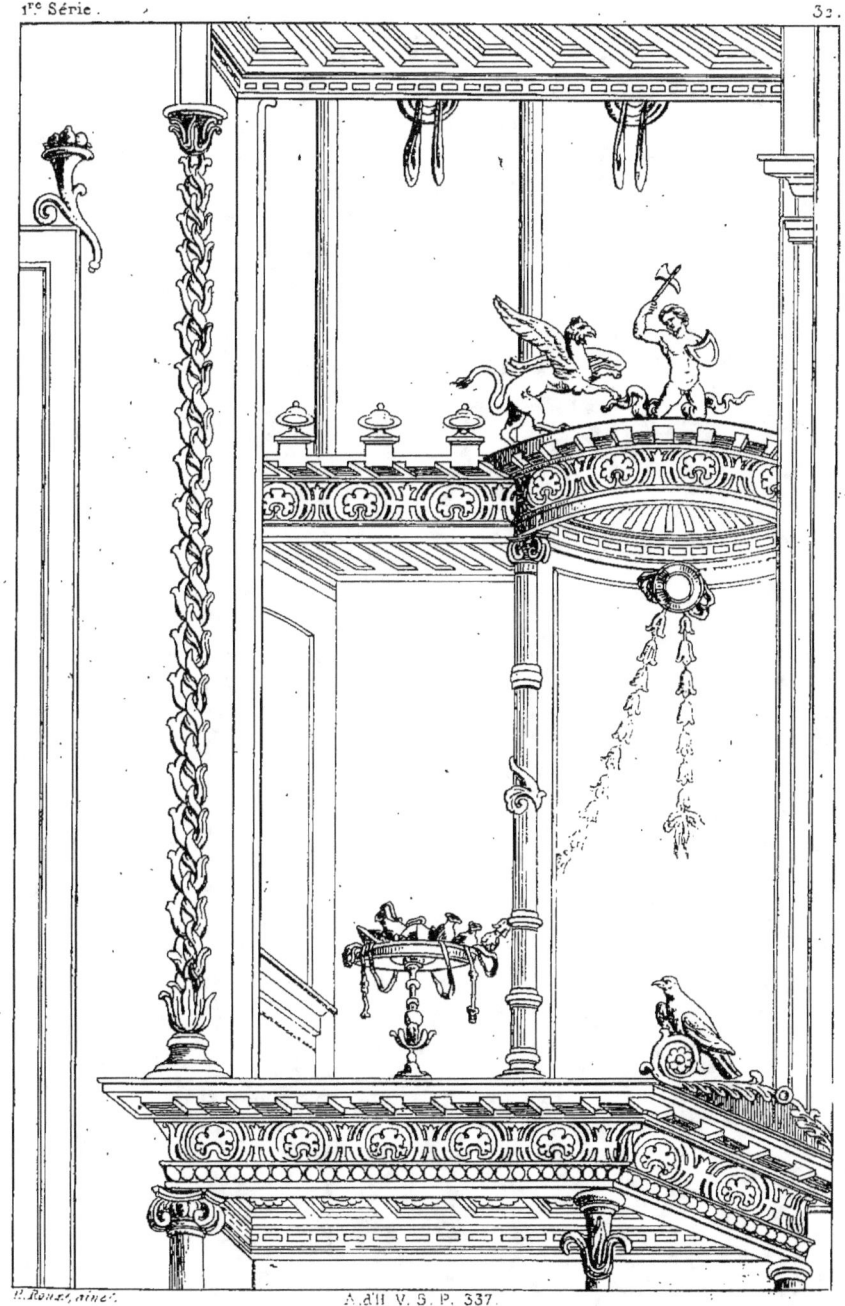

DÉCORATION ARCHITECTURALE.
Architectonische Verzierung.

qu'elle contient sont verts aussi. Les bandelettes qui sortent de la corbeille, et celles qui attachent les deux patères au soffite supérieur, sont blanches. La guirlande attachée au tholus est jaune. Le griffon et le géant aux pieds de serpent sont rouges, la colombe est blanche.

L'idée du géant combattant un griffon est assez bizarre. Les griffons étaient préposés à la garde des temples, et devaient veiller sur l'or et les richesses des dieux; les géants étaient les ennemis déclarés des habitants de l'Olympe et la personnification sans doute des impies du paganisme. L'artiste a donc représenté ici la lutte de la croyance et de l'incrédulité. Ovide avait donné aux géants des pieds en forme de serpent (1) ou des serpents en place de pieds; et quoiqu'on les conçût assiégeant l'Olympe avec des montagnes, Virgile les avait imaginés se servant de l'épée et du bouclier :

Tot paribus streperet clypeis, tot stringeret enses (2).

A Briarée, l'un d'eux, Ovide donne une hache de diamant :

Immolat hanc Briareus facta ex adamante securi (3).

Notre géant se défend avec un bouclier en forme de croissant, qu'on appelait *pelta*.

(1) Ovide, *Trist.* IV ; *El.* VII, 17 ; Apollodore, I, p. 9 ; Macrobe, I, *Sat.* 20 ; Pausanias, VIII, 29.

(2) *Æneid.*, X, 571.
(3) *Fast.*, III, 805.

PLANCHE 33.

L'architecture de cette planche semble appartenir à un temple. Tout le fond de la partie qui est en premier plan est rouge; le long pilastre qui traverse toute la peinture et porte un chapiteau et un cadre barlong au-dessus est tout blanc, ainsi que la bande ou la corniche qui s'appuie sur ce pilastre et traverse en largeur toute la partie supérieure; l'autre pilastre, tenant au premier par une guirlande verte, est de couleur jaune. La corniche intérieure et la frise sont rouges. L'hippogriffe posé sur la corniche est vert. Tout le reste de l'architecture, les corniches, les frises, les soffites, les colonnes, et les murs intérieurs, comme aussi les ornements du vase, l'écusson, la draperie qui y est attachée, l'amulette ou petite divinité ailée, avec une fleur de lotus sur la tête, et la colonne ornée d'anneaux, sont jaunes. La balustrade ou la corniche au bas de la figure est blanche, le fond au-dessous est vert, le vide, bordé par un filet blanc, est rouge. La jeune femme dont les yeux sont fixés sur un volume ouvert a des cheveux blonds foncés, noués sur la tête, sans aucun ornement; sa tunique est verte, et son manteau d'un rose pâle. Cette jeune femme est sans doute une *Æditua* ou une autre fonctionnaire du temple, occupée à lire les hymnes sacrés, ou les prières. Les prières publiques avaient

PEINTURES.
Malereif.

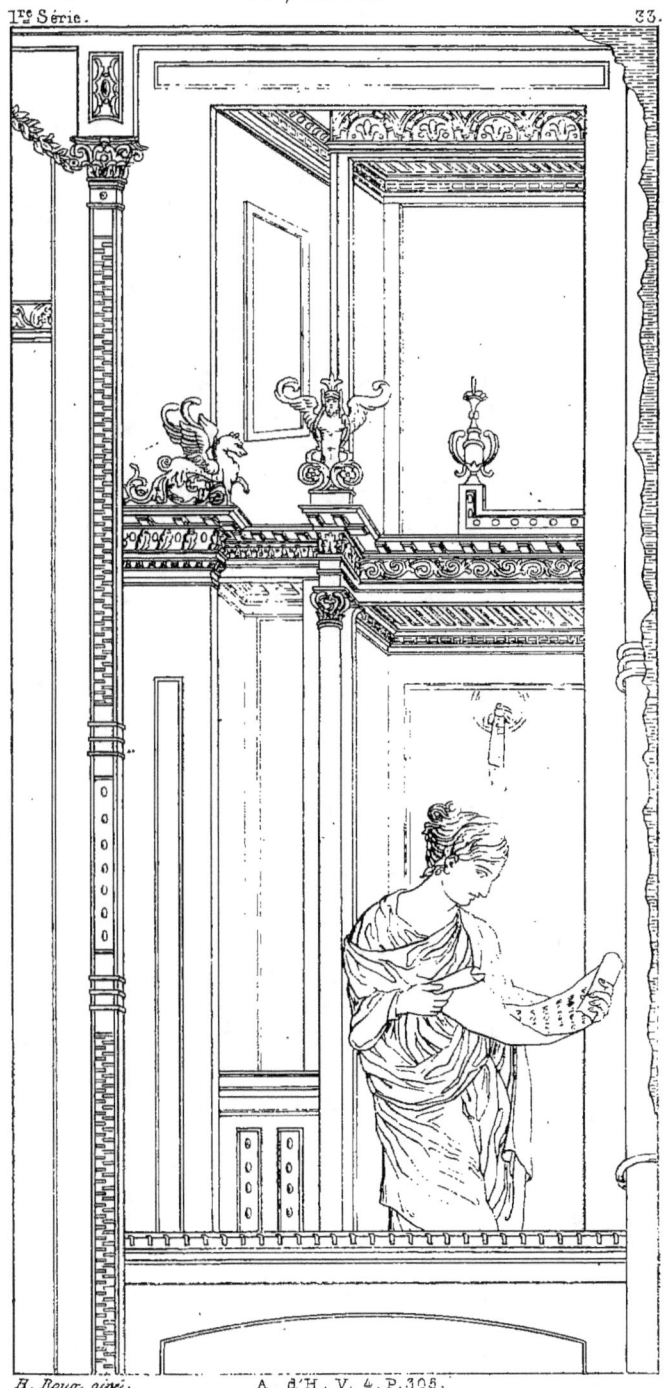

PEINTURES.
Malerei.

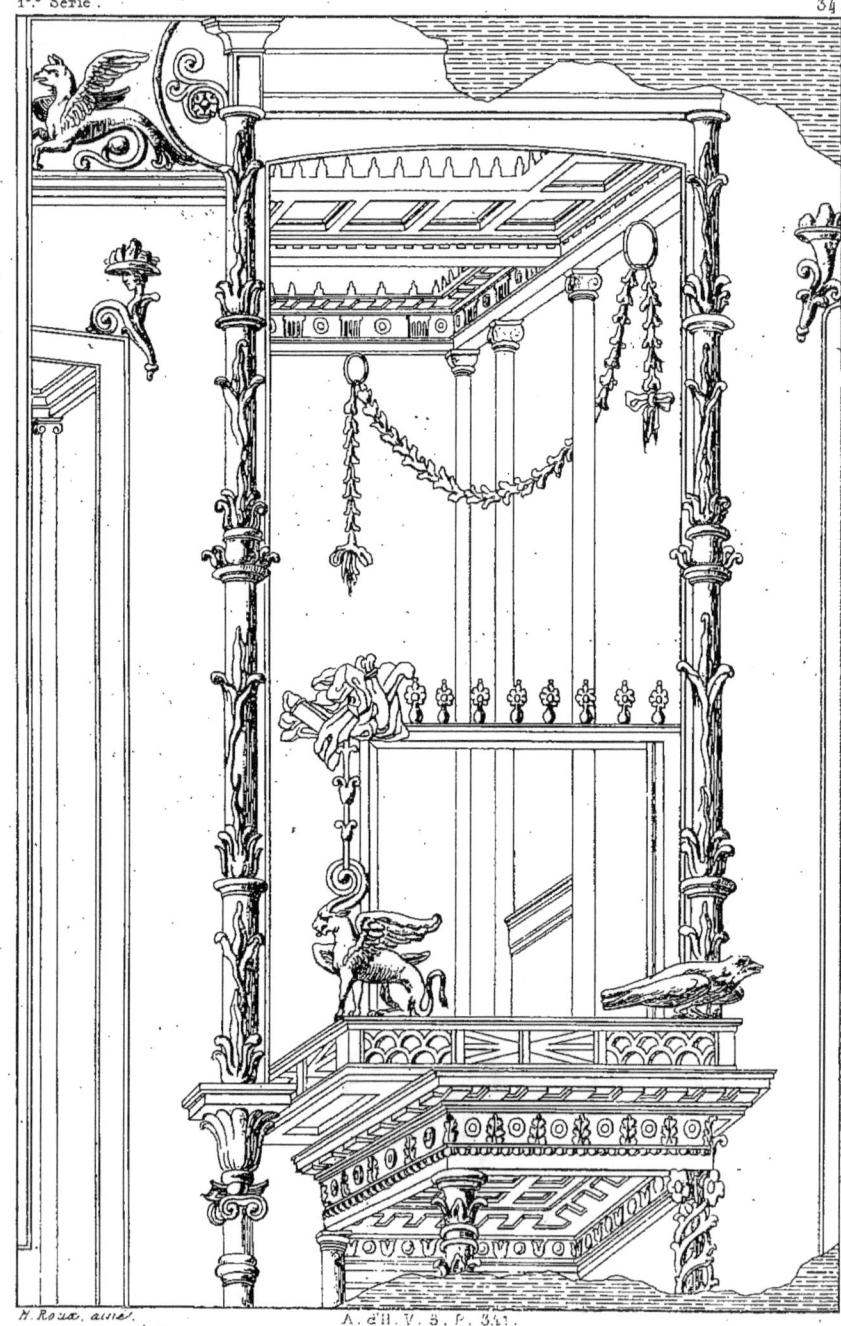

DÉCORATION ARCHITECTURALE.
Architectonische

ordinairement trois objets : le salut de l'âme, la santé du corps, et les événements étrangers à ceux qui priaient : Πρώτισται ὑπὲρ τῆς ψυχῆς σωτηρίας, δευτέραι ὑπὲρ τῆς τῶν σωμάτων εὐκρασίας, τρίται δὲ ὑπὲρ τῶν ἐκτὸς ἐπιμεγούμεναι (1). Les stoïciens renfermaient leurs vœux dans des bornes plus étroites, et ne priaient jamais que pour eux : *Roga bonam mentem, bonam valetudinem animi, deinde corporis. Quidni tu ista vota sæpe facias? Audacter Dominum roga, nil illum de alieno rogaturus* (2). Enfin, Horace était encore moins exigeant; il ne priait que pour son corps, et s'inquiétait peu de son esprit :

Sed satis est orare Jovem qui donat et aufert;
Det vitam; det opes; æquum mi animum ipse parabo (3).

PLANCHE 34.

Cette peinture est sur fond rouge, et semblable pour la disposition des couleurs à la planche 32. La guirlande est verte; les bandelettes qui la terminent sont blanches; les instruments posés à l'extrémité du balustre du milieu sont verts et couverts en partie par une draperie rouge. Le griffon est rouge et le corbeau noir; les ornements de l'architecture sont jaunes dans les clairs et rouges dans les ombres; les bandes sont vertes, et

(1) Proclus, lib. II, *in Tim.*, p. 64. (3) Horace, *Epist.* 18.
(2) Sénèque, *Epist.* 10.

leurs filets blancs. Les fûts des colonnes sont verts aussi, et les patères ont une couleur de métal.

PLANCHE 35.

Cette planche comprend deux fragments. Dans celui de droite, la bande inférieure est verte; celle qui suit est d'un blanc sale; celle qui vient immédiatement après, et qui est ornée de petits boucliers, est jaune. Le piédestal, les feuillages et le vase sont rouges. La colonne qui sort du vase est d'une teinte entre le bleu et le vert; la branche qui s'entortille autour est rouge. Le rouge est aussi la couleur du chapiteau, de la corniche, à l'exception du fond et de l'ornement, qui sont de la couleur même de la colonne; mais les triglyphes et les métopes sont rouges. La grande bande perpendiculaire ou le pilastre est vert. L'autre colonne qui s'élève sur la corniche est jaune, ainsi que tous ses ornements, les feuilles et les anneaux. Le cadre du petit tableau est rouge. La marine, avec les constructions, les galères, et les figures, est peinte de couleurs naturelles. Sur ce petit cadre est posé un bâton ou une colonnette qui soutient un van ou un vase d'argent, dans lequel est posée l'extrémité d'une guirlande verte tressée avec des bandelettes rouges. Sur le second plan est une espèce de parapet avec une ouverture au milieu et une corniche jaune. L'oiseau qui s'y repose est d'un blanc tirant sur

PEINTURES.
Malerei.

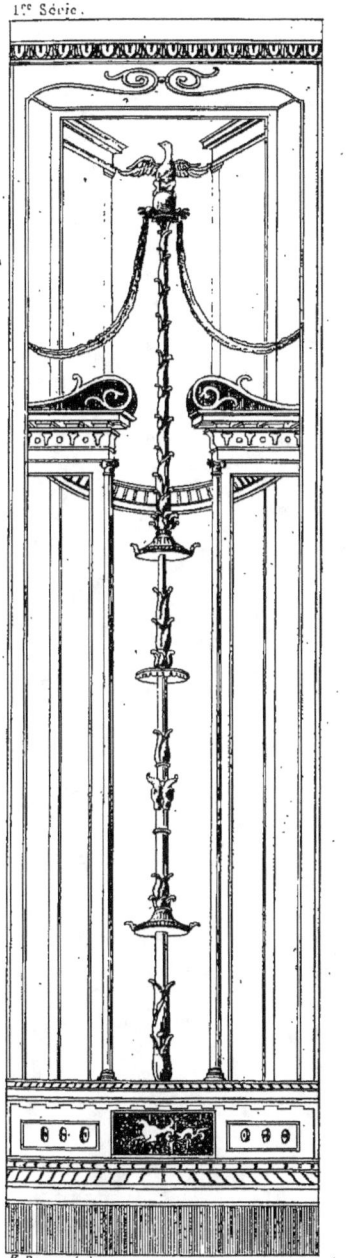 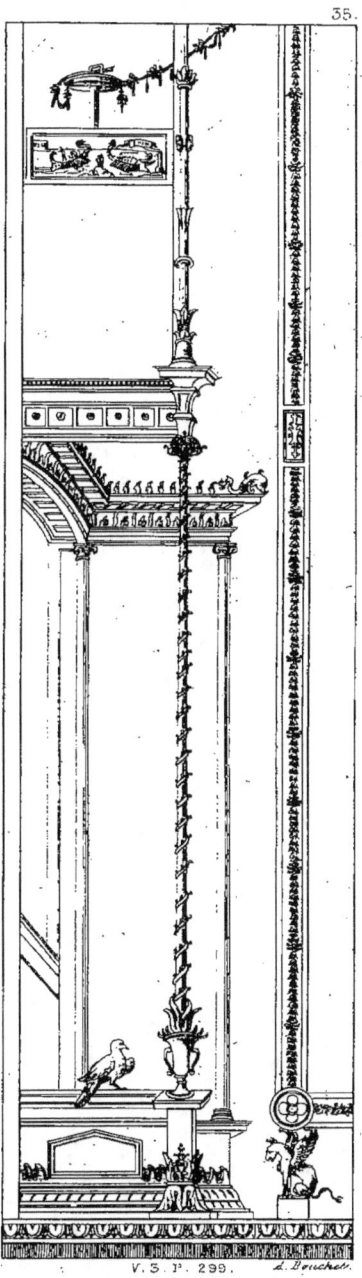

DÉCORATION ARCHITECTURALE.
Architectonische Verzierung.

le bleu et ressemble à une colombe. La grande construction qu'on aperçoit dans le fond est formée de deux colonnes à chapiteaux ioniques et à bases attiques. L'entablement se compose d'une frise, avec des triglyphes et des métopes, et d'une corniche ornée tout autour de petits crochets, d'*harpaginetuli*, comme dit Vitruve, et, à l'extrémité, d'un dauphin blanc sale. Le pilastre intérieur est vert. Le pluteus est vert aussi, mais d'une teinte moins foncée.

Le petit ornement latéral se compose d'un hippogriffe jaune, posé sur un piédestal de la même couleur, et soutenant avec les ailes une rosace dont le fond est vert, le tour et la fleur rouges. Les deux bandes extérieures qui partent du bord de la rosace sont rouges aussi. La guirlande du milieu est verte; c'est aussi la couleur de la fleur qui orne le petit tableau, dont le cadre est rouge.

Nous n'avons à observer dans le premier fragment de notre planche que la grâce de toute l'architecture et de ses détails, et surtout l'idée ingénieuse de la colonne sortant du vase. On croit voir une tige frêle qui grimpe petit à petit et s'appuie en montant sur un bâton qu'on lui a donné pour soutien. Nous aurons occasion de dire ailleurs, dans le courant de cet ouvrage, que certains rapprochements entre les peintures égyptiennes et chinoises ont corroboré un système qui tend à prouver que la Chine a été peuplée par les colonies égyptiennes. En suivant cette opinion, et en observant que les Chinois ont un goût très-prononcé pour les arabesques, on a supposé que ce genre de peinture avait pris son origine en Égypte, d'où il aurait été apporté aussi en Grèce et en Italie. Mais nous avons déjà cité un texte de Vitruve qui attribue la création de ce genre à la corruption du goût chez les artistes de son temps. Nous admettrons l'autorité de Vitruve, et nous attribuerons aux peintres de l'Italie et de la Grèce la créations des arabesques. Seulement, nous n'aurons pas la force de nous récrier avec lui contre une invention qui a produit chez les anciens des décorations aussi gracieuses que celle qui fait le sujet de cette planche et de plusieurs autres de cet ouvrage; et chez les modernes, de nombreux chefs-d'œuvre.

Notre second fragment nous offre, sur un fond noir, une architecture jaunâtre, à l'exception des deux enroulements posés sur les deux corniches. Ils sont rouges, les guirlandes vertes, l'aigle rougeâtre, le disque sur lequel il est posé, jaune, le candélabre rouge, le petit tableau, où l'on voit un cheval marin, vert, et les deux cadres latéraux, jaunes. L'aigle et le disque ou la patère font penser que cette décoration a quelque rapport avec Jupiter.

Le premier fragment conviendrait à Vénus par la colombe; mais nous ne voulons voir ici que des arrangements dépourvus de toute autre intention que celle de la grâce et de l'harmonie.

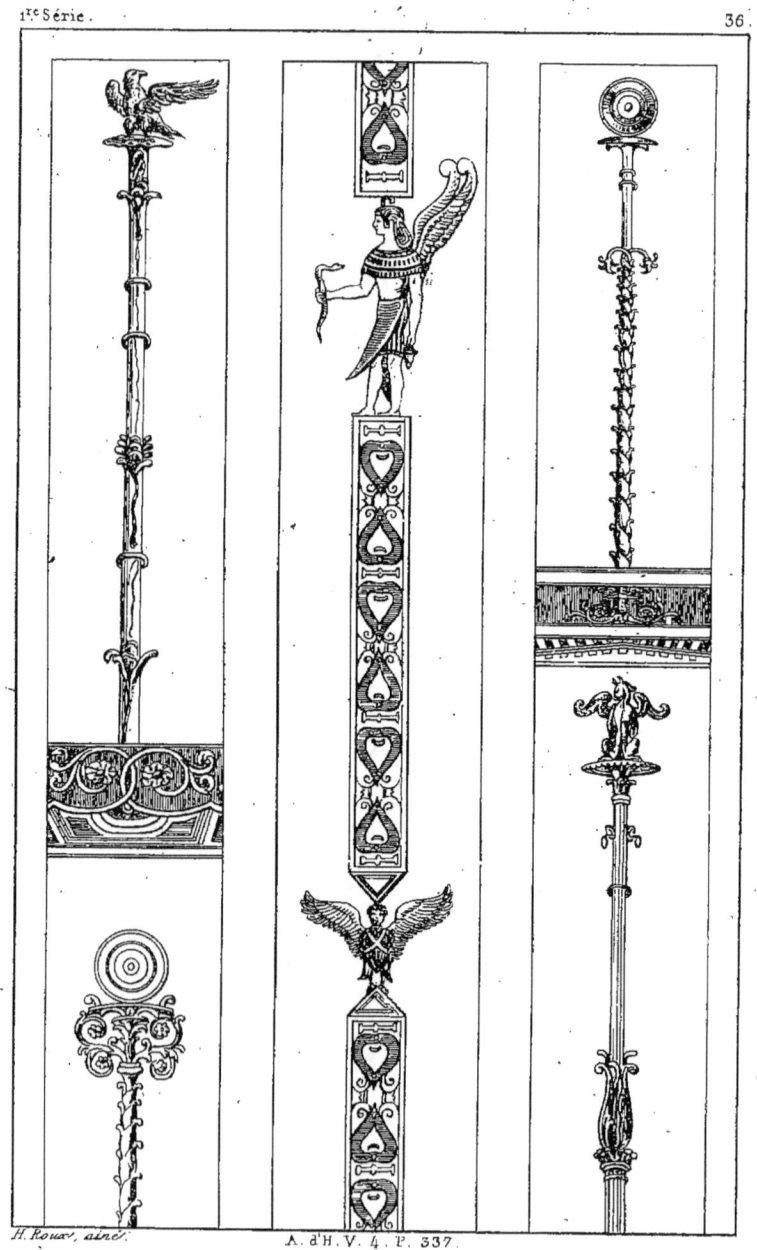

DÉCORATION ARCHITECTURALE.

PLANCHE 36.

Trois décorations diverses composent cette planche. La première est un candélabre jaune, surmonté d'un aigle jaune aussi. Il a pour appui son soffite, de la même couleur, orné de deux arabesques blanches qui se terminent par deux fleurs jaunes. Le reste de la peinture est noir, à l'exception d'un autre morceau de candélabre en spirale qui porte, dans sa partie supérieure, des arabesques avec des fleurs et une patère au-dessus. Tous ces objets sont jaunes.

De l'autre côté est un ornement du même genre que le précédent. On y voit un candélabre jaune qui porte un sphinx ailé, jaune aussi, avec une fleur sur la tête et une draperie blanche posée sur ses ailes. Le soffite supérieur est jaune; la bande qui le surmonte est blanchâtre; celle qui vient après est rouge. La figure ailée qui finit en arabesque est blanche. La troisième bande est blanche aussi, et au-dessus s'élève un candélabre blanc avec une patère ou un disque de couleur jaune.

Le fragment du milieu est sur fond blanc. C'est d'abord, et en commençant par le bas, un morceau d'obélisque, dont les parties claires sont jaunes, les parties ombrées rouges et vertes. La figure rouge posée sur le triangle a des ailes jaunes et une petite draperie blanche qui descend de ses épaules et se croise sur sa poitrine. Elle porte sur sa tête un fragment d'obélisque semblable au premier. Sur ce second fragment est posée une autre figure égyptienne dont la carnation est rouge. Sa coiffure, qui descend jusque sur ses épaules, est bleue. Son petit panache est rouge; la bande qui lui couvre la poitrine et les épaules est bleue, jaune et rouge. Son tablier est bleu, et la draperie dont elle est vêtue, depuis la ceinture jusqu'à mi-cuisse, est rouge et rayée de jaune. De la main droite elle tient un serpent de couleur blanche, et de la main gauche un petit seau de couleur jaune. Les deux figures de ce fragment demandent une courte explication. On voit dans la Table Isiaque un monstre semblable à celui représenté dans cette planche; et quoiqu'on l'ait pris pour une sirène, nous pourrons donner au nôtre le nom d'Ibis à face humaine. Cette explication est confirmée jusqu'à un certain point par l'usage où étaient les Égyptiens de donner des visages d'homme à certains animaux.

L'autre figure est une Isis, autant qu'on peut en juger aux traits féminins du visage, à la coiffure et au serpent. Cependant le tablier relevé en cône convient plutôt à Osiris (1).

(1) Antichità di Ercolano, *Pitture*, t. I, tav. L.

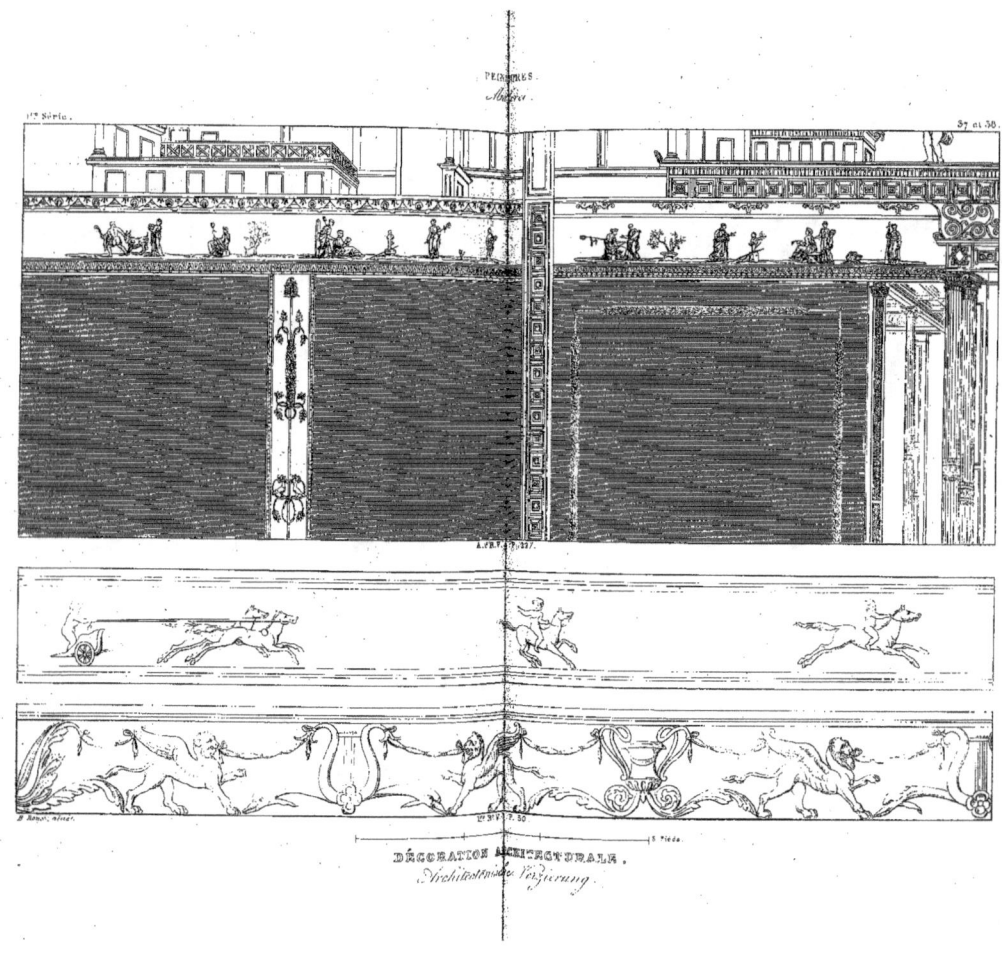

DÉCORATION ARCHITECTURALE.

PLANCHES 37 ET 38.

La bande perpendiculaire qui partage en deux cette décoration a, dans sa partie supérieure, un rectangle dont le fond intérieur est vert. Il est entouré par un filet blanc autour duquel est une petite bande verte; après vient un autre filet blanc, puis une bande rouge, et enfin une ligne extérieure noire. Cette ligne noire se prolonge dans toute la partie inférieure de la bande perpendiculaire. Elle entoure une petite bande verte qui est terminée en dedans par un filet blanc, séparé d'un autre filet blanc par un filet noir intermédiaire; et ainsi de suite, les filets et les bandes sont noirs et blancs. Des petits cadres enfermés par ces filets, qui, superposés l'un sur l'autre, forment la base perpendiculaire dont nous avons parlé, le premier a un fond couleur de laque et une fleur jaune; le second, les quatre angles rouges, et le petit écusson intérieur avec une fleur jaune sur un fond vert. Le troisième correspond au premier; le quatrième au second, et ainsi de suite.

Les deux champs à gauche sont bleus. La bande qui les sépare est sur fond noir, et les deux lignes latérales blanches et entremêlées de petites marques rouges. Cette bande intermédiaire est ornée d'un grand thyrse, dont la pointe de fer sort d'entre des feuilles de lierre de couleur verte. Le fût du thyrse est verdâtre; les petits rameaux sont verts et imitent le lierre; les oiseaux sont peints de couleurs naturelles; les petites fleurs sont blanches. Le premier de ces fonds bleus, sur la gauche, est terminé par un pilastre svelte, cannelé, et orné d'un chapiteau. Les deux fonds bleus, celui de gauche et celui de droite, se terminent par des lignes noires. La large bande horizontale qui vient immédiatement après est bordée par des lignes grisâtres; le fond de la bande est blanc et les ornements couleur de laque. Les figures de la frise seront décrites dans cet ouvrage, au *Musée secret*. Elles sont sur fond noir. La bande blanchâtre au-dessus de la frise a des ornements couleur de laque plus ou moins foncée. Après cette bande en vient une autre, d'un rouge foncé. La partie de l'édifice où l'on voit sept ouvertures dont le fond rouge est entouré de filets blancs est toute verte; la corniche est blanche. La balustrade est jaune sur fond vert. Tout le reste de cette construction, tant sur le derrière que sur le côté de la terrasse, est jaune. La colonne posée sur la corniche a une base rouge. La bande perpendiculaire qui termine sur la gauche cette partie de la peinture est bleue; tout le reste de l'architecture, jusqu'à la longue bande du milieu, est blanchâtre, à l'exception de la colonne et du socle, qui sont couleur de laque.

Le champ à droite est rouge; les guirlandes sont vertes. Les angles qu'elles forment sont blancs et entremêlés par intervalles égaux de petits filets rouges et verts. Le premier pilastre est blanc; il est orné d'un chapiteau qu'on peut appeler corinthien. Les deux filets sont verts; les ornements, jaunes. La corniche en perspective est blanchâtre; elle est soutenue par le pilastre et une colonne blanche. Le soffite et l'autre pilastre intérieur tirent sur le jaune. Les deux autres colonnes sont blanches, et ne diffèrent que par leurs chapiteaux. Le pilastre tout à fait dans le fond est blanc aussi; mais les parties ombrées sont noires. La dernière bande à droite est noire aussi. Les deux colonnes portent une grande frise avec sa corniche; les trois bandes horizontales sont blanches et leurs ornements rouges. Le fond de l'architrave et celui de la corniche sont verts et les ornements blancs. La bande qui sépare le fond rouge du fond noir, où sont les figures, a des ornements rouges sur fond jaune. Au-dessus de la frise, qui, comme la précédente, sera décrite au *Musée secret*, est une bande dont le fond est blanc et dont les ornements sont jaunes. Par-dessus est une bande, bien plus étroite, de couleur rouge. Vers la droite, cette bande est surmontée d'une autre bande verte, coupée par de petits filets blancs, et ornée de petits tableaux à fond rouge avec une fleur blanche au milieu; les cadres de ces tableaux sont blancs aussi. Après est une autre bande jaune, divisée par des lignes perpendiculaires blanches. Elle est surmontée de deux autres bandes : l'une blanche et l'autre rouge. Au-dessus d'elles s'élève une construction jaune avec plusieurs ouvertures dont le fond rouge est entouré de filets blancs. La petite corniche est blanche; la frise qui est au-dessus est un fond rouge divisé par de petites lignes perpendiculaires et blanches. Les constructions, à gauche, sont blanchâtres; la colonne est blanche, mais sa base est rouge. Sur la droite on voit la partie inférieure d'une figure qui paraîtra tout entière dans la planche suivante. On a remarqué que dans les peintures ou les bas-reliefs antiques qui représentent des salles tricliniaires on voit souvent sur les corniches de petits garçons tenant en main des corbeilles de fleurs qu'ils répandent, ou des rameaux, ou des draperies destinées à décorer les murailles (1). On pourra prêter à cette figure la même intention, à moins qu'on ne veuille qu'elle ait un rapport plus ou moins direct avec les Bacchanales représentées dans les frises.

Le sujet qui se trouve au bas est divisé en deux parties.

La partie inférieure est une frise de l'*apodyterium* des Thermes de Pompéi. On y voit, sur un fond rouge, des chimères, des dauphins et des lyres.

La partie supérieure appartient au *frigidarium* du même édifice. C'est encore une frise où l'on a incrusté en stuc blanc, sur un fond rouge, des Amours conduisant des biges, et précédés par d'autres Amours à cheval.

(1) Orsin., Appendix à Ciaccon., *de Triclin.*, p. 243; Pignor., *de Serv.*, p. 167.

PEINTURES.
Malerei.

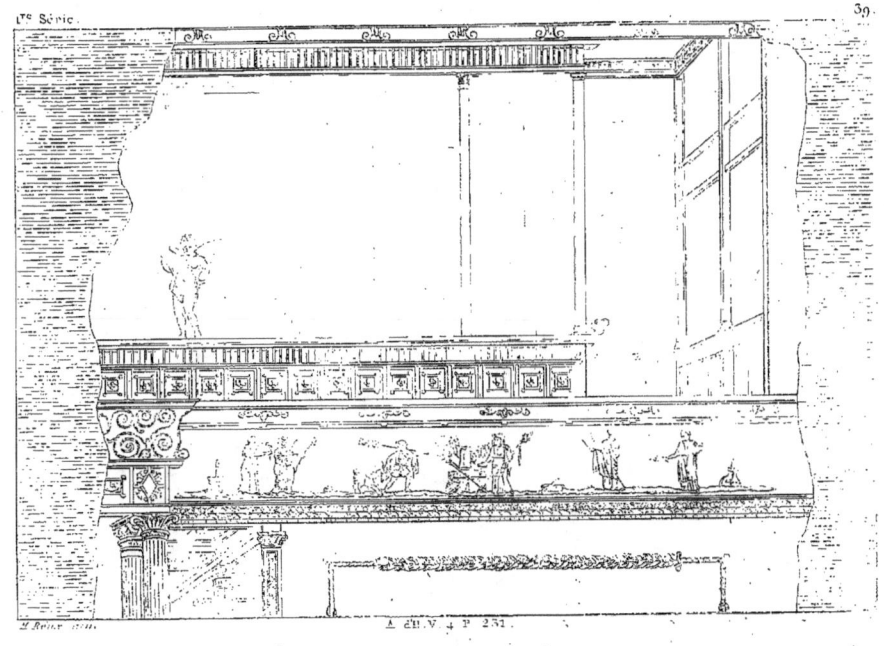

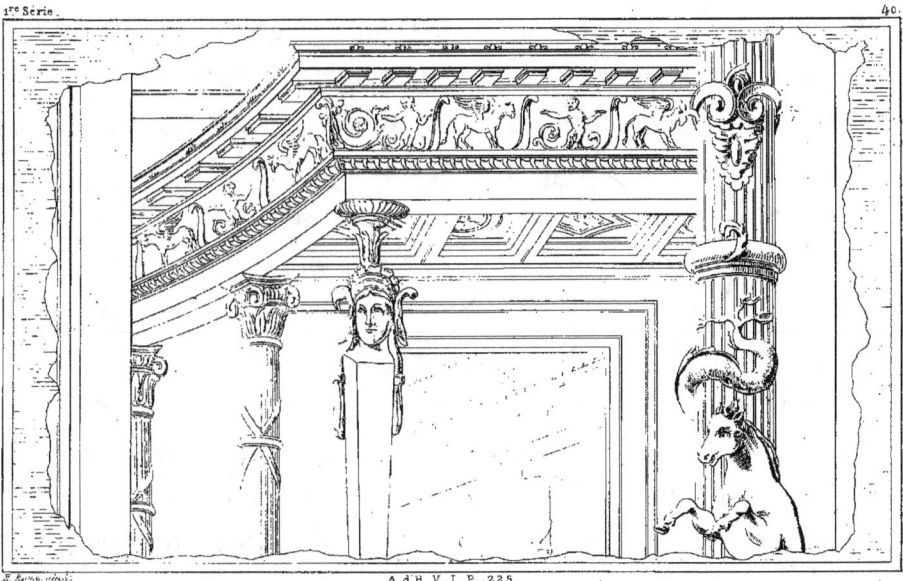

DÉCORATION ARCHITECTURALE.

PLANCHE 39.

La partie inférieure de cette décoration a été décrite dans la planche précédente, où l'on n'aperçoit qu'une partie de la figure que nous voyons tout entière ici sur la corniche. La carnation de cette figure est délicate; ses cheveux blonds sont couronnés de feuilles. Elle a des ailes bleues. Un ruban jaune descend de son cou et se croise sur sa poitrine; ses bras et ses jambes sont ornés de petits anneaux; elle tient de la main gauche un sceptre de couleur jaune, et de la droite une verge, jaune aussi. Les couleurs de l'édifice sont les mêmes que dans la planche précédente; mais ici elles sont plus vives et mieux conservées. Nous voyons encore ici, de plus que dans la planche précédente, un soffite soutenu par quatre colonnes vertes avec des corniches blanches et jaunes; l'autre soffite, où sont attachés une guirlande verte et un ruban blanc, est jaune aussi. La corniche de droite, appuyée sur deux colonnes vertes coupées par deux traverses jaunes, a des ornements blancs sur fond rouge. L'appui qui porte les colonnes, et où l'on distingue plusieurs ouvertures en perspective, est noir tirant sur le rougeâtre.

PLANCHE 40.

Le fragment de décoration que nous voyons ici semble

représenter la partie supérieure du vestibule d'un palais. *Nobilibus facienda sunt vestibula regalia, alta atria, peristylia amplissima* (1). On voit à gauche trois colonnes, y compris la plus avancée, qui ressemble à un terme ou à une cariatide. Il faut en supposer autant sur la gauche, sans tenir compte de celle qui s'avance, isolée et sur le premier plan, avec des ornements bizarres et entre autres un monstre marin. Ces six colonnes, avec un chapiteau d'ordre composite, supportent un dais, où l'on doit remarquer une frise d'une grande richesse. Par le vide de la porte, on entrevoit une colonnade ionique qui réveille l'idée d'un atrium ou d'un cavædium. On a beaucoup controversé sur le vestibule et l'atrium. Les anciens eux-mêmes, et les jurisconsultes surtout, ont beaucoup écrit pour établir la différence qui existait entre l'un et l'autre (2). Il paraît cependant bien établi que le vestibule était sur la rue, et entouré quelquefois de portiques. L'atrium était dans l'intérieur, et la première pièce de l'appartement (3).

PLANCHE 41.

Cette peinture semble se composer de trois parties

---

(1) Vitruve, VI, 8.

(2) Aulu Gelle, *N. A.*, XVI, 5, et Gronovius, Budé sur la *L.* 245 *de V. S.*; Cujas sur la même loi 245, sur la loi 157, t. VIII, p. 599 et 544, et *Obs.* XIV, 1, t. III, p. 390; Paul, L. 19, § 1, *Comm. div.*

(3) Vitruve, VI, 3, 8.

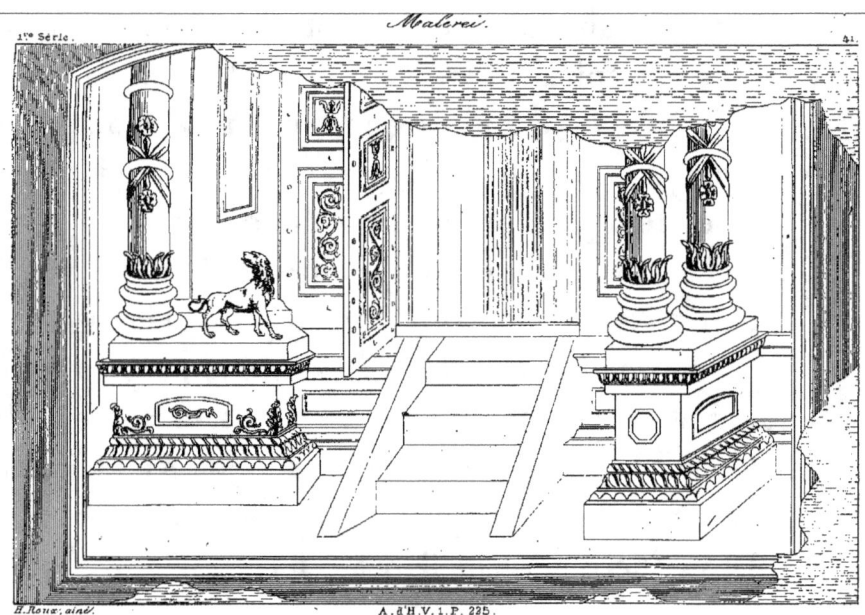

DÉCORATION ARCHITECTURALE.
Architectonische Verzierung.

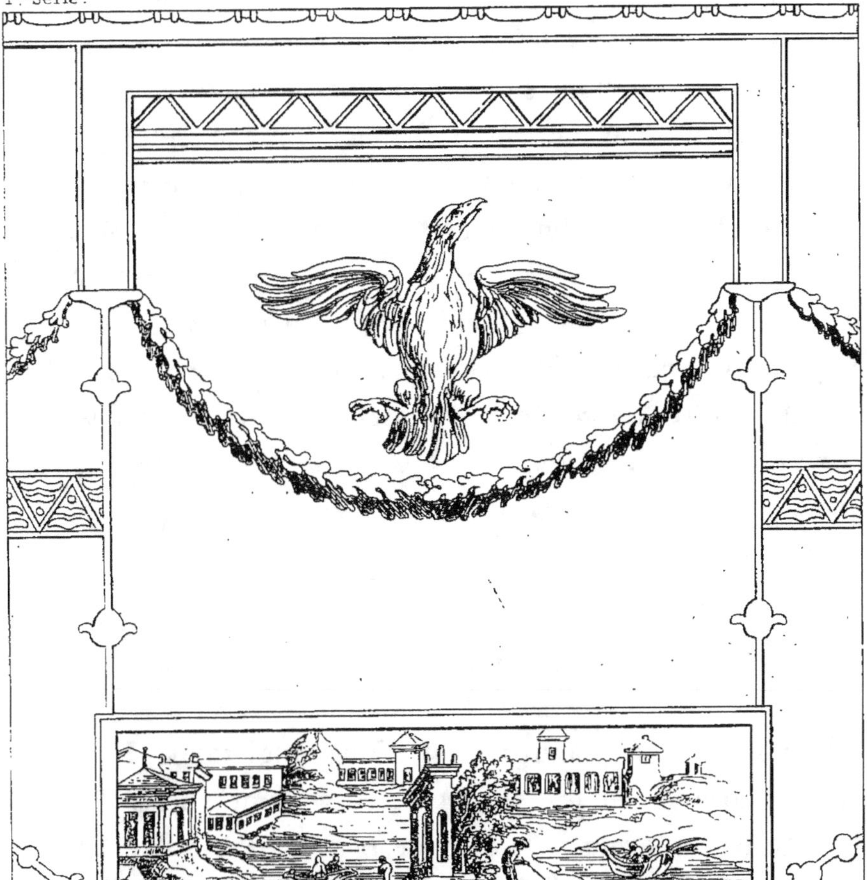

PEINTURES.
Malerei.

1re Série.   42.

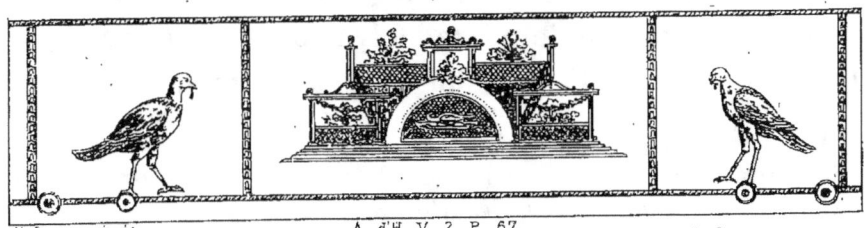

A. d'H. V. 5. P. 345.

A. d'H. V. 2. P. 67.

DÉCORATION ARCHITECTURALE.
Architectonische Verzierung.

distinctes, qui n'ont entre elles d'autre rapport que celui de l'ajustement. En effet, les trois colonnes supportées par des piédestaux ne se lient en aucune façon à l'édifice. Elles ont été empruntées sans doute à quelque construction dont elles faisaient partie, et placées ici pour la grâce et l'effet de cette composition. On sait que les temples avaient toujours un nombre impair de gradins, pour que le pied droit qui devait monter le premier gradin, fût aussi posé le premier dans le temple : *Gradus in fronte ita constituendi, uti sint semper impares; namque quum dextro pede primus gradus ascendatur, item in summo templo primus erit ponendus* (1).

PLANCHE 42.

Le fond de cette peinture est d'un rouge foncé. L'aigle, la guirlande et toute l'architecture sont jaunes. Le paysage avec une vue de la mer, de petites barques et des pêcheurs, est peint de couleurs naturelles. L'aigle, ἀρχὸς καὶ βασιλεὺς οἰωνῶν, le roi et le prince des oiseaux (2), avait été choisi par Jupiter, comme le symbole le plus expressif de sa puissance et de son empire universel. Les rois de la terre imitèrent le roi de l'Olympe, et virent dans l'oiseau de Jupiter l'expression du pouvoir et de la vic-

---

(1) Vitruve.
(2) Pindare, I, 1, 73, P. I, 10, *Ol.*, XIII, 30.

toire (1). Plus tard les Romains placèrent son image en tête de leurs légions, et désignèrent par un aigle à deux têtes la réunion de deux légions différentes. Enfin ce signe fut adopté pour indiquer les deux empires d'Orient et d'Occident (2); et comme les empereurs avaient emprunté son aigle à Jupiter, les impératrices prirent le paon à Junon.

Deux oiseaux occupent les deux cadres latéraux de la vignette. Dans le milieu est une espèce de volière, avec un bassin où nage un canard. Sur les côtés sont deux barrières en treillis, dont la couleur semble indiquer des roseaux. Les anciens mettaient beaucoup de luxe à cette partie de leur ménagerie. Ils en attribuaient l'invention à M. Lélius Strabon de Brundusium (3).

PLANCHE 43.

Cette décoration est dans le même goût que la précédente. Le fond est rouge. L'architecture au-dessus des guirlandes et les ornements sont jaunes, les enroulements et le paon sont de couleur blanche. Les couleurs du paysage sont naturelles. L'oiseau de la partie inférieure est jaunâtre.

Le paon, en grec ταώς, fut ainsi nommé parce qu'il

---

(1) Servius, Æn., I, 398; II, 691; IX, 564; Beger, Th. Br., t. I, p. 148.
(2) Vossius, Idol., III, 76; Mattei.
de Nobili., IV, 17, p. 1028 et suiv.
(3) Varron, de Re rustic., III, 5.

PEINTURES.
Malerei.

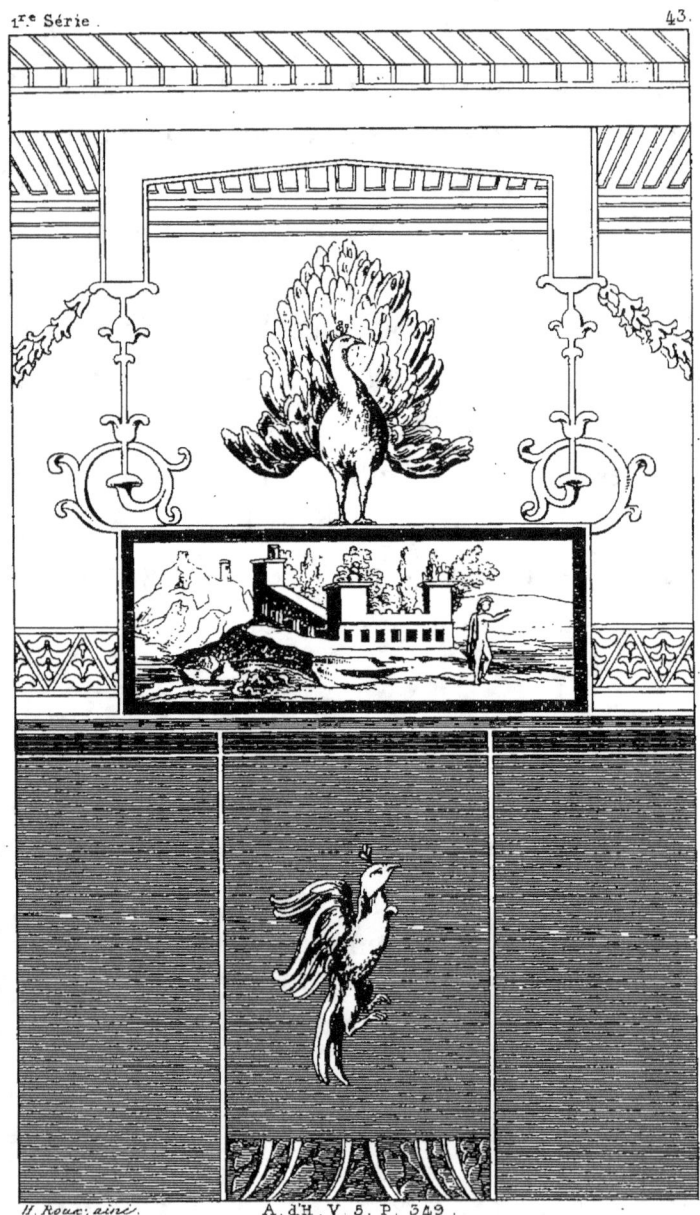

DÉCORATION ARCHITECTURALE.
Architectonische Verzierung.

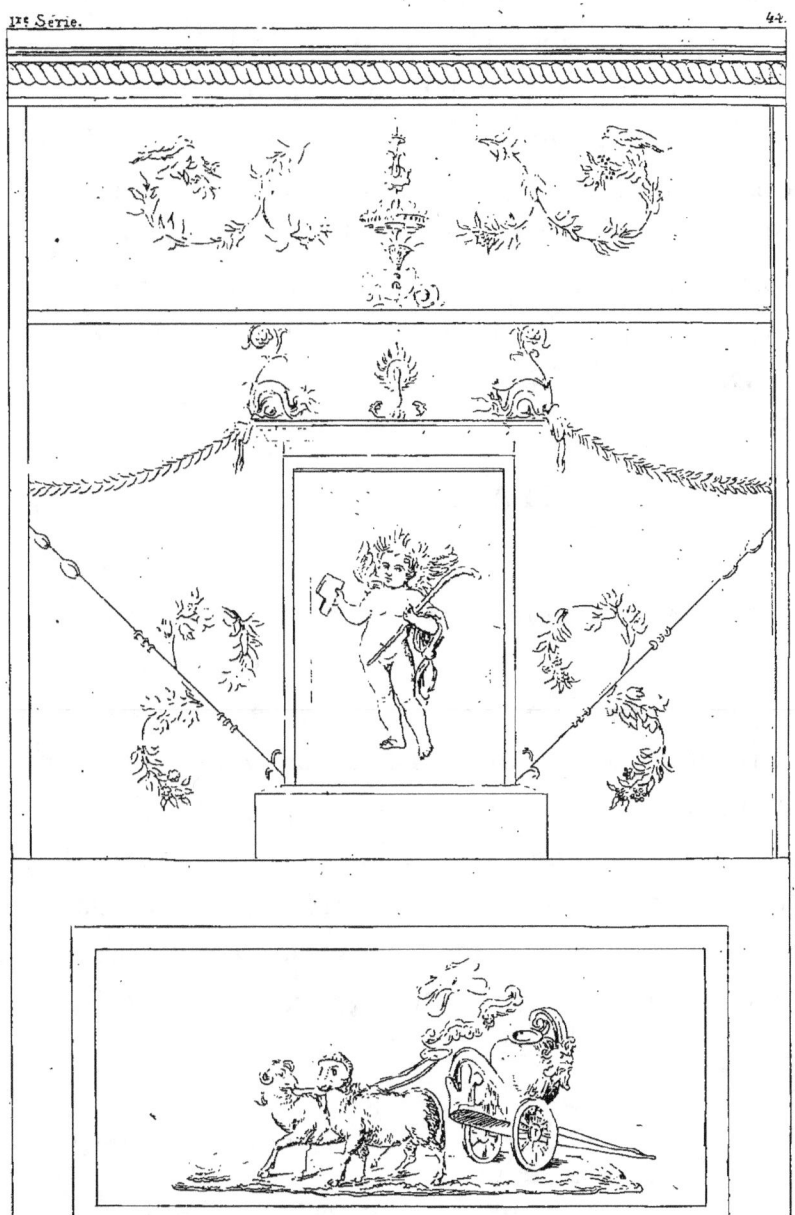

DÉCORATION ARCHITECTURALE.

étend ses ailes, ἀπὸ τῆς τάσεως πτερῶν (1). Il était chez les anciens, comme chez nous, le symbole de la vanité (2). Attribut de Junon, il indiquait la grandeur, les richesses et l'orgueil de la reine de l'Olympe (3). Il dut son origine à la métamorphose que subit Argus, dont les cent yeux (4) furent transportés dans la queue de ce bel oiseau (5).

L'autre oiseau de cette planche est un second paon ou une huppe, confondue par Aristote et par Esculape avec le coucou (6), aussi consacré à Junon (7).

PLANCHE 44.

Le fond de cette peinture est noir. La corniche du cadre barlong supérieur est blanche, la bande tracée au-dessous est jaune. D'un petit écusson vert sortent deux rameaux verts aussi. Ils ont des fleurs blanches, et portent des oiseaux rouges. Au-dessous est une petite bande rouge entre deux filets blancs. La partie extérieure de la niche, les dauphins et les autres ornements qui en décorent le sommet sont jaunes ; l'intérieur du tholus ou de la petite coupole est vert. Les petites guirlandes sont vertes

(1) Athénée, IX, p. 367.
(2) Ovide, *Met.*, XIII, 802 ; *Art.*, I, 627 ; Philostrate, *Her.*, cap. 15 ; *Im.*, II, 32 ; Aristophane, *Ach.*, 63 ; Lucien, *Nig.*, 13 ; Pline, X, 20.
(3) Fulgence, *Myth.*, II, 3.
(4) Martial, XIV, *Ép.* 85 ; Servius, *Æn.*, VII, 790.
(5) Ovide, *Met.*, I, 721.
(6) Saumaise, *Ex. Plin.*, p. 168 et 169.
(7) Pausanias, II, 17.

aussi. Des rameaux verts avec de petites fleurs blanches entourent deux baguettes jaunes. Le socle de la niche est rouge. Le petit Amour a des ailes vertes et des cheveux blonds. Son bras porte une draperie rouge, une de ses mains un bâton pastoral, et l'autre une flûte de Pan. Sa couronne semble faite de feuilles de pin. Tous les attributs de cette petite figure appartiennent au dieu Pan (1), ce qui pourrait faire croire qu'on a voulu représenter ici le Génie de Pan; mais il est peut-être plus naturel de voir ici une représentation de l'amour pastoral, ou du goût de l'âme pour la vie champêtre. La flûte de Pan exprimait l'harmonie et la concorde, et le pin était un symbole de la chasteté et de l'amour pudique.

Pronuba nec castos accendet *pinus* odores (2).

Les vierges s'en faisaient des couronnes (3), et les torches qu'on portait à la cérémonie des noces étaient toujours faites de bois de pin.

PLANCHE 45.

Cette composition est traversée dans toute sa largeur par une grande corniche jaune. Sur la droite cette corniche porte un masque de satyre (les cornes et les oreilles

---

(1) Ovide, *Met.*, I et XIV ; Fornutus, *in Paul.* ; Servius, *Ecl.*, II, 31.
(2) Virgile, *Ciris*, v. 439.

(3) Callimaque, *H. in Dian.*, 21; Longus, *Pastor.*, liv. I ; Pascalius, VI. 28.

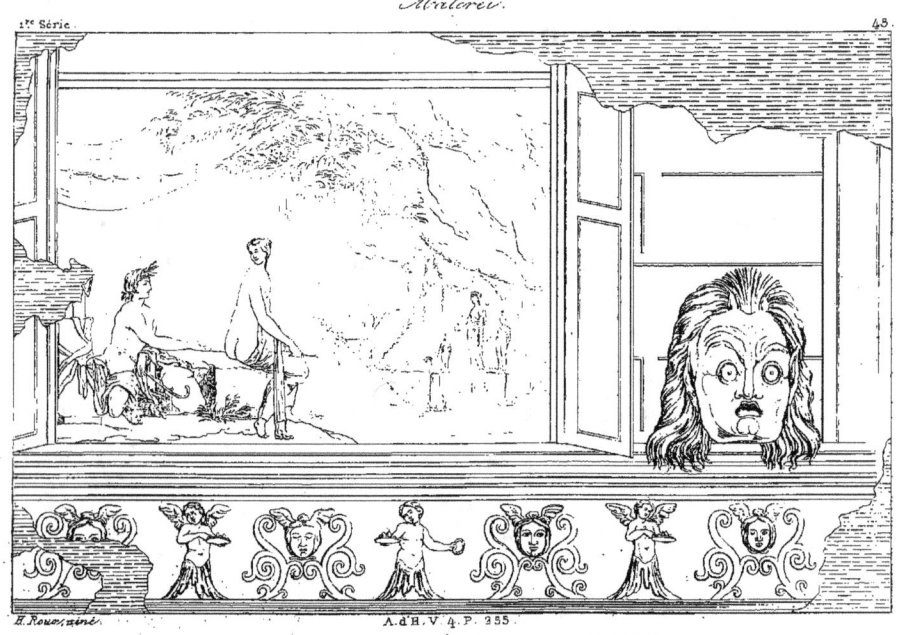

DÉCORATION ARCHITECTURALE.
Architectonische Verzierung.

de bouc ne permettent aucun doute à ce sujet), dont la face et les cornes sont couleur de bronze. Les yeux ont la prunelle noire, et le tour de la paupière vert. Les oreilles sont rouges et les cheveux châtains. Le fond de la niche ou de l'armoire dont ce masque occupe le devant est pourpre, et traversé par de petits filets blancs. Le pilastre tout à fait à droite est bleu. C'est aussi la couleur des deux anneaux qui terminent les deux côtés de l'autre partie de la peinture. Les deux filets qui les traversent en long sont blancs. La bande supérieure et la petite bande latérale plus étroite qui encadrent le paysage ont une teinte jaune foncé. Le fond est bleu de ciel; les arbres et les rochers sont peints au naturel; la tente, dont un bout est attaché à un arbre, est blanche. C'est encore la couleur de la colonne posée sur le rocher et surmontée de son abaque, et des deux autres colonnes superposées qui figurent au premier plan. A la colonnette de dessus est un instrument angulaire, dont il ne nous reste qu'une partie, et que nous ne pouvons déterminer à cause de la dégradation de la peinture. La draperie qui décore la colonne inférieure est bleue, celle qui part du pied de la petite colonne est rouge. Auprès de ces colonnes est un jeune homme agenouillé : il est couronné de rameaux verts; une draperie brune couvre ses cuisses, qui sont cachées aussi par une peau de bête de couleur jaune dont on aperçoit la tête. Ce jeune homme est d'une carnation bronzée; il tient de la main gauche un bâton pastoral, et tend sa main droite vers une jeune femme assise sur une grande pierre. Elle est nue jusqu'aux cuisses, qu'elle enveloppe ainsi que ses jambes dans une draperie jaune et doublée de pourpre. On ne peut guère distinguer ce qu'elle tient de la main droite. C'est une feuille comme on en voit souvent entre les mains des nymphes, ou un objet de toilette qui lui sera utile dans le bain, en supposant qu'elle va se baigner.

L'idole placée au-dessous de l'arbre est rouge. Elle a sur la tête un ornement, qui peut être une fleur de lotus ou un boisseau, attribut de Sérapis, donné quelquefois à Isis frugifère (1). Le vase ou la corbeille qu'elle tient de la main droite convient aussi à Isis, à qui l'on attribuait l'invention du froment et de l'orge, dont on lui offrait les prémices (2). Dans sa main gauche est un bâton pastoral (3), ou une faux. Tous les attributs de cette idole ont rapport aussi à la déesse Palès, dont le culte remontait à l'antiquité la plus reculée (4) et l'ornement de la tête ressemble au tutulus des divinités étrusques (5). La table ou base qui porte cette idole est rouge aussi : elle retient un long thyrse orné, ainsi que l'arbre, de bandelettes de couleur incertaine. Sous le rocher et dans une espèce d'antre, orné de guirlandes et de draperies, on voit sur une base blanchâtre trois petites

---

(1) Cuper, *Harp.*, p. 35 et 46 ; Macrobe, *Sat.*, I, 20, et Cuper, *loc. cit.*, p. 11.

(2) Diodore, I, 23 ; *ibi* Wesseling.

(3) V. la Table isiaque ; et *le Antichità di Ercolano, Osserv.*, t. II, p. 331, n. 63.

(4) Ovide, *Fast.*, IV, 720 et suiv.; Vossius, *Idol.*, IX, 34 ; Tibulle, II, *El.* 23 et suiv. ; Plutarque, *in Rom.*, p. 24.

(5) Musée étrusque, t. I, p. 32.

idoles peintes en vert. Celle du milieu est plus grande. Elle tient de la main droite une patère, de la main gauche un thyrse, ou un autre attribut. Les deux autres ont sur la tête un ornement, qui est peut-être une fleur de lotus. On a vu dans d'autres monuments antiques (1) les trois statues réunies d'Isis, d'Osiris et d'Harpocrate encore enfant; et nous pouvons donner les mêmes noms à nos trois idoles. Cependant, et pour expliquer l'inégalité de leurs tailles, il vaudra peut-être mieux voir Isis dans la statue du milieu, et dans les deux petites statues latérales ses deux enfants (2): Diane, que les Égyptiens appelaient Bubasté, et Apollon, qu'ils adoraient sous les noms d'Orus et d'Harpocrate (3).

Le jeune homme agenouillé est certainement un faune; ses oreilles de bouc, son bâton pastoral, la peau dont il est à demi vêtu, en sont des preuves assez plausibles. Il faut croire alors qu'on a représenté ici les amours d'un faune et d'une nymphe. Le paysage, avec ses arbres, ses rochers et son antre décoré de guirlandes, est en rapport parfait avec une scène de ce genre : « *Satiricæ vero ornantur* arboribus, speluncis, montibus, *reliquisque agrestibus rebus* (4). » Quant au mélange que l'on a fait de la mythologie grecque et des fables égyptiennes, et à la disparate que forment entre eux le faune, par exemple, et Isis, il faut dire que l'Égypte et la Grèce avaient fait un échange

(1) Cuper, *Harp.*, p. 35 et 46; Pignorio, *in Auctar*.
(2) Hérodote, 11, 156.
(3) Cuper, *Harp.*, p. 4.
(4) Vitruve, V, 8.

mutuel de divinités et de superstitions (1). Cette peinture a reçu aussi une explication historique, et, quelque peu fondée qu'elle soit, nous devons la rapporter. Le faune a paru être M. Antoine, et la jeune nymphe Cléopâtre, dont les amours auraient été représentées dans cette scène, sous une forme allégorique. Une pareille explication est fondée sans doute sur des textes de Plutarque et de Servius, desquels il résulte que M. Antoine aimait à prendre le nom et les attributs de Bacchus (2), et que Cléopâtre voulait passer pour Isis (3), qui, selon les Égyptiens, était femme et fille d'Osiris, le Bacchus des Grecs.

Nous avons dit qu'une des idoles avait une couleur rouge. Il ne sera pas inutile de rappeler à ce sujet que les anciens teignaient de rouge les statues de Bacchus et de Priape (4), et que, certains jours de fête, on barbouillait de minium la face de Jupiter. On prétend que cette teinte était donnée aux idoles pour exprimer la couleur du Soleil, avec qui toutes les divinités avaient un rapport plus ou moins direct (5). Les triomphateurs se peignaient le corps de couleur rouge, sans doute pour s'assimiler aux divinités (6).

L'ornement inférieur est formé par des têtes de Méduse ailées (7), avec des arabesques, et par trois Génies qui

---

(1) Pline, XXXIII, 3.
(2) Plutarque, *in Antonio;* Buonarotti, *Medagl.*, p. 446.
(3) Servius, *Æn.*, VIII, 696.
(4) Pline, XXXIII, 7.

(5) Rycquius, *de Capitol.*, cap. 18.
(6) Pline, *loc. cit.*
(7) Beger, *Th. Bran.*, p. 553; Apollodore, lib. II.

PEINTURES.
Malerei.

1re Série.   46.

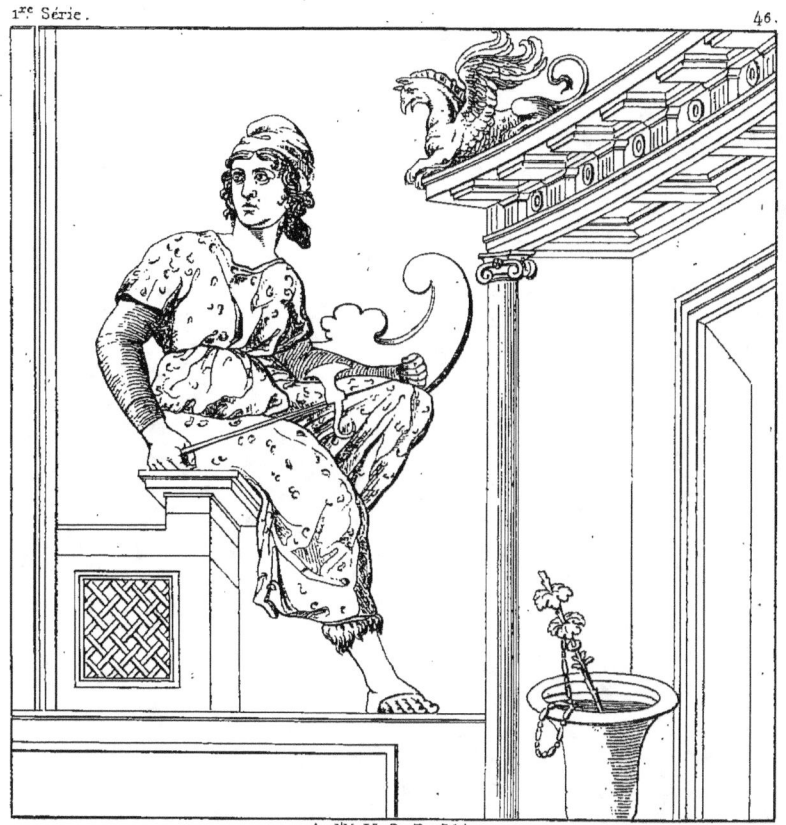

A. d'H. V. 5. P. 314.

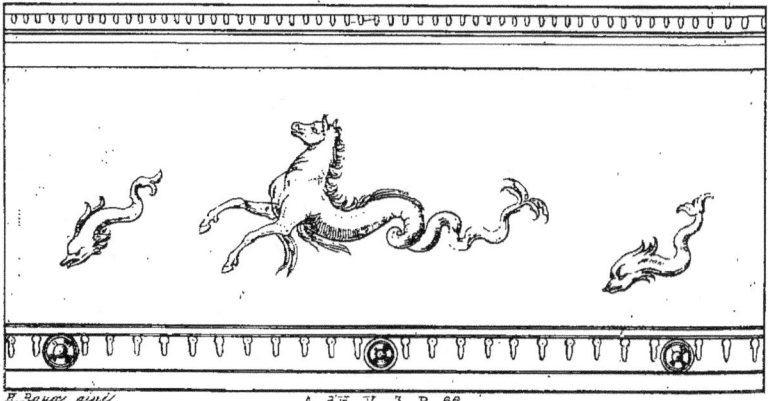

A. d'H. V. 3. P. 66.

AMAZONE.
Amazone.

PEINTURES
Maison

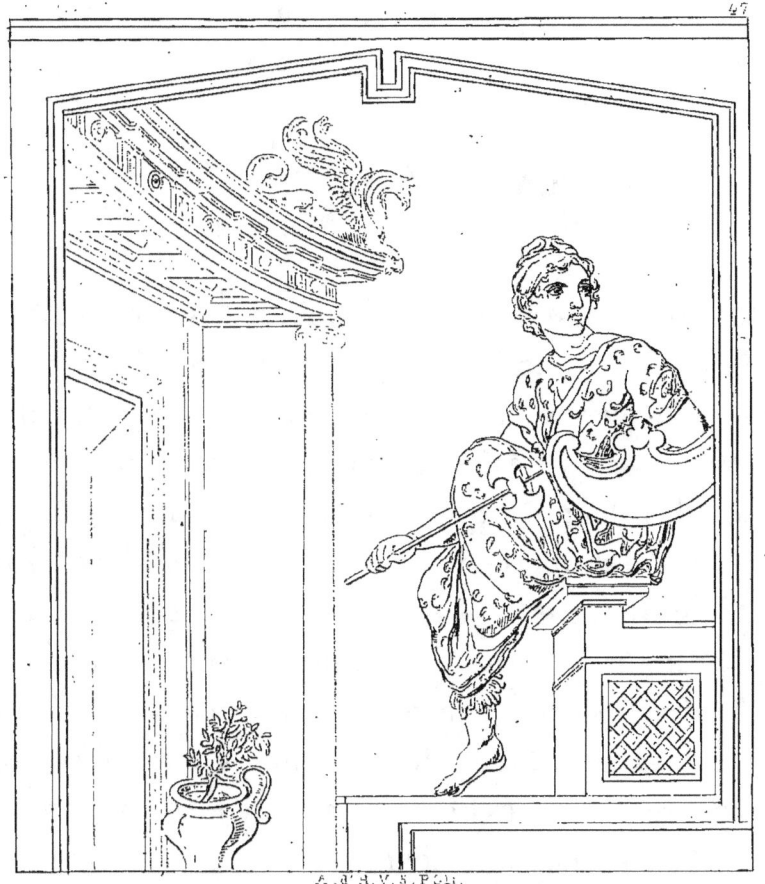

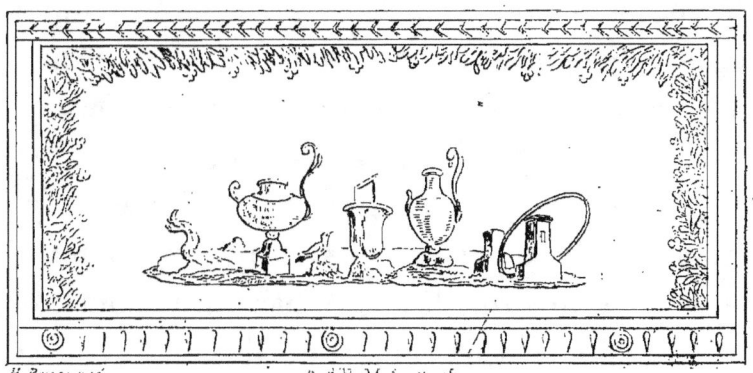

AMAZONE
Amazone

portent des bassins remplis de fruits; celui du milieu porte en outre une espèce de couronne.

PLANCHES 46 ET 47.

Dans la décoration de ces deux sujets on reconnaît la partie extérieure d'un temple dont l'architecture est rouge, à l'exception du mur où se trouve la porte; il est de couleur verte. Les piédestaux sont verts aussi, à l'exception des abaques, qui sont jaunes. Les amazones sont vêtues d'une draperie pourpre tachetée de rouge. Elles ont une chaussure verte et un bonnet rouge en forme de casque. Leur bouclier, que nous appelons *pelta*, est blanc, avec une bordure rouge. Les haches sont jaunes. Dans des vases couleur de métal on a placé d'un côté deux petites branches de laurier, de l'autre, un rameau attaché au vase par une chaîne.

Les amazones posées ainsi à l'entrée d'un temple ont fait penser que cette décoration pouvait avoir quelque rapport avec le temple de Diane, à Éphèse, que l'on disait avoir été bâti par les amazones, et dans lequel ces femmes guerrières se réfugièrent lorsqu'elles furent poursuivies d'abord par Bacchus, ensuite par Hercule(1). On aura remarqué que les deux haches ne sont pas pareilles. L'une est à deux tranchants et portait le nom de

(1) Pausanias, IV, 31; VII, 2.

bipennis, et l'autre n'en a qu'un seul; c'est une *securis*. Le mot *bipennis* fut employé d'abord adjectivement, et servit à qualifier une certaine forme de haches; plus tard l'usage le fit considérer comme substantif (1). Nous avons déjà trouvé l'occasion de parler des vases pour les lustrations, auxquels on donnait le nom de *périrrhantère*, περιρ-ραντήριον. Nous ajouterons ici que ces vases formaient la ligne de démarcation entre la partie profane et la partie sacrée du temple. Celle-ci n'était ouverte qu'à ceux qui avaient purifié leurs mains (2); elle était fermée pour ceux à qui l'on avait interdit l'usage des choses saintes, et que l'on avait, s'il est permis de s'exprimer ainsi, retranchés de la communion des fidèles (3). L'autre, la partie extérieure, était d'un libre accès pour tout le monde sans distinction. C'était avec un rameau, le plus souvent de laurier, que les prêtres aspergeaient ceux qui entraient dans le temple (4); cependant l'aspersoir que nous voyons ici attaché au vase par une chaîne ferait soupçonner que l'instrument avec lequel se faisaient les aspersions était quelquefois de métal. L'usage des aspersions et des lustrations était si répandu, qu'il y avait des périrrhantères jusque dans le forum (5); ce qui prouverait que la purification des mains était considérée comme une préparation très-

---

(1) Varron dans Nonius, II, 81; Isidore, XIX, 19; J.-J. Chifflet, *Anast. Chipeld. Reg.*, c. 14; Plutarque, *de Pyth. orac.*, p. 399.
(2) Pollux, I, 6 et 7.
(3) Lucien, *Eun.*, 6.
(4) Sozomène, VI, 5.
(5) Eschine, *in Timarch.* et *in Ctesiph.*

utile aux actions importantes de la vie, dans lesquelles on ne devait pas s'engager, *illotis manibus*. Quant aux griffons, qui jouent un si grand rôle dans la plupart des décorations de cet ouvrage, nous croyons avoir déjà dit que les anciens n'ont jamais ajouté foi à leur existence (1). Ils furent inventés, si l'on en croit Hérodote (2) et Pausanias (3), par le poëte Aristée. Il est vrai, observe un érudit (4), que Moïse défendit aux Hébreux de se nourrir de la chair du griffon; mais le législateur du peuple de Dieu voulait parler sans doute d'une espèce d'aigle appelée γρυπαίετος (5), *griffaquila*, qui par le bec et les ongles ressemblait beaucoup aux images des griffons, et qui aura peut-être servi de type à la création de cet animal fabuleux (6). Il y avait cela de commun entre les aigles et les griffons, qu'ils étaient également employés pour la décoration des faîtes des temples. Cela est si vrai pour les griffons que cet ouvrage en offre de nombreux exemples; et pour les aigles que, sans tenir compte de toutes les preuves que les monuments antiques fournissent à l'appui de cette observation, chez les Grecs le mot ἀετός désignait à la fois un aigle et le toit d'un temple (7).

Les griffons ne peuvent indiquer ici en aucune manière la divinité en l'honneur de laquelle ce temple a

(1) Hérodote, III, 116; Pausanias, VIII, 2; Pline, X, 49.
(2) IV, 13.
(3) I, 24.
(4) Bochart, *Hieroz.*, VI, 2.
(5) Aristophane, *Ran.*, 960.

(6) Spanheim, *Diss.*, III, p. 234.
(7) Aristophane, *Aves*, 1110, ibid. le scoliaste; Pausanias, II, 7; V, 10; Hesychius in Ἀετός; Harpocration in Ἀετός; Pollux, VII, 119.

été élevé; les anciens les donnaient pour attribut au Soleil (1), à Isis et à Sérapis (2), à l'Amour (3), à Minerve (4), à Némésis et à Bacchus (5), et à Diane d'Éphèse, dont le manteau était orné de griffons et d'autres animaux.

Au-dessous de la planche 46 est un morceau de frise compris entre les bandes bleues avec des filets blancs. Dans le milieu et sur un fond blanc, on voit un cheval marin et deux dauphins, d'une teinte verdâtre.

La vignette qui termine la planche 47 est un petit cadre sur fond blanc, entouré d'une guirlande verte. On y voit trois vases dont la couleur imite la terre cuite, un oiseau peint avec des couleurs naturelles, et un cercle appuyé sur une espèce de piédestal.

PLANCHE 48.

Le champ de cette peinture est noir. Tout le nu de la première figure à gauche est bleu. Sa coiffure et ses habits sont rouges dans les ombres et jaunes dans les clairs. Les objets qui sont dans ses mains sont jaunes, et il est impossible de les distinguer. Un petit ornement jaune aussi sépare la première figure de la seconde, dont le nu est jaune, ainsi que le tablier qui descend

---

(1) Servius, V, *Ecl.* 65, et VIII, *Ecl.* 27.
(1) Apulée, *Mét.*, XI.
(3) Antichità di Ercolano, t. I, tav.
XXXVIII.
(4) Pausanias, I, 24.
(5) Buonarotti, *Medagl.*, p. 243 et 429.

PEINTURES.
Malerei.

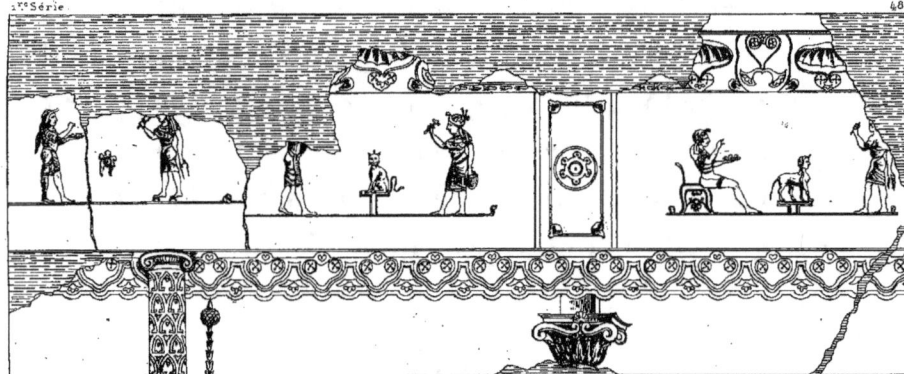

A. d'H. V. 4. P. 345.

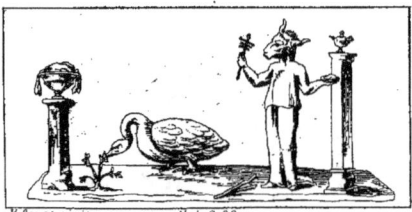

V. 4. P. 89.

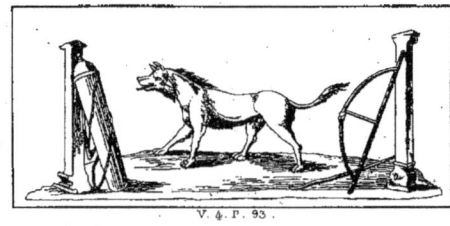

V. 4. P. 93.

au-dessous de la ceinture. La draperie qui couvre ses cuisses et l'ornement de sa poitrine sont d'une couleur azurée. Sa coiffure, tombant sur les épaules, et le restant de sa toilette sont rouges avec des raies blanches. Dans sa main droite est un sistre jaune, et dans sa main gauche un serpent verdâtre. Ses deux pieds sont posés sur des sphères jaunes. Entre cette figure et la suivante sont deux autres petits cercles tenant l'un à l'autre comme deux chaînons ; ils sont aussi de couleur jaune. La troisième figure est très-endommagée. Sa taille est serrée par une draperie jaune qui descend jusqu'au genou. Le vêtement au-dessous de la ceinture est rouge, et celui dont ses cuisses et une partie des jambes sont couvertes est vert avec des ornements blancs. La jambe droite est blanche, l'autre bleue. Entre la troisième et la quatrième figure, et sur une petite table rouge bordée de jaune, est un chat d'une teinte jaune mouchetée, avec un collier plus foncé et un ornement sur la tête. La quatrième figure a le visage, le cou, la jambe et le bras gauche blancs. Son espèce de chapeau est rouge avec une tour et d'autres ornements jaunes ; une draperie verte à bandes jaunes tombe de la tête sur les épaules. L'ornement de la poitrine a quatre bandes : la première est rouge, la seconde jaune, la troisième rouge foncé, et la quatrième verte. La petite bandelette qui de la ceinture descend jusqu'au genou est jaune, avec des broderies rouges. Le vêtement au-dessous de la taille est rouge ; tout le reste est vert avec des raies jaunes, et bordé de blanc. La jambe et le bras droits sont bleus, le sistre et le petit seau sont jaunes. Deux petits pilastres blancs avec des taches rouges enferment un cadre barlong sur fond rouge, dont le filet et les ornements des angles sont blancs. Le champ intérieur est vert. Le tour du rond est blanc, le fond rouge, et l'ornement du milieu blanc avec des points noirs. La première des figures qui viennent après a sur la tête un bonnet vert avec des ornements jaunes. Une petite bande verte tombe sur l'épaule droite, une autre blanchâtre descend par derrière. Les manches sont d'une étoffe blanche à raies rouges. Tout l'habillement jusqu'à la ceinture est bleu; le tablier jaune, le vêtement des cuisses vert, avec des raies jaunes. Le nu de la cuisse et de la jambe, celui du bras et de la main gauche, sont rouges; le visage et le bras droit, blancs. La main gauche porte un disque jaune qui contient des objets qu'on ne peut distinguer. Le siége est vert et bordé de filets jaunes. La petite table qui sépare cette figure de la suivante est rouge, bordée de jaune, et porte un sphinx blanc, dont les cheveux blonds sont ornés d'un ruban jaune. Il ne reste qu'un fragment de la dernière figure, dont les couleurs sont parfaitement conservées. Les jambes, le bras droit et la main, qui tient un objet difficile à distinguer, sont jaunes. La ceinture et le tablier sont blancs; tout le reste de l'habillement est bleu; le bras et la main gauches sont blancs; les serpents ou les bandelettes serrés par la main gauche sont verts.

Les ornements de la bande supérieure sont verts et blancs, sur fond rouge. Au-dessous de la frise la petite bande étroite qui traverse en longueur toute la décoration est rouge. Les ornements placés au dessous sont verts et blancs. Enfin la large bande qui termine la peinture vers le bas est rouge dans le champ du milieu, et jaune dans les deux champs latéraux. La petite bande festonnée au dessus est d'un rouge clair. La première colonne à gauche imite le marbre blanc. Elle porte des lignes d'ornements verts et rouges alternativement. Le thyrse qui suit est blanc; la bande entre la colonne et le thyrse est rouge. Dans l'autre fragment de colonne le feuillage est vert; la partie entre les feuilles et les enroulements est rouge, le reste, blanc, et le morceau de pilastre au dessus, bleu.

Il n'est pas facile d'assigner un nom à chacune des figures de cette décoration. La première paraît être un Osiris, et la couleur bleue de sa carnation pourra être expliquée par les lignes suivantes de Macrobe : *Quibus color apud illos non unus est ; alterum enim* cærulea *specie, alterum clara fingunt : ex his clarum superum et* cæruleum *inferum vocant.* Inferi *autem nomen Soli datur, quum in inferiore hemisphærio, id est, hiemalibus signis cursum suum peragit :* superi *quum partem zodiaci ambit æstivam* (1). De là nous pouvons conclure que les Égyptiens représentaient le soleil *inferus*, c'est-à-dire le soleil pendant le zodiaque d'hiver, sous la forme d'un Osiris, à la carnation azurée.

---

(1) Macrobe, *Sat.*, I, 19.

Le soleil ou Osiris règle les jours et les nuits,

Ἠοῦς καὶ νυκτὸς πολυάστερος ἡνία νωμῶν (1).

Pourquoi la couleur bleue de sa carnation n'indiquerait-elle pas le jour, et son vêtement jaune et rouge, ἀμπεχόνη φλογοειδής (2), la nuit étoilée? Ou bien encore l'azur est la couleur de l'eau, le jaune ou le rouge celle du feu; et ces deux éléments, vénérés par les Égyptiens comme les principes de toutes choses, étaient personnifiés dans Osiris (3).

Nous sommes, du reste, les premiers à reconnaître que toutes ces interprétations manquent de naturel et de fondement. Il en est de même de toutes celles qui seront avancées pour l'intelligence des autres figures.

La seconde a semblé une Isis, à qui le sistre, le serpent et l'arrangement de la coiffure conviendraient assez. Les petites sphères qui portent ses pieds indiquent peut-être les deux globes du soleil et de la lune ou les testicules d'Osiris si célèbres dans la mythologie égyptienne, et qui figurent dans la table Isiaque (4). Quant aux autres figures, on les appellera encore des Isis ou des Osiris; et, si l'on s'en rapporte à Plutarque (5) et à Apulée (6), qui prétendent qu'Osiris était représenté tout lumineux, sans aucune ombre, et avec un vêtement d'une même couleur, οὐκ ἔχειν σκιὰν, οὐδὲ ποικιλμὸν, ἀλλ' ἓν ἁπλοῦν τὸ φωτοειδές,

(1) Eusèbe, *Pr. Ev.*, III, 15; Orphée dans le scoliaste d'Hésiode.
(2) Plutarque, *de Is. et Os.*, t. II, p. 371.
(3) Cuper, *Harp.*, p. 51.
(4) Pignor., p. 16.
(5) *Loc. cit.*
(6) Apulée, lib. XI.

tandis qu'Isis était multicolore, blanche, jaune, rouge et noire, on verra autant d'Isis dans tous les personnages de cette décoration. Il n'y a que le thyrse, attribut de Bacchus ou d'Osiris, qui réclame jusqu'à un certain point la présence de cette divinité. La forme en T des deux petites tables était chez les Égyptiens un symbole propice (1). Enfin le chat était rangé au nombre des animaux sacrés (2). Quant au sphinx, il en est question ailleurs.

La vignette se compose de deux fragments. Dans le premier à gauche est une Isis à tête de vache, qui tient de la main droite un sistre d'une forme extraordinaire, et de la main gauche un bassin avec des fruits. Dans une des planches précédentes nous avons dit que les Égyptiens adoraient Isis frugifère (3). A ses pieds est un instrument bifurqué, qui pourrait bien appartenir à l'arpentage. Des instruments pareils ont été observés dans la table Isiaque, et comme les inondations du Nil avaient forcé les Égyptiens à inventer l'art de mesurer leurs champs, la destination que nous donnons à de pareils instruments est assez fondée. Entre autres hiéroglyphes et mesures mystérieuses, Clément d'Alexandrie nomme τῆς δικαιοσύνης πῆχυν (4). Une oie, attribut d'Isis, est occupée à becqueter une fleur. Enfin aux deux extrémités sont deux pilastres sur l'un desquels est un vase couvert d'une draperie. C'est ici le lieu de dire qu'il est assez probable que

(1) Pignor., Kircher.
(2) Plutarque, *loc. cit.*
(3) Cuper, *Harpoc.*, p. 11.
(4) *Str.*, V, p. 633.

l'Io des Grecs ne fut autre que l'Isis des Égyptiens : Τὸ γὰρ τῆς Ἴσιος ἄγαλμα ἐὸν γυναικήϊον βουκερών ἐστι, καθάπερ Ἕλληνες τὴν Ἰοῦν γράφουσι (1).

Dans le second fragment de la vignette on voit un loup ou un chien, entre deux pilastres, sur l'un desquels est appuyé un carquois fermé. L'autre soutient un arc, et par terre est un dard ou une lance. Le loup était consacré à Apollon (2), et le chien à Isis et Osiris avec lesquels il partageait les adorations des peuples d'Égypte. C'est ce qui a fait dire à Juvénal :

Oppida tota canem venerantur, nemo Dianam (3).

PLANCHE 49.

Deux fragments semblables et symétriques sont réunis dans cette planche. Dans le premier à gauche est une figure sur un siége jaune. Elle est coiffée d'un bonnet dont le fond est rouge et les ornements jaunes. La chevelure ou la draperie qui lui tombe sur le dos est jaune aussi. La bandelette qui du front lui descend sur l'épaule est blanche. Son bras est couvert d'une manche bleue. Le vêtement au-dessous de sa taille est couleur d'azur. Le reste de l'habillement est rouge, à l'exception du ta-

---

(1) Hérodote, II, 41; Cuper. *Harp.*, p. 109.
(2) Sophocle, *El.*, v. 6; Beger, *Th. Br.*, p. 438.
(3) XV, 8; *Harp.*, p. 67.

PEINTURES
Malerei.

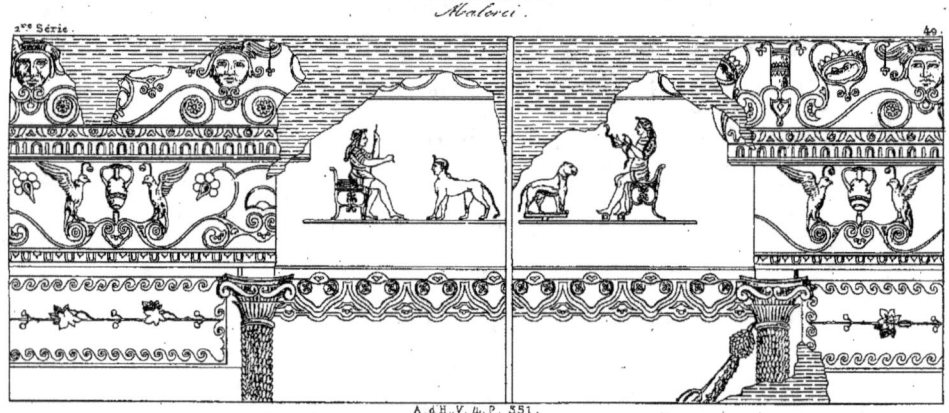

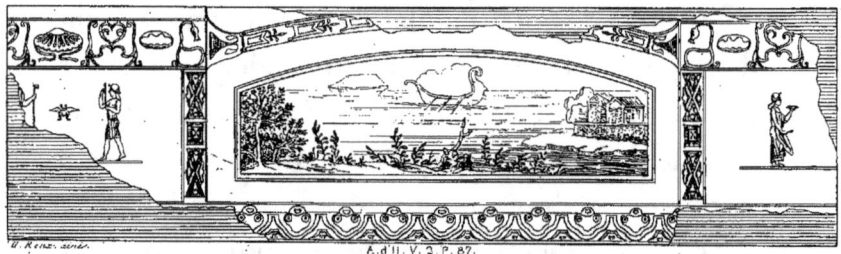

DÉCORATIONS ARCHITECTURALES.
Architectonische Verzierungen.

blier, qui est jaune. Le nu du bras, de la main, de la jambe et du pied droits est blanc; celui du bras, de la main, de la jambe et du pied gauches est bleu. Le long bâton sur lequel s'appuie cette figure est jaune. Après, est un sphinx de couleur fauve, coiffé d'une étoffe rouge avec des ornements jaunes. L'animal posé dans l'autre fragment sur une table semblable à celles de la planche précédente est fauve aussi, mais il a sur son dos une peau tachetée, rouge et grise. La figure assise sur un siége vert bordé de jaune a tout le nu de la partie gauche et le visage blancs. Elle est coiffée d'un bonnet vert avec des ornements jaunes. Ses cheveux sont jaunes aussi. Son bras gauche est vêtu d'une étoffe verte avec des ornements jaunes. La partie de l'habillement au-dessus des cuisses est jaune, le tablier blanc, et le reste de l'habillement rouge. Le bras, la main, la jambe et le pied droits sont bleus. Elle a sous ses pieds les deux petites sphères que nous avons déjà vues et expliquées dans la planche précédente. Elle tient à deux mains un serpent, dont la couleur est jaune. Les deux champs inférieurs, l'ornement qui les termine dans le haut et les deux autres petits champs latéraux, sont semblables à ceux que nous avons décrits dans la planche précédente. Le thyrse, le cordon et l'ornement qui y est attaché sont verts. Les fûts des colonnes ornées de feuillage sont verts aussi. Entre la corniche et les enroulements sont des fonds noirs. Tout le reste est blanc. Les deux fonds noirs latéraux sont traversés par des tiges qui portent des feuilles blanches et vertes, et des graines blanches. Les ornements qui les encadrent et ceux des fragments supérieurs sont blancs, à l'exception des parties ombrées qui sont vertes et rouges. Les colombes sont blanches; les vases ont la même couleur, mais les ornements sont verts. Les masques sont blancs; ils ont cependant une légère teinte d'incarnat. Dans le fragment supérieur de droite, le fond de la couronne est bleu; les ornements du cylindre d'où sortent deux fleurs blanches sont rouge foncé; les petites bandes sont vertes, et tout le reste blanchâtre.

Les figures et les ornements de cette peinture se rapprochent tellement par leur genre de la planche précédente, que nous croyons pouvoir renvoyer aux explications qui accompagnent notre planche 48.

PLANCHES 50 ET 51.

Cette peinture et les trois suivantes décoraient les murailles d'une salle découverte aux fouilles de Gragnano, le 9 février 1759. Elles sont sur fond blanc. Les petites bandes festonnées extérieure et intérieure qui encadrent tous les sujets sont rouges, et les ornements du milieu, verts. Les fleurs et l'intersection des tiges sont bleues. La première rosace à gauche, où viennent aboutir les quatre tiges, a la bande extérieure et le fond rouges, la bande intermédiaire blanche et la fleur du milieu jaune. La seconde rosace, toujours à gauche, a la bande circulaire

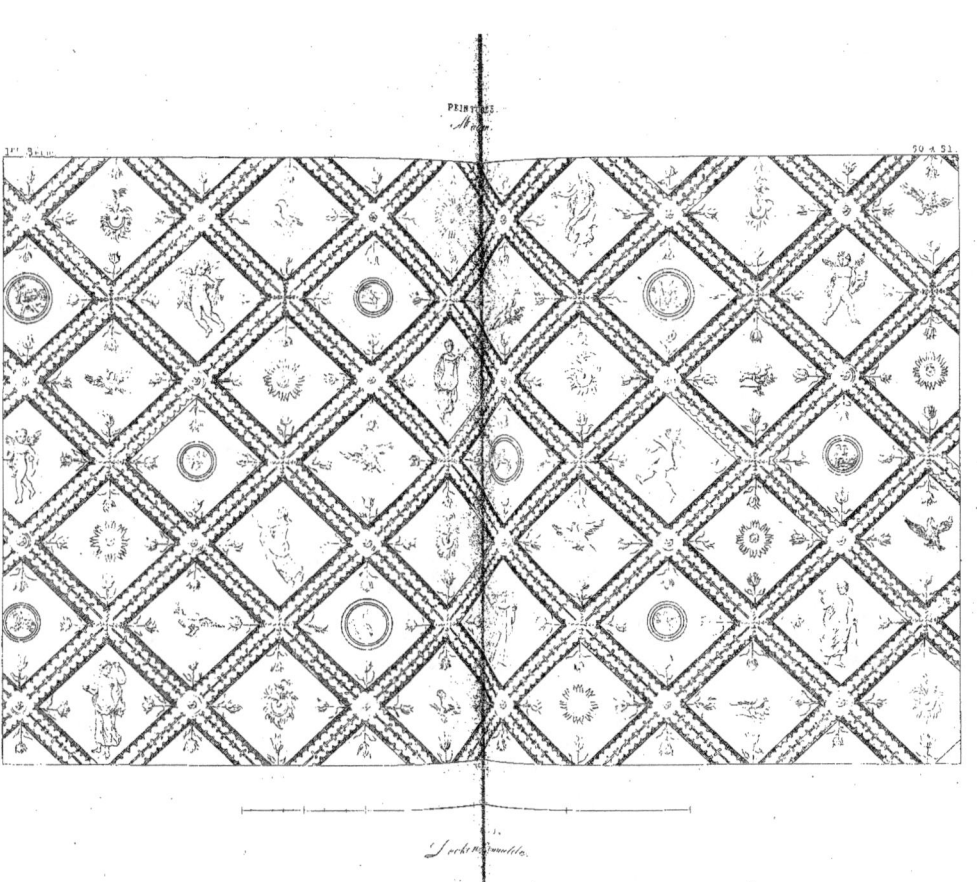

extérieure rouge, l'autre blanche, le fond jaune, et la fleur du milieu jaune et blanche. La troisième est semblable à la première, la quatrième à la seconde, et ainsi de suite. Les fleurs qui ornent les angles des petits cadres sont rouges et soutenues par des tiges vertes, ornées de deux feuilles vertes aussi.

Au milieu du premier cadre à gauche est une fleur verte avec une arabesque bleue ; dans le second, on voit un oiseau qui tient avec ses pattes un petit rameau vert ; dans le troisième, une fleur dont la corolle est rouge, et l'intérieur blanc et jaune, dans le quatrième une nymphe, dont les cheveux blonds forment un nœud sur le milieu de la tête. Son manteau est vert ; de la main droite elle tient une bande jaune, et de la gauche un carquois de la même couleur. Le cinquième cadre est occupé par une fleur et une arabesque semblables à l'ornement du premier des cadres que nous venons d'expliquer ; le sixième a pour sujet un oiseau qui déploie ses ailes.

En passant au second rang, et en commençant toujours par la gauche, nous voyons dans le premier cadre un médaillon dont le tour extérieur est rouge, et le second blanc. Sur le fond, qui est rouge, est une figure qu'on distingue à peine. Le Génie du second cadre a une draperie verte ; il tient d'une main un bâton pastoral, et de l'autre une corne d'abondance de couleur jaune. Le médaillon du troisième cadre est entouré d'une bande circulaire extérieure rouge, et d'une autre bande blanche ; et sur un fond rouge est une figure qu'on ne distingue pas.

Dans le quatrième cadre est un perroquet, auquel on a conservé ses couleurs; il tient dans ses pattes une petite branche verte. Le sujet du cinquième cadre est un médaillon semblable aux autres pour les couleurs. Les figures ne sont pas bien conservées. Enfin le sixième est encore un petit Génie avec une draperie verte; dans une de ses mains est un sceptre couleur d'or, et dans l'autre une torche.

Au troisième rang et dans le premier des petits cadres est un aigle peint au naturel; dans le second, une fleur que nous avons déjà décrite; dans le troisième, une nymphe drapée de jaune, qui tient un instrument jaune aussi, un candélabre, ou une torche, ou un javelot avec un ornement : ἐσφαιρωμένα ἀκόντια καὶ δόρατα (1), δόρυ σφαιρωτόν (2); dans le quatrième, une fleur déjà décrite; dans le cinquième, un oiseau avec un petit rameau vert; dans le sixième, une fleur que nous avons déjà vue.

Au quatrième rang, et dans le premier cadre, nous voyons un Génie qui tient un petit seau de couleur jaune; sa draperie est verte. Dans le second cadre est un médaillon avec une colombe; dans le troisième, un aigle qui vole. Dans le médaillon qui vient après est nin-ua mal qui ressemble à un chien. Le cinquième cadre est occupé par un Génie qui porte une corne d'abondance; sa draperie est verte. Le dernier cadre du quatrième rang contient un médaillon où l'on voit un oiseau.

(1) Xénophon, περὶ Ἱππ.   (2) Pollux, I, 112.

Le second cadre du cinquième rang est occupé par une nymphe, qui tient un objet de couleur jaune. Elle est à demi vêtue d'une draperie rouge, et coiffée d'un bandeau blanc; ses épaules sont traversées par une ceinture verte qui serre et retient sa gorge. On doit voir ici le *strophium*, στρόφιον, qui différait du *supparum* en ce que ce dernier couvrait le cou et les épaules, et s'attachait au-dessus du sein :

> Non contecta levi velatum pectus amictu,
> Nec tereti *strophio* lactantes vincta papillas (1).

Pollux appelle cette partie du vêtement *la ceinture de la gorge*, τῶν μαστῶν γυναικείων ζῶσμα (2), Anacréon, ταινία (3), bandelette ; Virgile la donne à Penthésilée :

> Aurea subnectens exertæ cingula mammæ (4).

Les ornements du troisième et du cinquième cadre figurent ailleurs; dans le quatrième et le sixième on voit deux oiseaux peints de couleurs naturelles.

Dans le sixième rang nous avons trois médaillons pareils aux autres pour les couleurs. Ils semblent représenter des figures de femmes. Le paon du second cadre est peint de couleurs naturelles. Le Génie du quatrième a une draperie verte ; il porte une boîte jaune. La nymphe

---

(1) Catulle, *Carm.*, 63, v. 65 ; Nonius, XIV, 9 ; Dempster, V, 35; les commentateurs de Térence, *Eunuch.*, A., II, 5, III, 22.

(2) VII, 65.
(3) *O.* 20.
(4) *Æn.*, I, 492.

du sixième cadre est à demi vêtue d'une draperie verte. Dans sa main droite elle tient un cancre, qui indique peut-être la constellation du Cancer et l'été dont elle est le symbole (1). On a pensé aussi que cette nymphe pouvait appartenir au fleuve Sarnus, qui baignait les murs de Pompéi (2), et était renommé, comme il l'est encore aujourd'hui, pour la bonté de ses écrevisses. Les anciens faisaient grand cas des cancres, καρκινία, qui se vendaient tout cuits avec d'autres poissons qu'on désignait par le nom générique d'ἑψητῶν, epsètes (3).

Les fleurs et les oiseaux du septième et dernier rang sont peints de couleurs naturelles. La nymphe du premier cadre est vêtue aussi d'une draperie verte, dont le revers est rouge. Elle tient dans sa main droite une sphère bleue, et de la main gauche une feuille jaune. N'eût été la couleur de la pomme que porte notre jeune nymphe, nous aurions pu voir ici Vénus ou une des Grâces. Mais la teinte bleue de cette petite sphère a fait croire que le peintre avait voulu figurer une balle à jouer. Les anciens remplissaient de plumes ou de vent une peau coloriée (4), et se la renvoyaient de plusieurs manières qui formaient autant de jeux différents (5). On voyait, dit Plutarque,

---

(1) Nonnus, *Dionys.*, XXXVIII, 295.

(2) Pline, III, 5; Strabon, V, p. 247.

(3) Athénée, III, 11; VII, 14, p. 300; Casaubon, ad Athenæum, V, 3.

(4) Homère, *Od.*, Θ, v, 373, Pétrone, cap. 27.

(5) Pollux, IX, 103 et 106; Eustathe, *Od.*, Θ, p. 1601; Meursius *de Lud. Græc.;* les commentateurs de Martial, IV, 19; ceux de Suétone, *Octav.*, ch. 82; Mercurialis, *A. G.*, II, 4 et 5, V, 4.

un bronze qui représentait une figure lançant un ballon avec un bracelet de corne; ἀνάκειται γὰρ ἐν ἀκροπόλει χαλκοῦν ἐν τῇ σφαιρίσηρᾳ τῶν Ἀρρηφόρων κερητίζων (1). Le mot κερητίζων a été traduit ainsi par Fabri, qui veut que les anciens aient employé pour le jeu du ballon des bracelets semblables à ceux dont se servent encore aujourd'hui les Italiens, les Basques et les habitants de la France méridionale. Mais le mot κερητίζειν signifie, selon Hesychius, *coniscare, arietare,* jouer avec les cornes, comme font entre eux les jeunes béliers et les chevreaux, et par extension, le prélude, les essais qui précèdent un jeu ou une action quelconque. Il faut reconnaître cependant que la traduction de Fabri et l'usage des bracelets ou des palettes pour le jeu du ballon expliqueraient deux vers d'Ovide non compris jusqu'à ce jour (2) :

Reticuloque pilæ leves fundantur aperto,
Nec, nisi quam tolles, ulla movenda pila est (3).

Le mot *reticulum* signifierait une raquette dans le genre de celles qui servent au jeu du volant; et un exercice à peu près pareil aurait été en faveur chez les femmes de l'antiquité. Il est vrai que les deux autres vers d'Ovide :

Hos ignava jocos tribuit natura puellis :
Materia ludunt uberiore viri (4),

(1) Plutarque, *Isocr.*, p. 839, t. II.
(2) Broukhusius, sur Properce, III, *El.*, XII, 5.
(3) *A. A.*, III, 361.
(4) *A. A.*, III, 383.

et l'ironie de Martial lancée contre Philénis, dont les goûts et les habitudes sont étrangers à son sexe,

> Harpasto quoque subligata ludit (1),

tendraient à faire croire que le jeu de balle n'était pas un divertissement adopté par les femmes. Cependant, comme il existait plusieurs espèces de jeux de balle, il est assez probable que les moins fatigants avaient été choisis par les femmes. Les Lacédémoniennes se livraient avec ardeur à ce genre de divertissement (2), et Virgile ne l'a pas jugé indigne de figurer dans un de ses poëmes (3).

Il nous reste à présent à faire sur la décoration de cette planche quelques observations générales qui se rapporteront aux planches suivantes. On s'accordera d'abord à trouver avec nous qu'il y a dans la disposition et dans tous les ornements de cette peinture une grâce et un goût parfaits; et l'on verra sans doute ici une imitation et peut-être une copie d'une mosaïque. Les anciens ornaient de mosaïques non-seulement les planchers (4), mais quelquefois encore les murailles de leurs appartements (5); *nec tantum ut parietes toti (auro) operiantur; verum et interciso marmore, vermiculatisque ad effigies rerum et animantium crustis.* Ces mosaïques étaient copiées par les peintres, lorsqu'elles leur sem-

---

(1) Martial, VII, *Ep.* 66.
(2) Properce, III, *El.* XII, 5; Lucien, *de Gymn.*, §38; Athénée, I, 12.
(3) Ciris.

(4) Pline, XXXVI, 25; Vitruve, VII, 1; Boulenger, *de Pict.*, I, 8; Spon, *Misc. Antic.*, sect. II, diss. 8.
(5) Pline, XXXV, I.

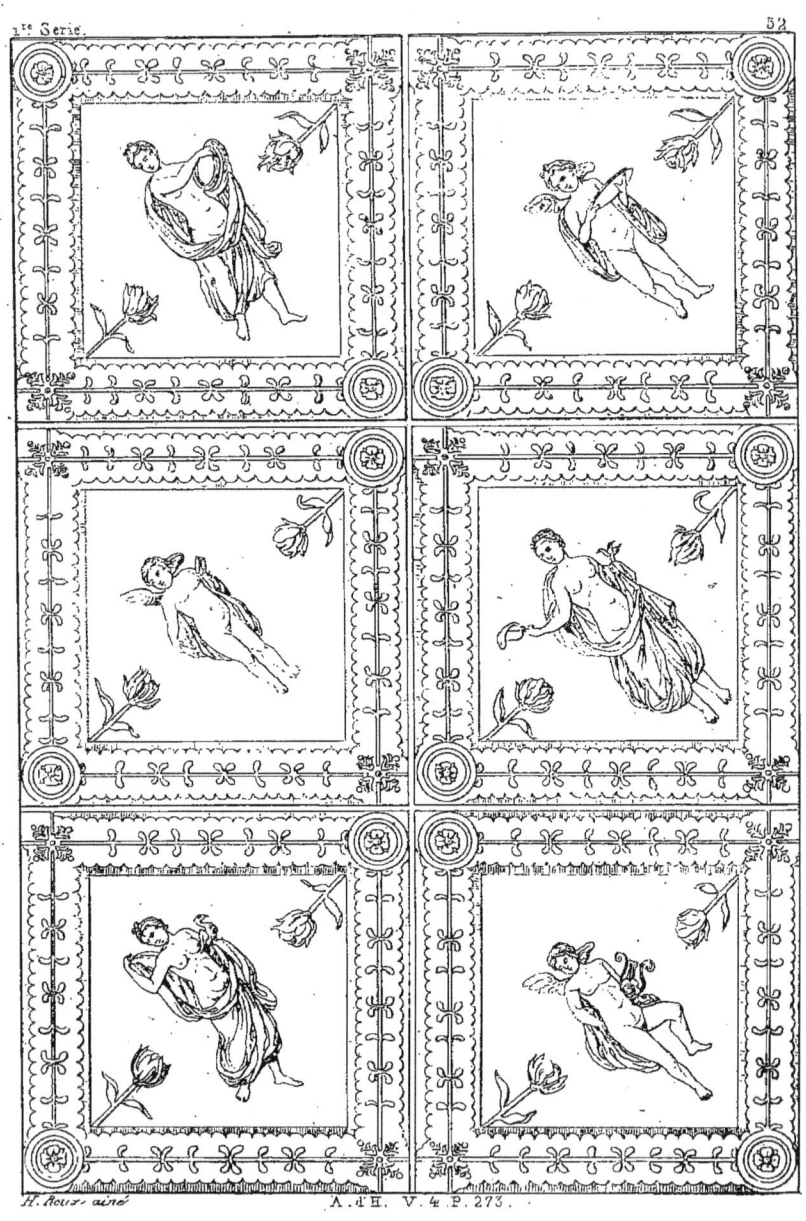

blaient dignes d'exercer leurs pinceaux. Il n'est plus permis de douter de ce fait, car on a trouvé une mosaïque d'une délicatesse exquise, qui portait le nom de son auteur, et l'on a découvert aussi une peinture qui n'était autre chose que la copie de cet excellent original.

PLANCHE 52.

Les ornements de cette peinture sont pareils, pour le dessin et les couleurs, à ceux de la décoration qui fait le sujet de la planche précédente. Ils complétaient avec ceux des trois planches suivantes la décoration d'une muraille, dégradée aujourd'hui en plusieurs endroits, et l'on a réuni en quatre planches les cadres qui se sont trouvés les mieux conservés.

Dans le premier cadre est une nymphe à demi vêtue d'une draperie rouge. Elle tient à deux mains une espèce de corbeille. La nymphe du deuxième rang tient de la main gauche une large feuille, et de la main droite une corne d'abondance d'où sortent de petites feuilles. Les trois petits Génies ont des draperies vertes; l'un d'eux porte une espèce de massue, un autre un disque, et le dernier enfin, une lyre sous son bras gauche. La nymphe du troisième rang est vêtue de rouge comme les deux autres; elle élève avec une de ses mains au-dessus de son épaule droite le manteau qui la couvre à demi; sur les doigts de sa main gauche est posé un oiseau, qui peut être une colombe. La colombe était l'oiseau de Vénus et un attribut assez caractéristique de cette divinité pour qu'Aspasie lui fît ériger une statue d'or sans autre distinction qu'une colombe (1). Il ne serait donc pas impossible que cette figure soit une Vénus, ou bien encore une déesse Suada, à qui l'on donnait pour attribut l'oiseau connu chez les Grecs sous le nom d'ἴυγξ, et chez nous sous celui de *torcol* (2).

PLANCHE 52 *bis*.

La première nymphe porte une boîte entr'ouverte, que les Grecs appelaient κιβώτιον ou λαρανάκιον, et les Latins *capsula, capsella*. Nous ne saurions guère déterminer l'usage de la petite cassette que porte notre figure. Il est assez vraisemblable cependant qu'elle contient des vases sacrés ou des objets de toilette à l'usage des femmes (3). Les Latins avaient donné le nom de *capsarii* aux esclaves chargés du soin des habits pour le bain, et à ceux qui portaient les livres des enfants lorsqu'ils se rendaient à l'école (4).

Les trois petits Génies de cette planche ont des draperies vertes. Le premier porte un sceptre ou un objet de ce genre qui ressemble aussi à une torche et à un candé-

---

(1) Ælian., *V. H.*, XII, 1.
(2) Pindare, *N. Od.*, IV, 56 et son scoliaste; le scoliaste de Théocrite, *Id.*, II, 17; Tzetzès sur Lycophron, p. 59; Olearius sur Philostrate, *Ap. Tyan.*, I, 25.
(3) Ælian., *loc. cit.*
(4) Brissonius, *de V. S.* in *Capsarius*.

PEINTURES.
Malerei.

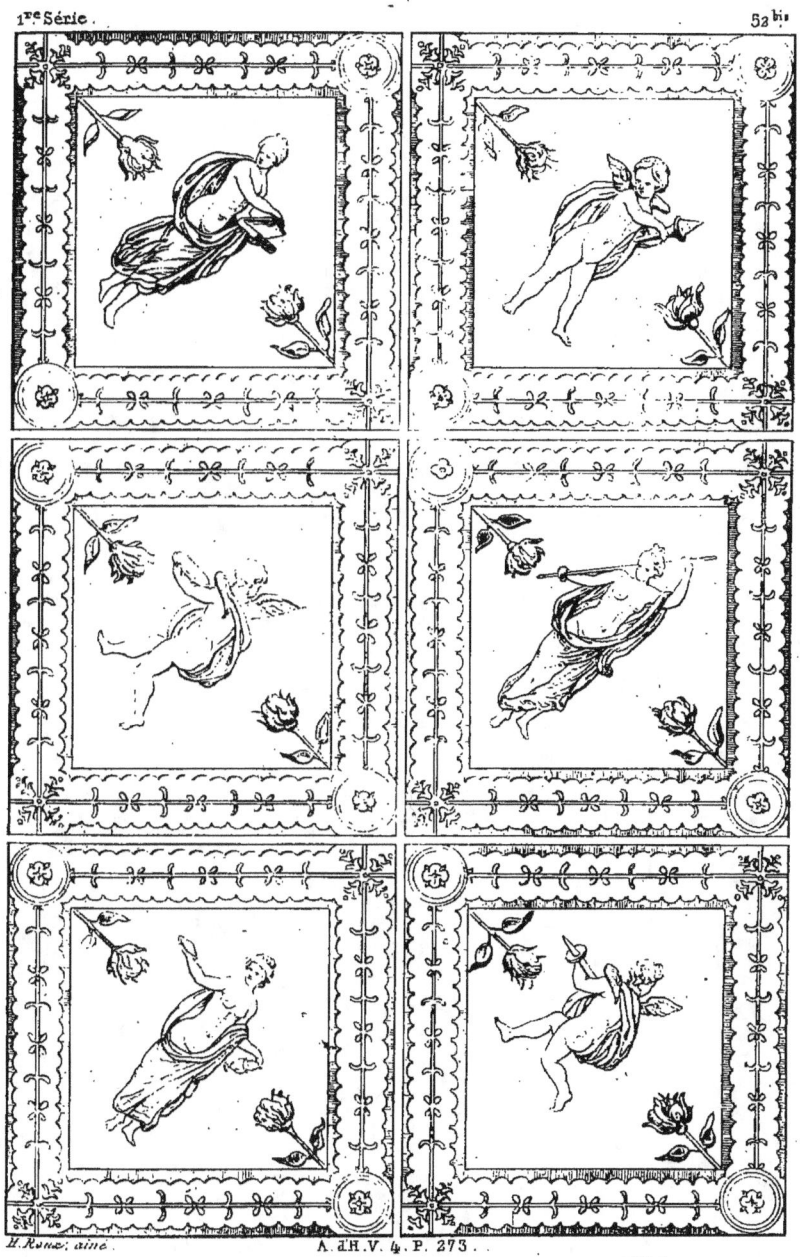

DÉCORATION ARCHITECTURALE.
Architectonische Verzierung.

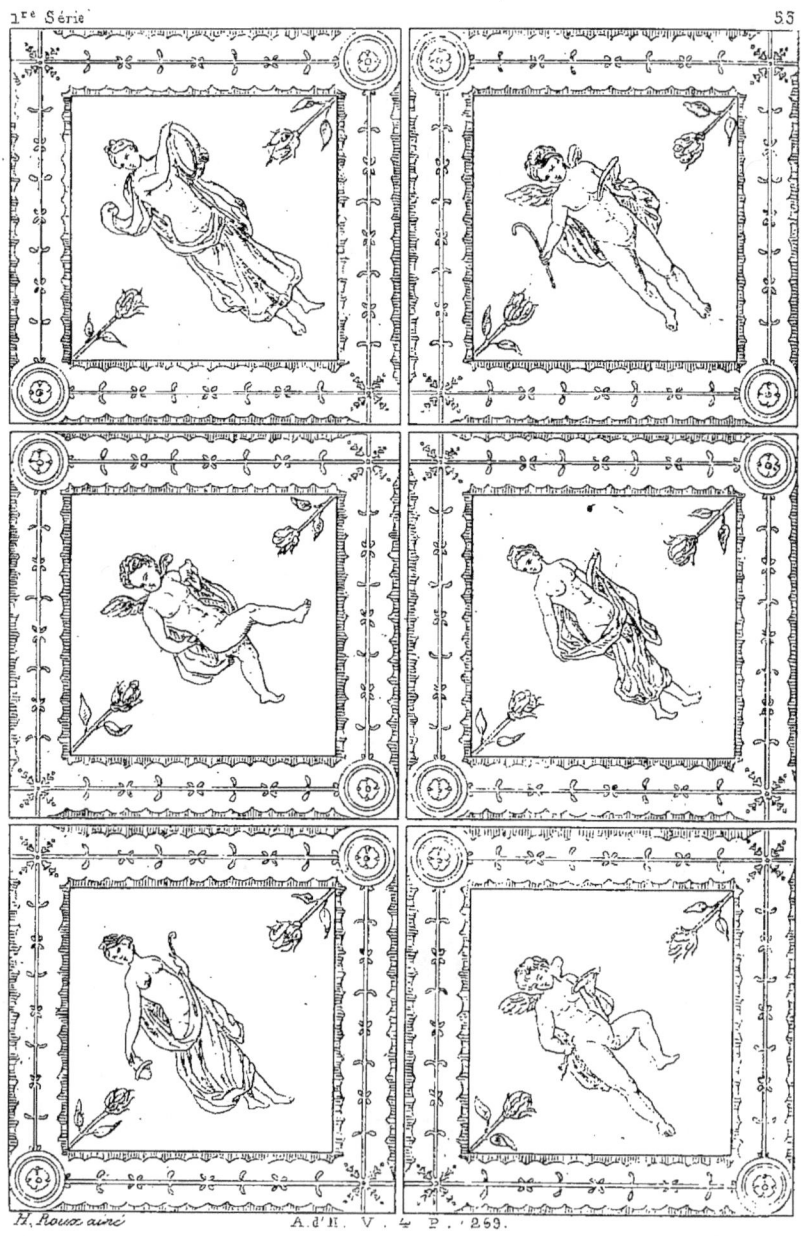

DÉCORATION ARCHITECTURALE
Architectonische Verzierung

labre. Le second tient une patère, et le troisième et dernier, un ornement semblable à celui qui distingue le Génie du premier rang. La seconde nymphe porte à deux mains une lance ou un sceptre de couleur rouge. Sa draperie est jaune avec une bordure rouge. La troisième et dernière est vêtue de la même manière ; elle tient d'une main une boîte et de l'autre un petit vase.

PLANCHE 53.

Les deux nymphes des deux rangs supérieurs sont vêtues de draperies vertes. L'une d'elles tient une cymbale dans ses deux mains ; ses cheveux sont noués sur sa tête de manière à imiter le tutulus des Toscans (1). Les jeunes filles grecques, appelées par Homère εὐπλόκαμοι, bien coiffées (2), avaient peut-être adopté ce genre de coiffure ; ce qui faisait dire qu'elles nouaient leurs tresses sur leurs têtes, ἀναπλέκεσθαι τὰς ἐν τῇ κεφαλῇ τρίχας (3). L'autre tient de la main gauche un objet dont on ne distingue pas bien la forme, et de la main droite le bord de sa draperie. La troisième et dernière est drapée de jaune clair ; elle porte un petit seau et un bâton pastoral. Des trois Génies, le premier porte une boîte ou un plat carré (4) et un bâton pas-

---

(1) Pignorius, *de Serv.*, p. 394.
(2) *Od. M.* v, 132.
(3) Pausanias, X, 25 ; Ovide, *Art.* III, 135 et suiv.; Manilius, lib. V ; Tertullien, *de Cultu fem.*, cap. 7, 1 ; Prudence, *Psychomach.;* les commentateurs de Pétrone, cap. 110.
(4) Les commentateurs d'Horace, I, *Ep.* 17, v. 49 ; Pollux, X, 82, IV, 103.

toral; le second, un vase ou une corbeille; le troisième et dernier, une boîte entr'ouverte.

PLANCHE 53 bis.

La première nymphe est coiffée d'une manière si extraordinaire et si peu naturelle, qu'il faut supposer peut-être que sa coiffure est un *galerum* (1), et se compose d'une chevelure empruntée. Le *galerum* aurait été ainsi nommé à cause de la ressemblance de sa forme avec le casque, *galea*. Du reste, le mot *galea* lui-même était employé pour désigner un certain arrangement des cheveux (2), connu aussi chez les Grecs, et qui portait un nom différent, suivant qu'il était adopté par les hommes, les femmes et les enfants; πλέγμα τριχῶν εἰς ὀξὺ ἀπολῆγον, ὁ ἐπὶ ἀνδρῶν κρώβυλος, ἐπὶ γυναικῶν κόρυμβος, ἐπὶ παίδων σκορπίος ἐκαλεῖτο (3). Il y avait une certaine chevelure postiche à l'usage des hommes et des femmes, que l'on appelait κρώβυλος, *crobylus* (4). Une explication, qui ne manquerait pas d'originalité, consiste à dire que cette nymphe doit être considérée, tant pour son attitude que pour ses attributs, comme une charge gracieuse de Pallas. En effet sa coiffure imite le cimier; le mouvement de son bras, qui tient le bout d'une draperie verte, est le même que celui

(1) Pignorius, *de Serv.*, p. 392; scoliaste de Juvénal, VI, 120.
(2) Pignorius, *loc. cit.*
(3) Eustathe.
(4) Gonzalès sur Pétrone, cap. 110; Pollux, II, 30.

PEINTURES
Malerei

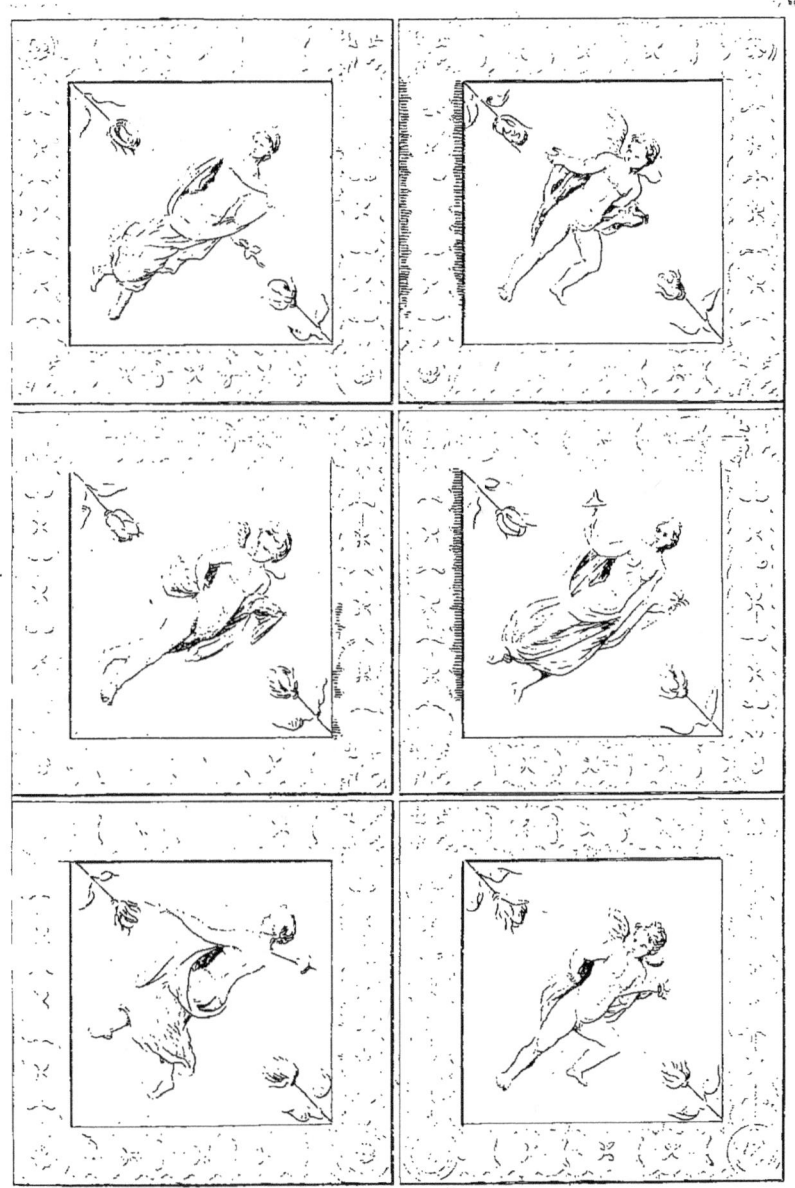

Architectonische Verzierung

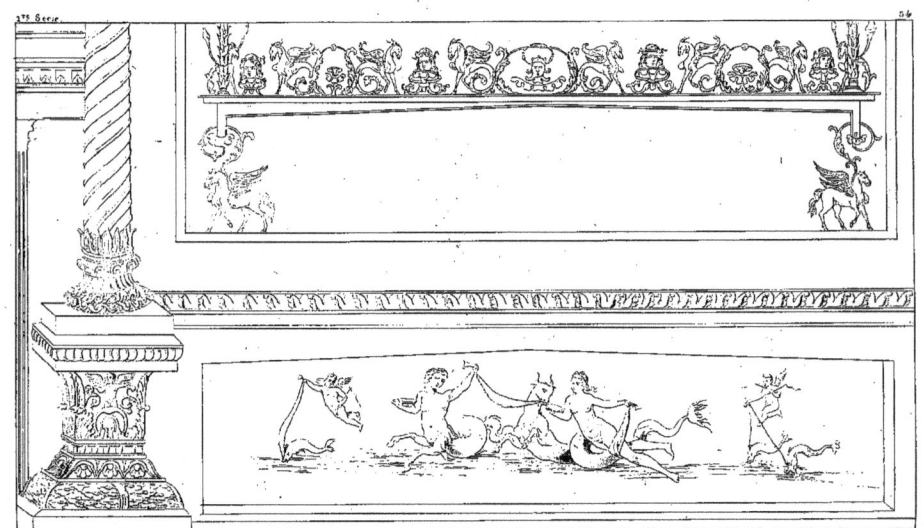

DÉCORATION ARCHITECTURALE.

de Minerve supportant la fameuse égide ; enfin, son bras droit est armé, en guise de lance, d'un sceptre ou d'un thyrse. Les deux autres nymphes sont vêtues de draperies pourpres avec des bordures bleues. La première tient de la main gauche des plantes dont l'espèce est difficile à reconnaître et cet instrument qui distingue la plupart de nos figures, et que nous avons appelé un thyrse, un candélabre ou un sceptre. La dernière appuie sur son épaule un objet de même forme et de couleur jaune. Des trois Génies, le premier porte un objet carré, assez semblable à une cassette ; il est vêtu d'une draperie jaune clair. Des deux autres, l'un porte un objet qu'on ne distingue pas, et il est vêtu d'une draperie rose ; l'autre, vêtu de vert, a sous son bras gauche une corne d'abondance.

PLANCHE 54.

La décoration de cette planche est sur fond rouge. A gauche on voit une colonne jaune avec une base carrée de la même couleur ; la partie du piédestal ornée d'arabesques est verte. Les griffons, les masques et les arabesques sont jaunes ; le pégase, d'un blanc adouci, et le tout sur un fond noir. Le champ de la frise inférieure est noir aussi. On y voit une Vénus dont le front est orné d'une couronne de perles. Cet ornement, fabriqué par

Vulcain (1), était donné aussi à Thétis et à Amphitrite (2); mais la présence des deux Amours tenant en bride deux dauphins qu'ils excitent avec un fouet nous décide en faveur de Vénus. Elle est portée par un monstre marin que conduit un triton.

PLANCHE 55.

Le fragment supérieur de cette planche est sur champ violet. Les piédestaux latéraux sont rouges. D'un vase transparent de couleur verte, orné d'arabesques vertes aussi, sortent des tiges de la même couleur qui portent des fleurs blanches. Sur une tige verticale est posé un sphinx de couleur jaune. Au-dessous du vase est une corniche blanche qui termine un fond noir. Entre ce fond noir et sur une arabesque est posée une fleur verte, d'où sortent deux rameaux verts qui portent des fleurs blanches, et deux petits oiseaux rouges. Ce compartiment est séparé du fragment inférieur par une bande rouge bordée de filets blancs. Une niche jaune, dont le soffite est vert, a pour ornements deux dauphins et des arabesques jaunes, à l'exception des feuilles et des guirlandes, qui sont vertes, et des petites fleurs, qui sont blanches. Dans

---

(1) Ératosthène, *Catast.*, 5.
(2) Hyginus, *Astr. poet.*, II, 5; et Pausanias, I, 17.

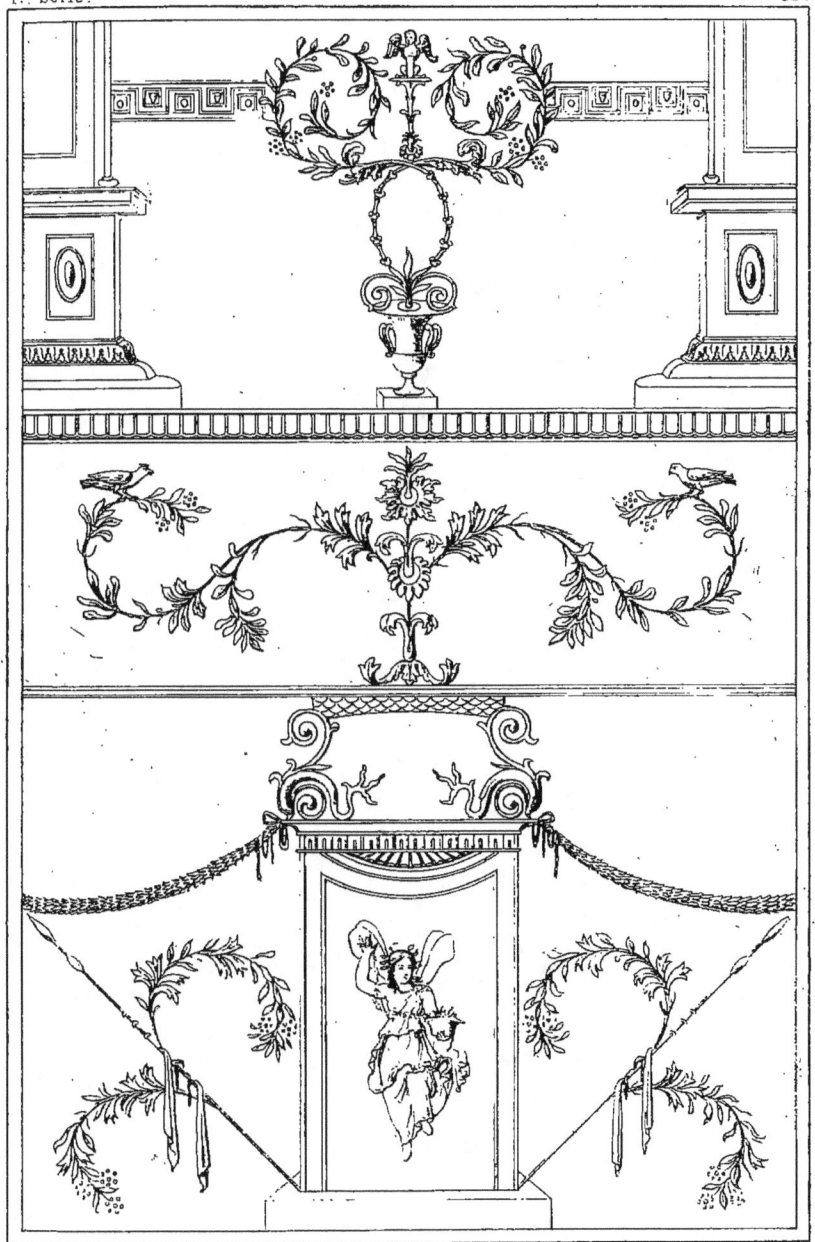

FLORE.

la niche on voit une Flore, dont les cheveux blonds sont couronnés de fleurs. Sa tunique rose est agrafée sur l'épaule gauche, de manière à laisser à découvert le sein droit et ses deux bras, dont l'un porte une corbeille de fleurs et les plis de son manteau bleu, tandis que l'autre élève une guirlande au-dessus de la tête. Son dos est orné de quatre ailes rouges qui, par leur forme et leurs petits yeux, ressemblent à celles des papillons. Les ailes de papillons étaient l'attribut qui distinguait Psyché, Ψυχή, l'âme, et cette fiction a peut-être inspiré ces vers si connus de Dante Alighieri :

> Non v'accorgete voi che noi siam vermi
> Nati a formar l'angelica farfalla,
> Che vola alla giustizia senza schermi ?

« Ne vous apercevez-vous pas que nous sommes des vers nés pour for-
« mer le papillon angélique qui vole sans défense vers la justice ? »

Cependant il ne faut pas croire que Psyché et les âmes ne pussent être représentées sans ailes de papillon. Ainsi, par exemple, l'âme de Protésilas (1), les ombres transportées dans la barque de Caron (2), sont tout à fait dépourvues d'un attribut de ce genre, et, dans le *Cabinet de Stosch* (3), nous voyons une âme avec des ailes, il est vrai, mais avec des ailes d'oiseau. Comme aussi les ailes

(1) Winckelmann, *Mon. ined.*, n. 123, p. 164.
(2) Visconti, *M. P. C.*, t. IV, tav. XXX.
(3) N. 868.

de papillon n'étaient pas données à Psyché exclusivement. Les Saisons qui traînent le char d'Ariane et de Bacchus (1), celles qui sont gravées sur un camée de Zannetti (2), celles qui ornent le bas-relief de Townley, publié par Millin (3), plusieurs figures de femme trouvées à Herculanum, et qui seront publiées dans cet ouvrage, enfin Morphée et le Sommeil (4), ont reçu ce gracieux attribut. On voit donc qu'il peut orner, sans aucun inconvénient, la figure de Flore. L'emploi fréquent des ailes de papillon dans les sujets antiques est expliqué par l'intention des artistes, qui éprouvaient le besoin de donner une couleur légère, vaporeuse, éthérée, s'il est permis de s'exprimer ainsi, à certains êtres mythologiques d'une nature que la réalité pouvait difficilement atteindre, et qui volaient au milieu des nuages de l'imagination. On donnera encore une explication plus positive et moins poétique de cette forme consacrée par l'art classique, en disant que les ailes d'oiseau auraient eu certainement moins d'éclat et moins de grâce que les ailes de papillon si richement nuancées, simples ou doubles, selon le caprice de l'artiste. On comprend encore que les divinités et les Génies du paganisme qui cheminaient, ou plutôt qui volaient en silence pour arriver inattendus et à l'im-

---

(1) Musée de Florence, t. I, tav. XLIII, II ; Bracci, *Memorie degli antichi incisori*, t. I, tav. XXII, n. 3.

(2) *Dactyl. Zanettiana*, tav. LXI, p. 123.

(3) *Galerie mythol.*, t. I, pl. XLV, n. 199.

(4) Winckelmann. *Mon. ined.*, 100; Visconti, *M. P. Cl.*, IV, 150.

proviste, ne pouvaient guère avoir recours aux ailes bruyantes des oiseaux :

...... Volat nullos strepitus facientibus alis (1).

Revenons à notre peinture et à Flore qui prête tous ses charmes à cette décoration d'un goût si exquis. La belle épouse de Zéphyre commença à recevoir les honneurs divins, lorsque Titus Tatius eut fait voir aux Romains combien était grande la puissance de cette déesse ; mais les jeux Floraux ne furent institués que l'an 513 de Rome, sous les consulats de Caius Claudius Cento et de Marcus Sempronius Tuditanus, qui consacrèrent aux fêtes de Flore les amendes imposées à ceux qui avaient occupé le territoire du peuple romain. Cet argent ayant reçu dans la suite une autre destination, les fêtes furent interrompues, et les campagnes se ressentirent bientôt du courroux de la déesse. Les vignes et des moissons furent brûlées, et les oliviers stériles. Enfin, cent soixante ans après, on prit le parti d'instituer des jeux annuels en l'honneur de Flore. Alors, depuis le 28 avril jusqu'aux calendes de mai, le peuple se couronnait de fleurs, il jonchait les chemins de roses, chantait des hymnes de joie, et se livrait aux plaisirs de la bonne chère. Lorsque la nuit était venue, on allumait des torches, et on se portait en foule dans le cirque de Flore, où des courtisanes charmaient par leurs chants et par leur danse las-

(1) Ovide, *Mét.*, XI, 650.

cive la multitude des spectateurs. On les voyait ensuite donner la chasse à des lièvres ou à des biches, et déployer dans ce jeu la licence la plus effrénée. Les deux lances qui font partie des ornements de cette peinture se rapportent peut-être à la chasse des jeux Floraux.

PLANCHE 56.

Le fragment qui occupe la partie supérieure formait la décoration d'une muraille. Il est peint sur ce stuc extrêmement poli que l'on retrouve sous toutes les peintures de Pompéi, et qui a conservé d'une manière vraiment merveilleuse la vivacité et la lucidité des couleurs. Le fond est rouge, l'architecture jaune. La chèvre et les raisins ont leurs couleurs naturelles.

Ce fragment, retrouvé dans une maison qui ne peut avoir été habitée que par un Pompéien d'une fortune moins que médiocre, nous amène à établir une comparaison désolante entre les classes pauvres de l'antiquité et celles des temps modernes, sous le rapport du bien-être matériel. Un misérable bourgeois, un ouvrier d'une petite ville de province, avait la faculté de faire orner de pareilles arabesques les murailles de son habitation; aujourd'hui combien y en a-t-il qui puissent faire badigeonner les réduits où ils passent leur vie!

Le fragment inférieur de cette planche est sur fond

PEINTURES.
Malerei

1re Série. 56.

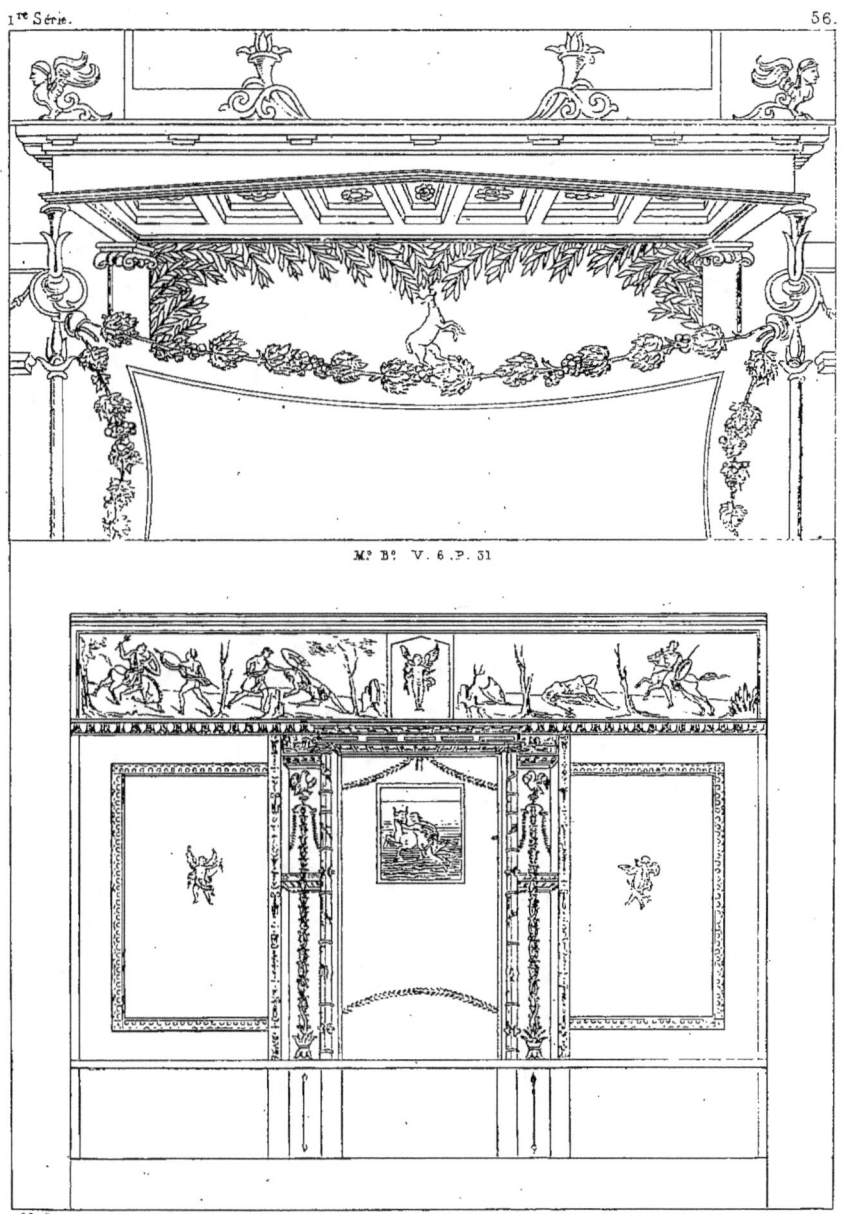

M.° B.° V. 6. P. 31

Architectonische Verzierung

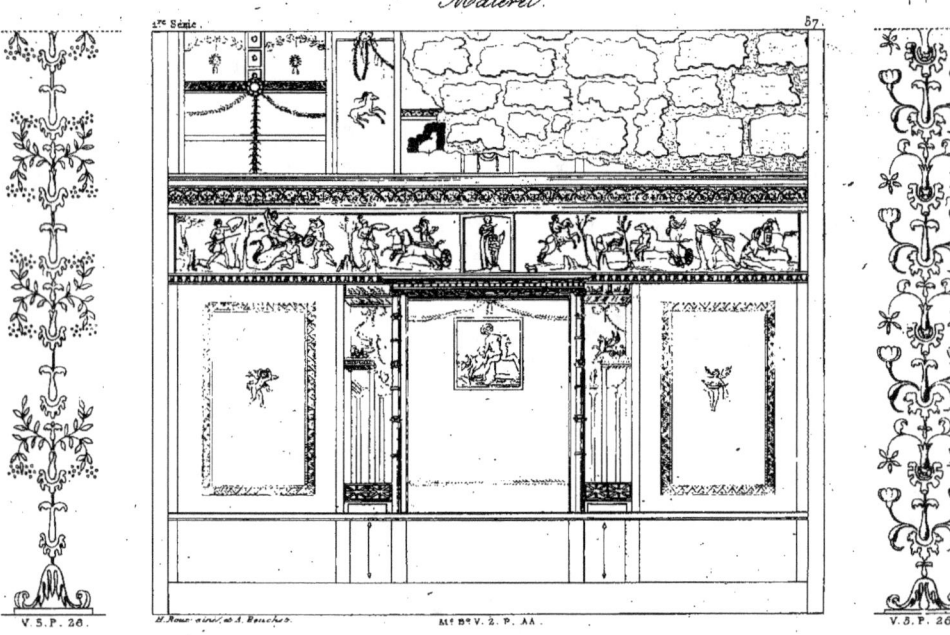

DÉCORATION ARCHITECTURALE.

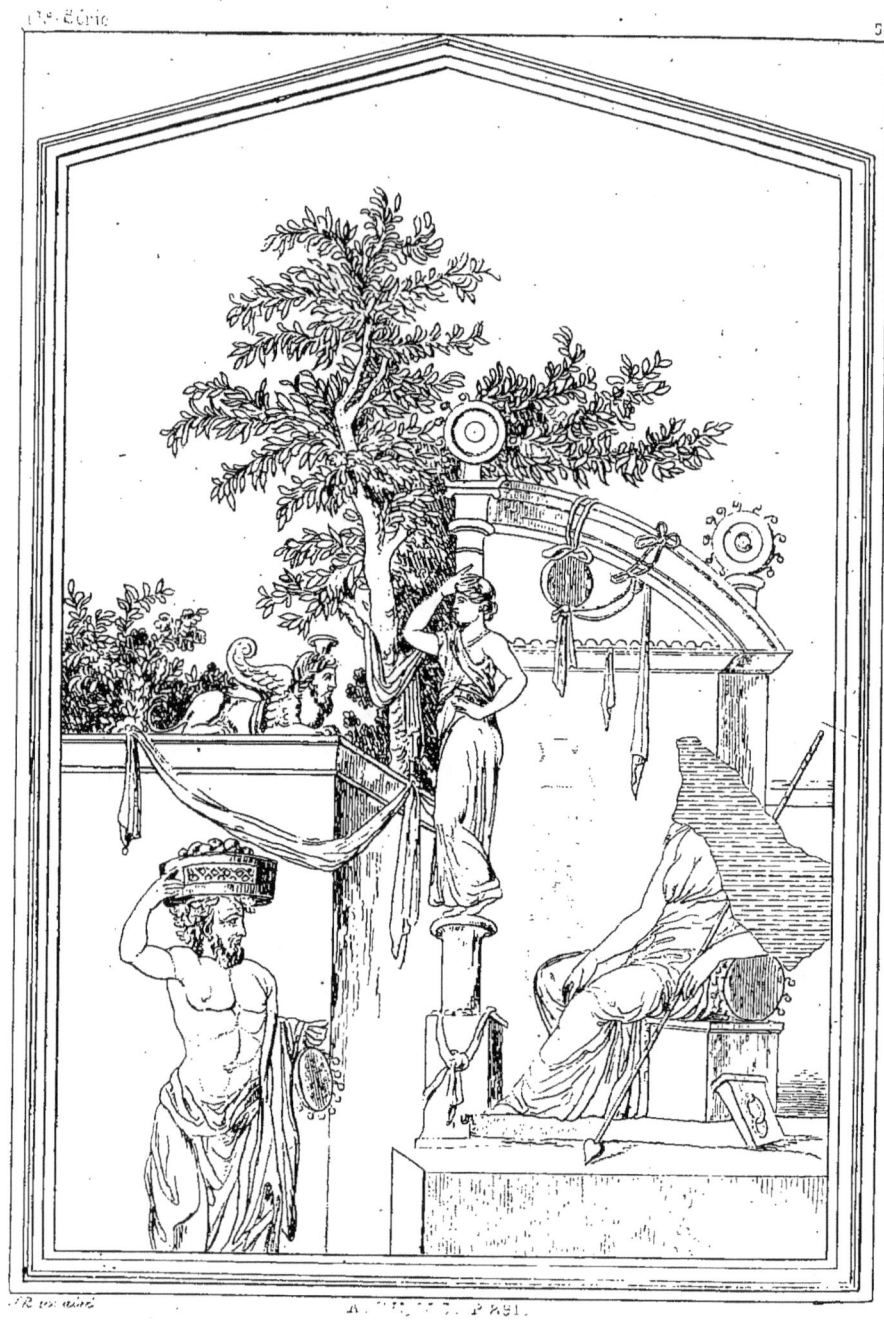

PRÊTRE D'ISIS.
Priester der Isis.

rouge. Dans le compartiment du milieu on a peint l'enlèvement d'Europe. La frise, sur fond blanc, représente le combat des Amazones. Cette peinture décorait une salle de la *Maison d'Homère*. C'est le nom qu'on a donné à un palais de Pompéi dont les décorations ont été inspirées par plusieurs faits de l'Iliade.

PLANCHE 57.

Cette décoration appartient au même édifice que le fragment inférieur de la planche précédente. Elle est sur fond jaune. Dans le compartiment du milieu on voit Héllé et Phryxus; dans les deux compartiments latéraux de petits Génies. La frise sur fond blanc représente, comme celle de la planche 56, des scènes de la guerre des Amazones. On voit ces femmes belliqueuses, sur des chars, à cheval, à pied, combattant avec des armes diverses leurs redoutables adversaires.

Les compartiments de cette peinture sont rouges et jaunes.

PLANCHE 58.

Un cadre blanc avec une bande intérieure noire enferme le sujet sur fond bleu de ciel que nous donnons dans cette planche. Près d'un arbre, qui paraît être un chêne, on voit un petit temple tirant sur le cendré. Il est formé par un arc auquel on a attaché avec des draperies jaunes une cymbale de couleur rouge. Deux autres cymbales de la couleur de l'édifice, autour desquelles on a disposé des grelots, sont posées aux deux extrémités de l'arc, l'une sur une petite colonne, l'autre sur le mur qui forme le derrière du temple. Sur le devant est un grand socle. Au-dessus du socle est une base sur laquelle est posée une figure de femme de couleur jaune, qui devait être voilée. Elle tient une lance de la main gauche et s'appuie sur une cymbale ornée de grelots, et de la même couleur que toute l'architecture de cette planche. La base ou le piédestal qui porte cette cymbale retient un objet barlong de couleur noire avec deux anneaux. Au milieu, et sur une colonnette portée par un pilastre décoré de bandelettes jaunes, on voit une autre figure de femme toute blanche, à l'exception de ses cheveux qui sont châtains. La couleur blanche a été donnée aussi au sphinx ailé à tête d'homme barbu, qui est posé sur une grande base ornée d'une draperie jaune dont l'un des bouts tient au tronc de l'arbre. Le sphinx a le dos couvert d'une étoffe blanche et la tête surmontée d'un boisseau blanc aussi. De l'arbre on voit partir encore une draperie qui entoure le bras et couvre en travers le sein de la jeune femme posée debout sur la colonnette. Sur le premier plan on voit un homme à barbe blanche, et à la carnation bronzée. Il est à demi vêtu d'une étoffe blanche, porte en main une cymbale avec des grelots, et tient sur sa tête, couronnée de pampre, une corbeille de couleur verdâtre.

L'explication de ce tableau, que nous venons de décrire avec la plus minutieuse exactitude, demandera quelques développements. Il règne en effet, dans sa composition et dans tous ses détails, je ne sais quelle couleur religieuse; tout y respire un profond mysticisme; et lorsqu'on le regarde avec attention, on se plaît à s'égarer par le souvenir dans les labyrinthes les plus obscurs de la religion grecque et des croyances égyptiennes.

Divinités, prêtres, emblèmes, offrent ici ce double caractère qui se montra dans le culte des villes grecques de l'Italie à l'époque où elles essayèrent de rajeunir le polythéisme romano-hellénique en le retrempant dans sa source native. Alors, les mystères isiaques vinrent se confondre avec les rites éleusiniens; et, dans trois divinités auparavant distinctes, on apprit à voir le même personnage, adoré sous trois noms divers, aux bords du Nil, du Tibre et de l'Ilissus.

Selon l'usage grec (1), d'après lequel les temples eux-mêmes furent appelés τεμένη et ἄλση, *champs* et *bois* (2), ce petit édifice est entouré d'un bois sacré; peut-être même ne se tromperait-on pas en affirmant que, dans l'intention du peintre, il est construit, non pas au sein d'une ville, mais en pleine campagne. Telle était, en effet.

---

(1) Strab., IX, p. 632 et 412; Eustath., *Il.*, β, 23; scoliaste de Pindare, *Ol.*, III, 31.
(2) Pollux, I, 6, 10.

la coutume des temps primitifs (1), coutume que les Tanagréens conservèrent toujours, « estimant, dit Pausanias (2), qu'il n'était point convenable de confondre les habitations des dieux parmi celles des hommes. » C'est au milieu des scènes de la nature que l'on célébrait la plupart des fêtes religieuses (3); c'est là qu'on élevait l'autel des dieux champêtres (4) dont les édicules étaient ombragés par un bouquet d'arbres (5). Parmi ces arbres même, on choisissait les plus grands et les plus beaux pour les dédier spécialement à la divinité du lieu (6). Un reflet de sainteté se répandait sur les arbres sacrés, et leur attirait une espèce de culte : c'est pourquoi on les ornait de bandelettes (7). On ne s'étonnera point de trouver, dans une composition empreinte du génie oriental, des traces de cette sorte d'idolâtrie ou de fétichisme à l'égard de la nature végétale, si l'on se rappelle que les Chaldéens y étaient particulièrement adonnés (8) et qu'il a fallu l'interdire aux Hébreux (9). Cette coutume était si profondément enracinée dans les mœurs, qu'elle dura longtemps après l'établissement du christianisme, quoi-

---

(1) Servius, *Æneid.*, VII, 82, et VIII, 271; Liban., *Orat. de Templ.*
(2) IX, 22.
(3) Servius, *Æneid.*, XI, 740.
(4) Philostrat., *Im.*, I, 28; Liban., *Orat. de Templ.*.
(5) Apollon., IV, 1714; Dionys., *Perieget.*, v. 829; scoliaste d'Aristophane, *Plutus*, 944; Callim., *Hymn. ad Dian.*, 38 et 239.
(6) Plin., XII, 1; Théocr., XVIII, 48; Callim., *Hymn. ad Cerer.*, 41.
(7) Apul., *Flor.*, I; Arnob., I, 41.
(8) Hensius, *Arist. Sacr.*, p. 710.
(9) *Deuter.*, XVI, 21.

que sévèrement condamnée par les Pères, les conciles et les législateurs du moyen âge (1).

La construction de l'édicule lui-même révèle encore une recherche, soit d'archaïsme, soit de rusticité ; il n'est couronné que par un demi-fronton, et le toit, s'il y en a un, n'a de pente que d'un seul côté : il lui manque ce que les anciens appelaient le *fastigium,* le fronton, disposition architecturale qui, selon eux, donnait tant de dignité aux temples des dieux, que, fussent-ils placés dans le ciel même, on ne pourrait s'empêcher de se les représenter avec un pareil ornement (2). Le peintre a donc voulu figurer un édifice antérieur à l'invention du fastigium, ou une construction rustique, qui n'avait pu se soumettre aux lois d'une architecture élégante et sévère.

Le *cymbalum* et peut-être le *tympanum,* qui se retrouvent cinq fois dans cette composition, étaient des attributs de Cybèle, appelée dans les vers orphiques (3) τυμπανοτερπής. Néanmoins l'invention et l'usage du *tympanum* étaient également assignés à Bacchus, comme ce dieu le dit lui-même dans Euripide (4). Mais on sait que les mystères étaient à la fois consacrés à Cybèle et à Bacchus (5) ; on sait enfin qu'Isis elle-même se confond avec la Grande-Mère des dieux ; et qu'on la voit souvent représentée avec

---

(1) D. Greg., VII, 20 ; *Can.* 84, *Cod. afr.; Capitulaires des rois de France,* I, tit. 64, et VII, tit. 236 ; *Lois des Lombards,* I, tit. 38.

(2) Cic., *Orat.*, 3, 46.

(3) *Hymne à la mère des dieux,* v. 11.

(4) *Bacch.*, 58 et 124.

(5) Euripid., *Bacch.*, 156 et 513 ; Strab., X, 469 et 719.

le cymbalum (1). Or c'est précisément cette confusion de plusieurs divinités en une seule qui nous paraît l'idée dominante de l'artiste.

Nous en trouvons un nouvel indice dans le sceptre, la lance, le thyrse, qui appartiennent à Cybèle, à Cérès, à Isis, à Bacchus.

C'est à tort évidemment que quelques antiquaires ont voulu voir un livre dans l'objet qui se trouve appuyé contre le siége : on y reconnaît bien distinctement un de ces instruments de percussion dont parle le scoliaste de Théocrite (2), quand il rapporte, sur la foi d'Apollodore, qu'à Athènes, dans les fêtes de la déesse Κόρη (Proserpine, fille de Cérès), l'hiérophante faisait retentir un instrument de bronze appelé ἠχεῖον. L'échéion était employé dans les fêtes de Cybèle, de Bacchus, de la déesse syrienne ou Vénus Uranie, et généralement dans toutes les orgies sacrées. Cet instrument est une tablette de bois ou de bronze, à laquelle sont attachés des anneaux de fer : on peut l'assimiler à celui que les Toscans appellent *tabella* (3) ou *scrandola* (4), à la *crécelle*, *crécerelle* ou *tartarelle* des Français (5), et enfin au *sémantérion* des Grecs (6). L'usage du *sémantérion* est très-ancien dans l'Église orientale, qui n'a point adopté les cloches avant

---

(1) Doni, *Inscript.*, I, 30; Muratori, LXXII, 1.

(2) *Idyll.*, II, 36.

(3) La Crusca, sub verbo *Tabella*.

(4) Bianchini, *de Instr. mus.*, tab. VII, n° 10, dans le tome II du *Musée romain*.

(5) De Vert, *Cérém. de l'Égl.*, tom. I, p. 440.

(6) Du Cange, *Glossar. græc.*, s. v. Σήμαντρον.

le septième siècle : il est encore désigné, sous le nom de bois sacrés, ἱερὰ ξύλα, dans les canons du concile de Nicée (1), et l'on peut, non sans quelque probabilité, en rapporter l'origine à l'*échéion* dont il s'agit.

Le sphinx à tête d'homme ou *Androsphinx* (2) se rencontre sur la table isiaque. On en voyait plusieurs à l'entrée du temple de la Minerve Saïtide, où, comme devant les autres temples égyptiens, ils semblaient commander le silence. Celui-ci unit les attributs du sphinx égyptien, qui portait une espèce de voile, mais qui n'avait pas d'ailes (3), à ceux du sphinx grec, qui était ailé, mais entièrement nu. Quant au boisseau qu'il porte sur la tête, cet emblème de l'abondance (3) appartient encore à Sérapis et à Isis, aussi bien qu'à Cérès.

La corbeille, le *ceste* mystique, est un attribut de Cérès, de Bacchus, de Cybèle et même de Vénus ; mais la figure qui le porte est toute bachique : c'est, d'après la couleur de sa peau et d'après la nudité de son torse, un Bacchant égyptien. Donc, ce qu'il faut voir dans le sphinx à tête d'homme barbu surmontée du boisseau, c'est un buste de Bacchus le vieux, de Bacchus l'Indien, de Bacchus-Osiris ou plutôt de Bacchus-Sérapis. Car les Romains, ayant fait une seule divinité d'Osiris et de Sérapis (5), ces deux emblèmes primitifs du Nil et

---

(1) IIe Concile, *can.* 3 ; Cardin. Bona, I, 22, n. 2.
(2) Herodot., II, 175.
(3) *Th. Br.*, tom. I, p. 419.
(4) Jablonski, *Panth. Æg.*, IV, 3, 3.
(5) Tibull. *El.*, I, 8, 29 ; Rutil. *Itin.*, v. 375.

du Soleil, préférèrent même le nom de Sérapis et confondirent ce personnage avec Bacchus (1). Le culte de Bacchus barbu, sous le nom de Sérapis, était répandu surtout dans la Campanie (2).

Cette explication du buste étant établie, passons à la petite statue de femme.

Cette figure est debout sur une colonnette dont les bords retroussés pourraient imiter une fleur de lotus, autre emblème isiaque bien connu. L'ombre qu'elle porte sur le temple indique qu'elle est placée au milieu de l'aréa, sans aucun rapport avec la construction du fond. La couleur brune de ses cheveux n'implique pas nécessairement que le peintre ait voulu représenter un personnage vivant; car on voit au musée royal de Naples une statue de marbre blanc dont la chevelure est blonde. Nous remarquerons seulement que les cheveux châtains ne conviennent point à la *flava Ceres* des Latins (3), mais plutôt à Proserpine, ou mieux encore à la déesse du Nil, qui est une Cérès égyptienne.

Rappelons-nous l'étroite liaison des cultes de Bacchus et de Cérès, d'une part, *Liber et alma Ceres* (4), d'Osiris (ou Sérapis) et d'Isis de l'autre. Rappelons-nous surtout cette inscription fameuse :

SERAPIDI. ISIDI. LIBERO. LIBERÆ (5).

(1) Jablonski, II, 1, 6.
(2) Macrobe, *Sat.*, I, 18.
(3) Ovid., *Amor.*, III, 10, 3.
(4) Virg., *Georg.*, I, 7, et Servius,
ibid.; Cic., *N. D.*, II, 24.
(5) Doni, I, 80; Muratori, LXXIV, 5.

PEINTURES.
Malerei.

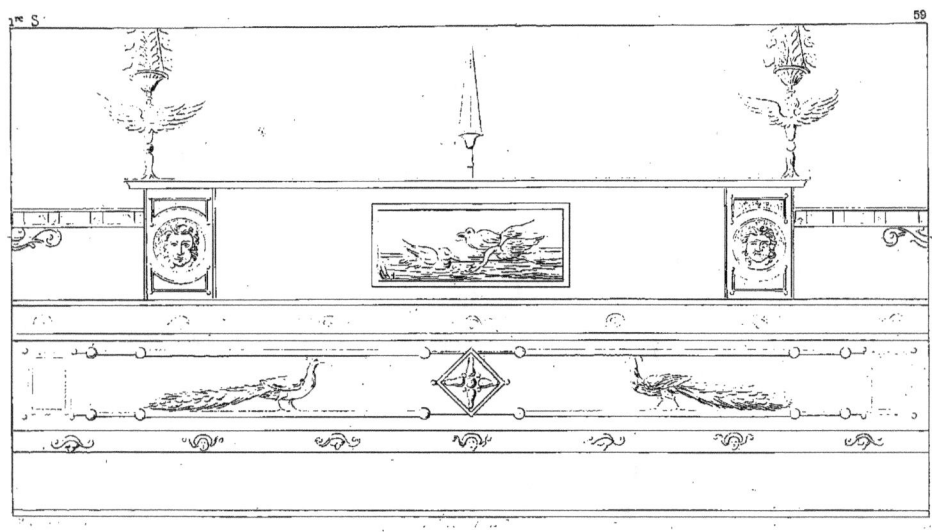

DECORATION ARCHITECTURALE
Architectonische Verzierung

Nous en conclurons avec pleine certitude que cette statue représente Isis, qui est la Cérès égyptienne, appelée Libera, selon Macrobe (1). Alors ces bandelettes, qui vont du sphinx à l'arbre, de l'arbre à la statue, sont un nouvel emblème du lien qui unit entre elles les deux divinités de la fécondité, de l'abondance, de la vie, et qui les unit toutes deux à la nature.

Reste à expliquer la figure assise : dans le doute où nous laisse la perte des traits de son visage, nous conjecturons que c'est une prêtresse d'Isis-Libera qui s'entretient avec le prêtre de Liber-Sérapis. Que si l'on y voulait voir encore une statue, ce serait Rhéa, la Grande-Mère des dieux, ou Cérès même; et la petite idole ne serait plus alors que Proserpine, appelée aussi Libera. La couleur de la robe de cette figure et l'ensemble de la composition laissent peu de probabilité à cette opinion.

PLANCHE 59.

Cette décoration de mur et de lambris n'a de remarquable que la bizarrerie des deux cariatides ailées qui paraissent supporter le plafond. On peut y voir deux sirènes, car on sait que ces monstres, suivant la Fable antique, étaient primitivement des oiseaux à tête de fem-

---

(1) Macrobe, *loc. citat.*

me (1). Ce fut seulement après leur défaite par Ulysse (2), que, s'étant précipitées dans la mer, les Achéloïdes devinrent à moitié poissons. Les anciens ne les représentaient ordinairement que sous leur première forme (3), afin qu'on ne les confondît pas avec les néréides. On ne connaît qu'une seule exception : elle se trouve dans les médailles de Cumes, où Parthénope est figurée avec une queue de poisson.

Les deux têtes de Gorgone, ou les deux masques, sont dessinés avec goût, ainsi que les canards et le cygne du milieu et les deux paons de la partie inférieure du lambris.

PLANCHE 60.

La fresque qui forme la partie supérieure de cette planche a été trouvée dans les fouilles de Civita. Le premier compartiment, en commençant par le haut, a le fond jaune ainsi que la dernière ligne du troisième. Les parties et les lignes les plus obscures sont noires, et les clairs sont en blanc. Les sphinx paraissent gris, et la tête de l'*Ælurus*, du chat sacré des Égyptiens, qui se trouve dans le petit carré, est d'un ton blanchâtre. On a donné

---

(1) Ovide., *Metam.*, V, 554; Servins, *Georg.*, I, 9, et *Æn.*, V, 864; Fulgent., *Mythol.*, II, ii.

(2) Homer., *Odyss.*, XII, 173.
(3) Spanheim, *de Vet. num.*, diss. III; Montfaucon, liv. IV, ch. 9.

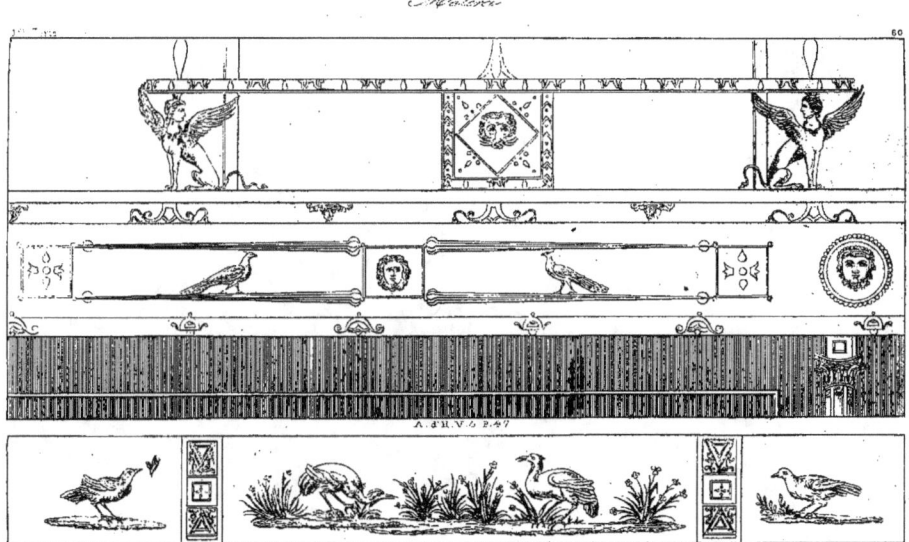

DÉCORATION ARCHITECTURALE

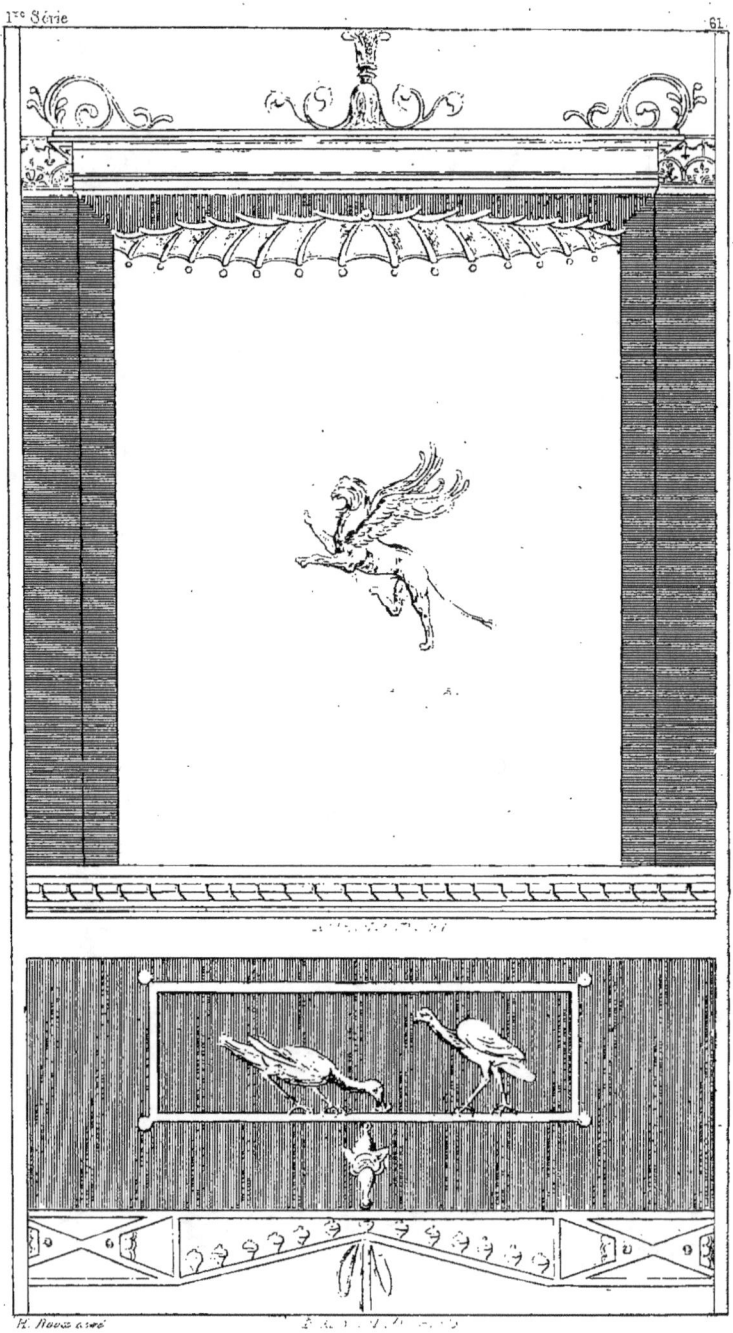

aux paons du deuxième compartiment leurs couleurs naturelles, et au masque qui est entre ces deux oiseaux, des teintes d'une grande vivacité. L'autre masque offre, sur un fond cendré et dans un cercle d'or, un visage pâle dont le front et le menton sont entourés d'ornements du même métal. La colonne est marbrée. Peut-être cette peinture murale et plusieurs autres du même genre ont-elles été faites à l'imitation de certaines tapisseries dont parle Pline (1).

Le lambris inférieur, trouvé à Civita, le 19 avril 1763, offre, sur un fond noir, entouré d'ornements de couleurs variées, des oiseaux peints au naturel.

PLANCHE 61.

Cette fresque a été trouvée dans les fouilles de Civita, en 1764. Au milieu d'un rectangle blanc, encadré de rouge, surmonté d'un entablement cendré et de quelques arabesques rouges, se trouve un hippogriffe de cette dernière couleur, avec les ailes grisâtres.

Le lambris inférieur représente, sur un fond noir, deux oiseaux qui semblent becqueter des cerises.

(1) *Hist. Nat.*, XXXVI, 15, et XXXVII, 1.

PLANCHE 62.

Cette peinture murale, trouvée à Portici, ne manque pas d'intérêt. Elle offre de chaque côté un autel carré, dont la base est ornée de feuillages et d'arabesques; au milieu, dans une niche fermée par un balustre, est une grande vasque de couleur jaune, derrière laquelle se tient une figure nue qui porte ses deux mains sur les bords; de chaque côté de la niche, un candélabre orné d'arabesques formées de rameaux et de feuilles découpées comme celles du chêne; et sur chaque candélabre, une colombe de couleur noirâtre, les ailes déployées, et regardant le ciel. On soupçonne que l'artiste a voulu représenter, ou au moins rappeler symboliquement, le fameux vase de Dodone et les deux colombes posées sur les chênes fatidiques. A la vérité, plusieurs auteurs ont cru qu'il y avait à Dodone un grand nombre de vases d'airain, qui retentissaient tous quand on en frappait un seul (1), d'où était venue l'expression proverbiale, « Airain de Dodone », Χαλκεῖον Δωδωναῖον, pour désigner « un grand parleur ». Néanmoins Étienne de Byzance (2) a démontré la fausseté de cette opinion; et, appuyé sur l'autorité de Polémon et d'Aristide, il a établi qu'il se trouvait à Dodone deux piliers, sur l'un desquels était la statue d'un jeune

---

(1) Auson., *Epist.*, XXV, 23 et seq.; Ascon., *Divin.;* in Dionys. Halicarn., I, 19; Servius, *Æn.*, III, 466.

(2) *Fragm. de Dod.*, t. VII, p. 114.

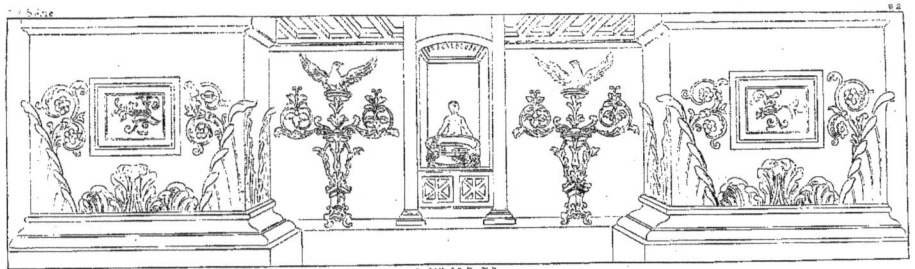
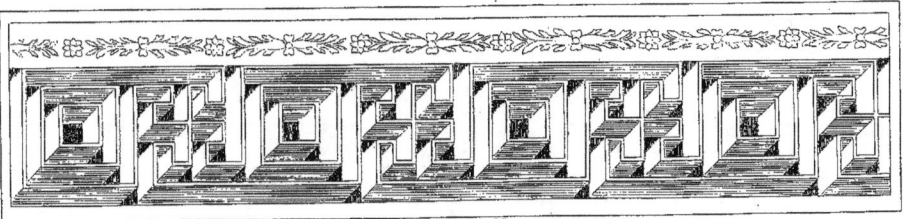

DÉCORATION ARCHITECTURALE.

garçon tenant en main un fouet dont les courroies mobiles étaient agitées par le vent et allaient frapper un vase de bronze placé sur l'autre pilier. Strabon (1) donne une description semblable, sauf qu'il ne parle pas des piliers, et qu'il place la statue au-dessus du vase. Le fouet, ajoute cet auteur, avait été donné par les habitants de Corcyre; d'où cette autre expression proverbiale, « Fouet des Corcyréens, » Κορκυραίων μάστιξ, qui s'employait comme la première. D'autres auteurs (2) parlent aussi d'un seul vase; mais, parmi eux, Philostrate remplace la statue de l'enfant par celle d'Écho.

Quant aux colombes, quelques-uns pensent qu'elles étaient au nombre de trois; d'autres n'en comptent que deux; d'autres enfin prétendent qu'il n'y en avait qu'une (3). Sophocle est parmi les seconds; Hérodote dit que les colombes étaient noires. Nous n'invoquerons pas d'autres autorités à l'appui d'une explication que nous ne donnons pourtant que comme une ingénieuse hypothèse.

Le compartiment inférieur de cette planche représente un soffite, c'est-à-dire, la décoration d'un dessous de corniche ou d'un lambris, formée par des bandes qui s'entrelacent à angles droits, de manière à tracer une sorte de labyrinthe. C'est ce que les architectes modernes appellent *une grecque*. Les Latins nommaient cette

---

(1) Lib. VII, p. 1254, in excerpt.
(2) Philostrat., *Imag.*, II, 34; Callim., *Hymn. in Del.*, 286.
(3) Scholiast. Sophocl., *Trachin.*, 174.

sorte de dessin *lacunar* ou *laculatum*, parce que les interstices qui y sont figurés forment comme de petits lacs (1). Les Grecs l'appelaient φάτνωμα, de φάτνη, alvéole. Du reste, Grecs et Latins employaient fréquemment cet ornement dans les pavés de mosaïque : on voit au musée royal de Naples un *lacunar* dont le dessin est presque semblable à celui-ci.

PLANCHES 63 à 94.

Les décorations d'appartement que comprend cette série de planches ont été publiées à Naples, dans un recueil intitulé (2) : *les Ornements des murs et les Pavés des salles de l'antique Pompéi*. Un second ouvrage, qui n'est en partie que la reproduction du premier (3), en donne aussi quelques-unes. Mais ces deux collections ne contiennent que des gravures; et les éditeurs de la première, en la livrant au public, ont déclaré eux-mêmes, dans un court avertissement, qu'ils renonçaient à y joindre aucun texte explicatif. En effet, l'Académie royale Herculanienne, consultée sur ce point, avait déclaré qu'il serait superflu et même puéril d'appliquer à ces peintures

---

(1) Vossius, in *Lacus;* Isidor., XIX, 22.

(2) *Gli Ornati delle pareti ed i Pavimenti delle stanze dell' antica Pompei, incisi in rame*. Napoli, della stamperia regale, 1796.

(3) Atlas de 100 planches, publié par l'Académie de Naples en 1808; mentionné par Mazois dans ses *Ruines de Pompéi*, part. II, p. 62.

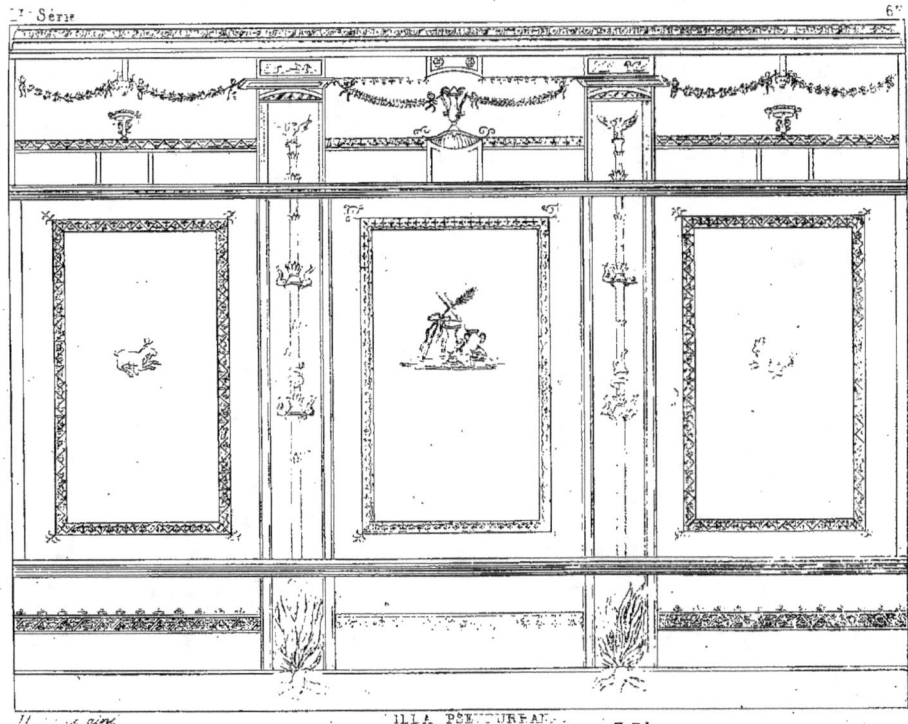

PEINTURES
Malerei

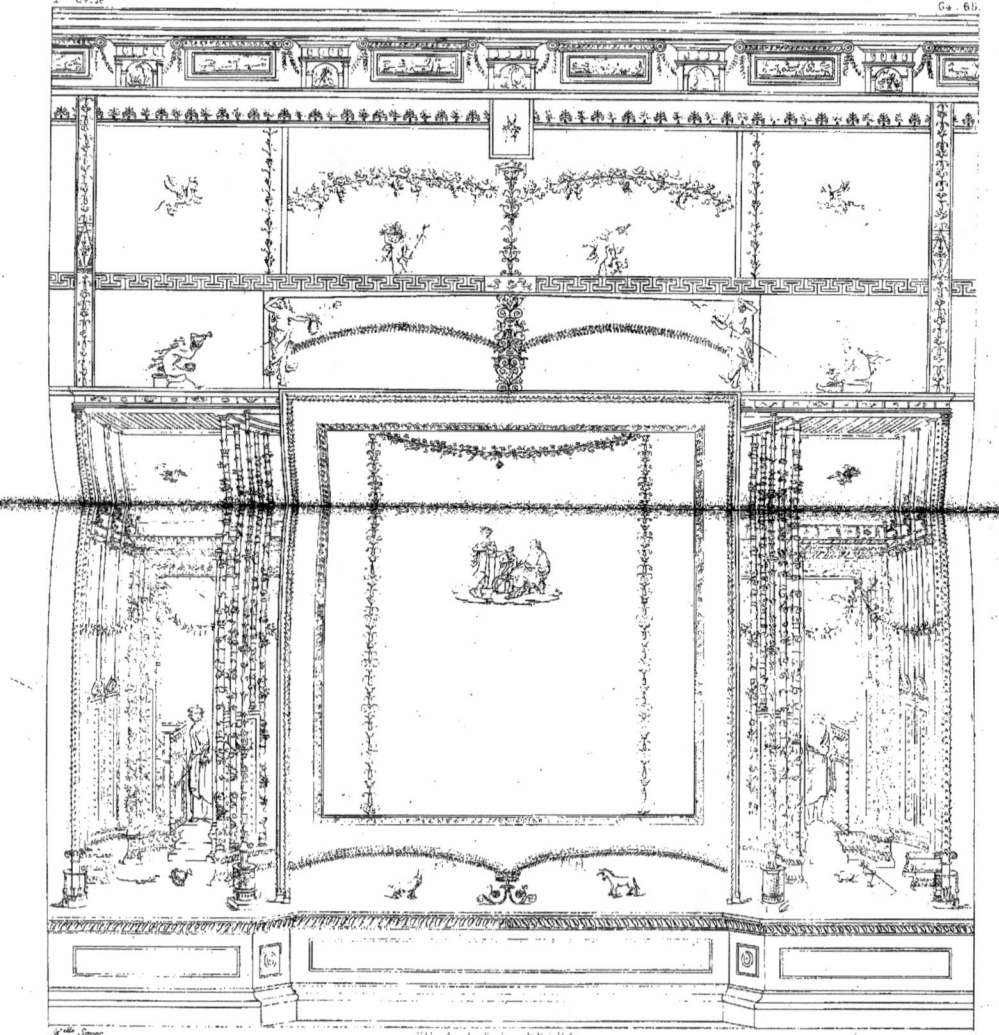

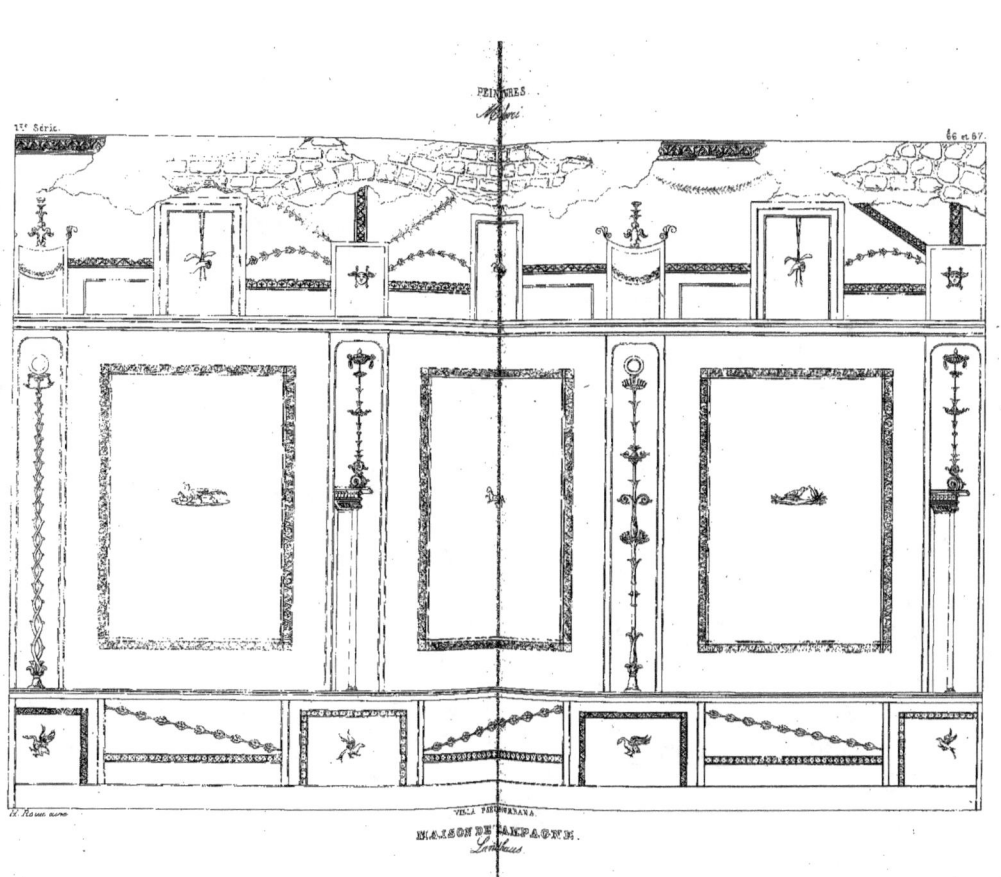

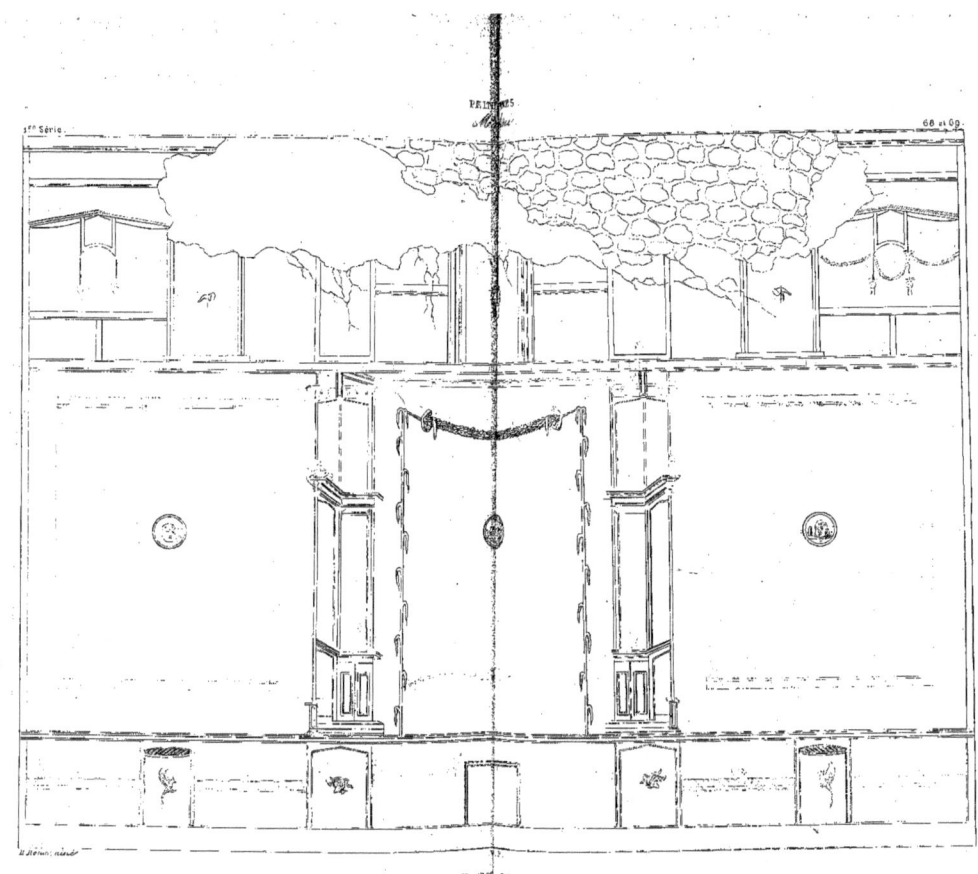

MAISON DE CAMPAGNE.

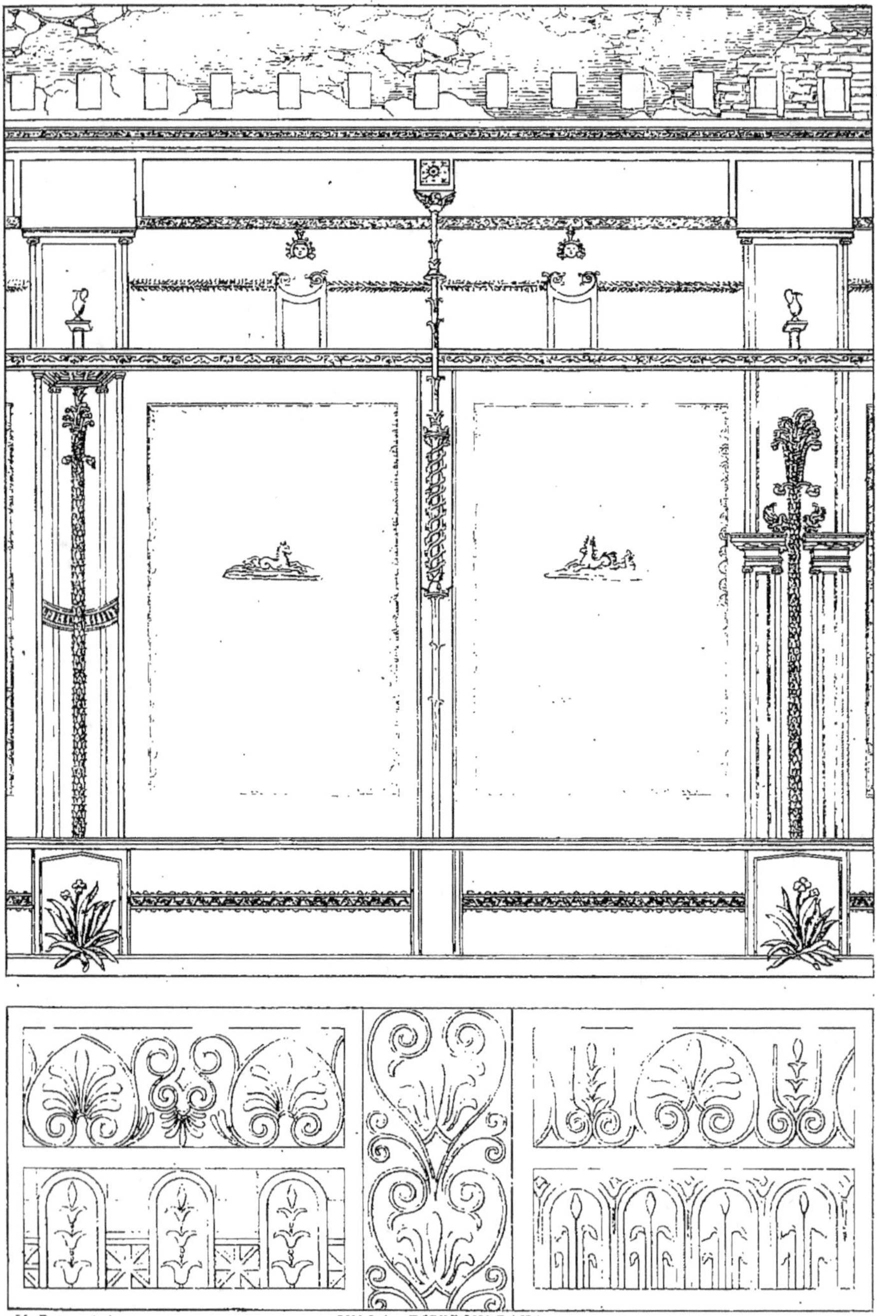

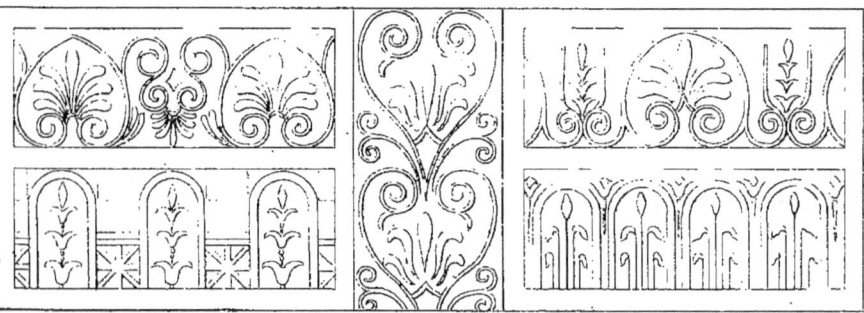

PEINTURES

VILLA PSEUDOURBANA.

PEINTURES.
Malerei.

1re Série.   71.

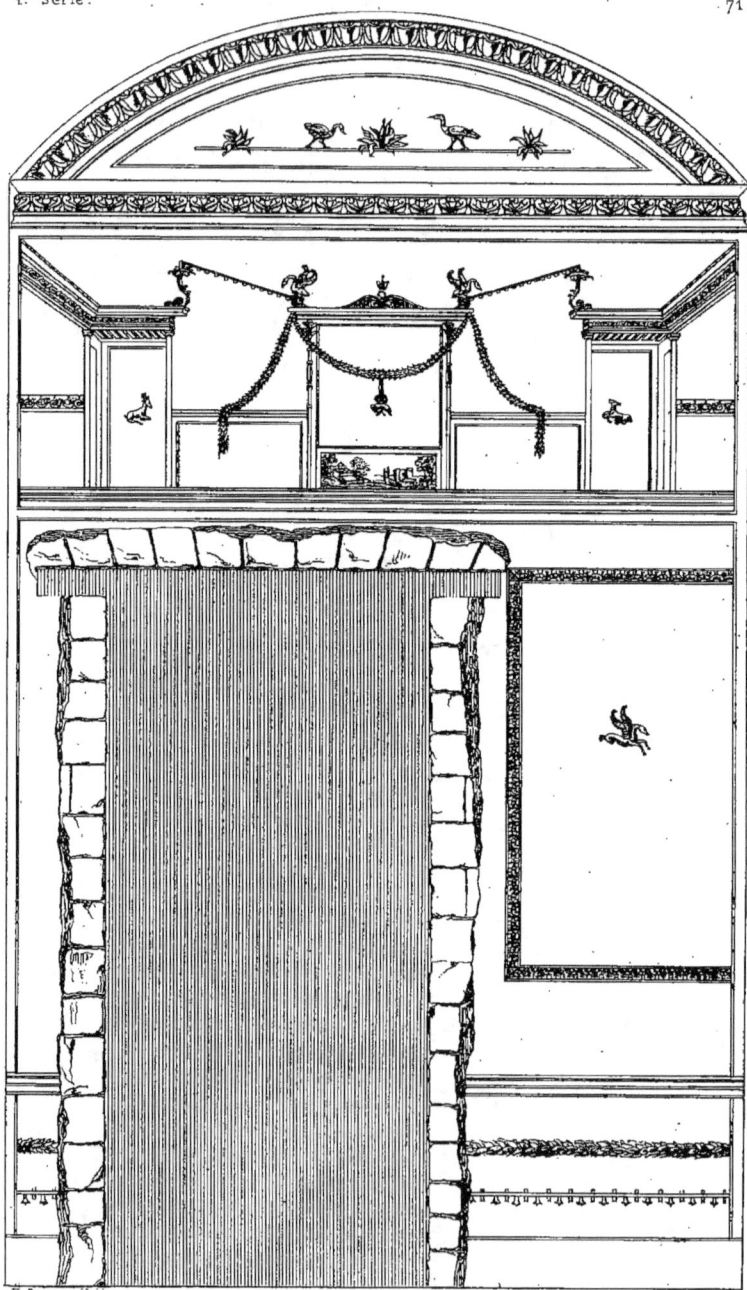

MAISON DE CAMPAGNE.
Landhaus.

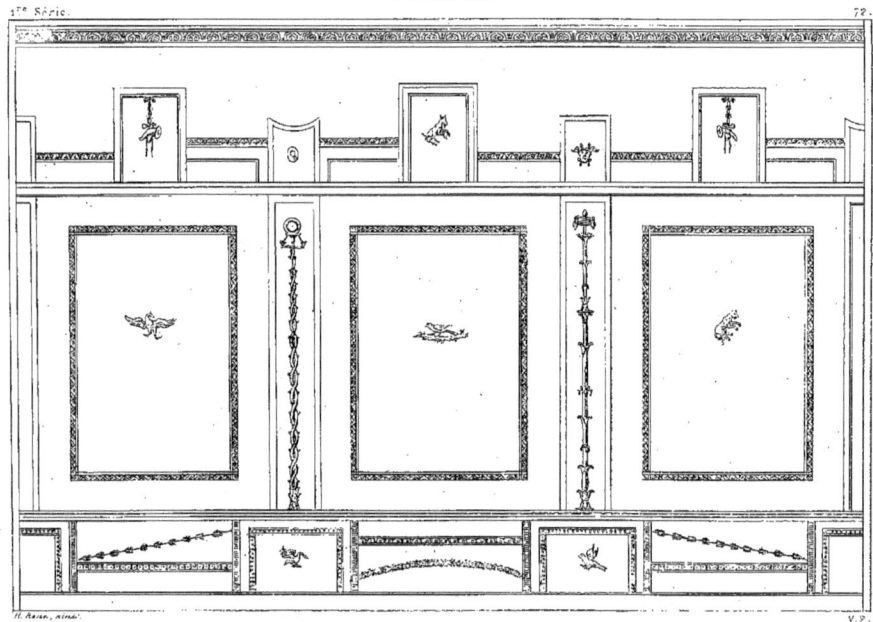

DÉCORATION ARCHITECTURALE.

PEINTURES.

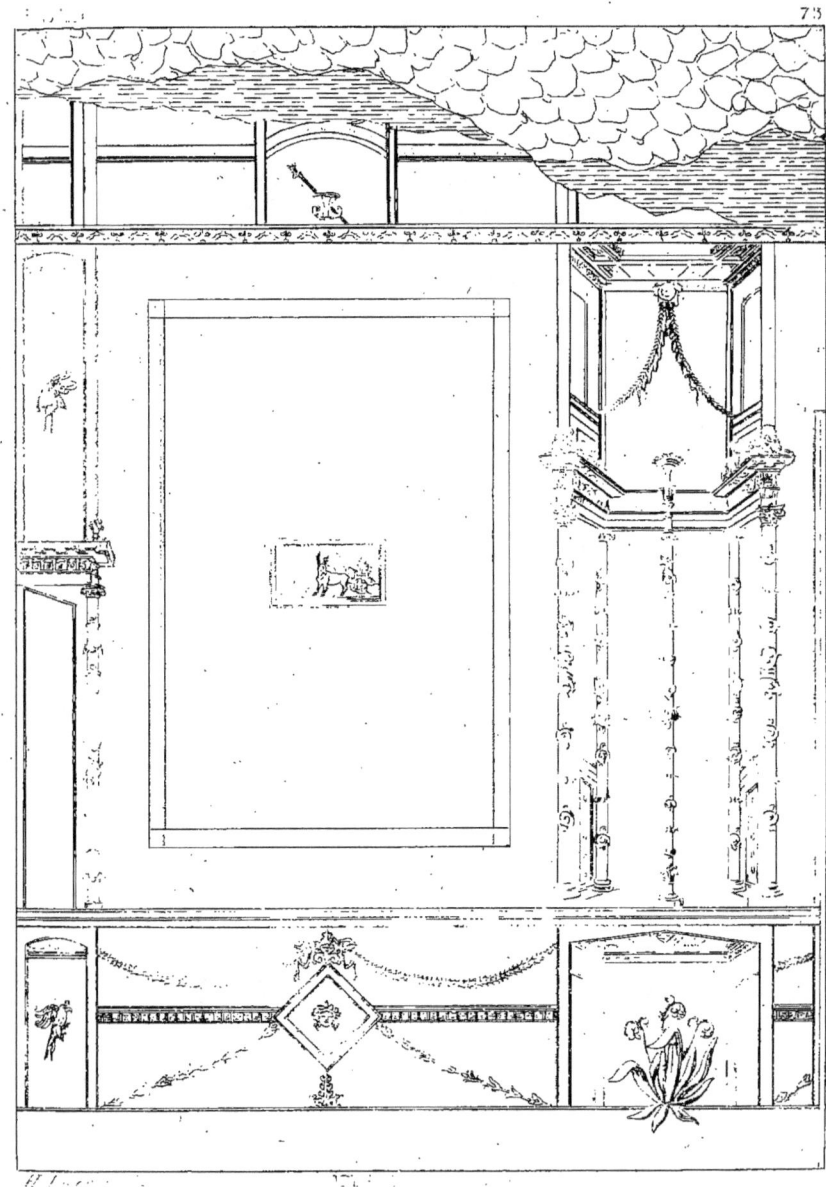

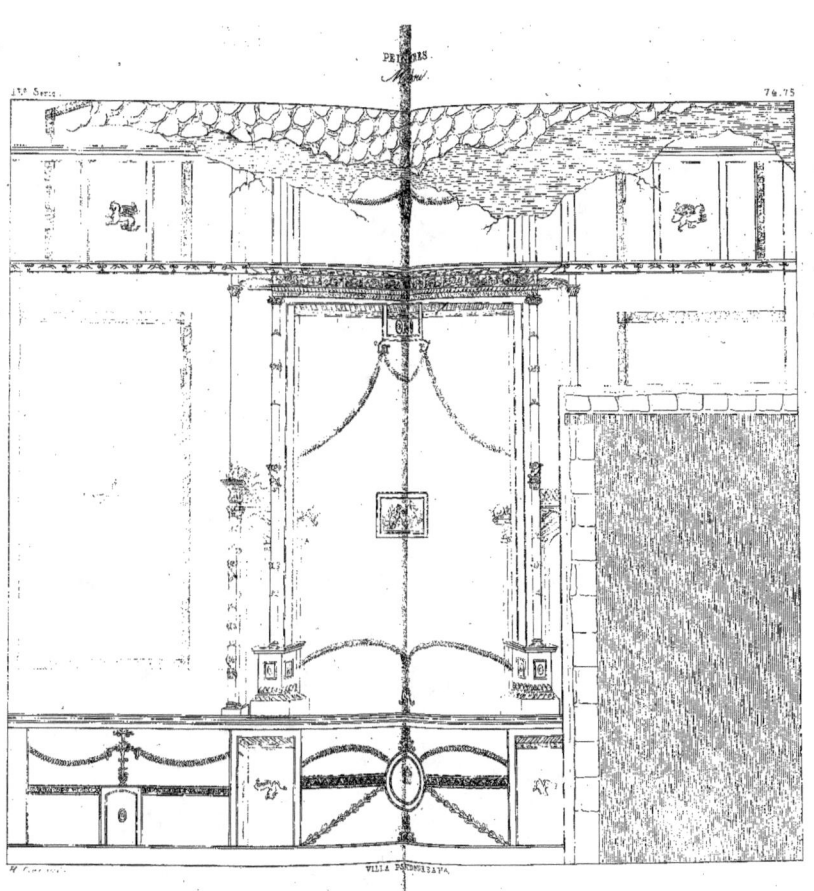

PEINTURES
Malerei

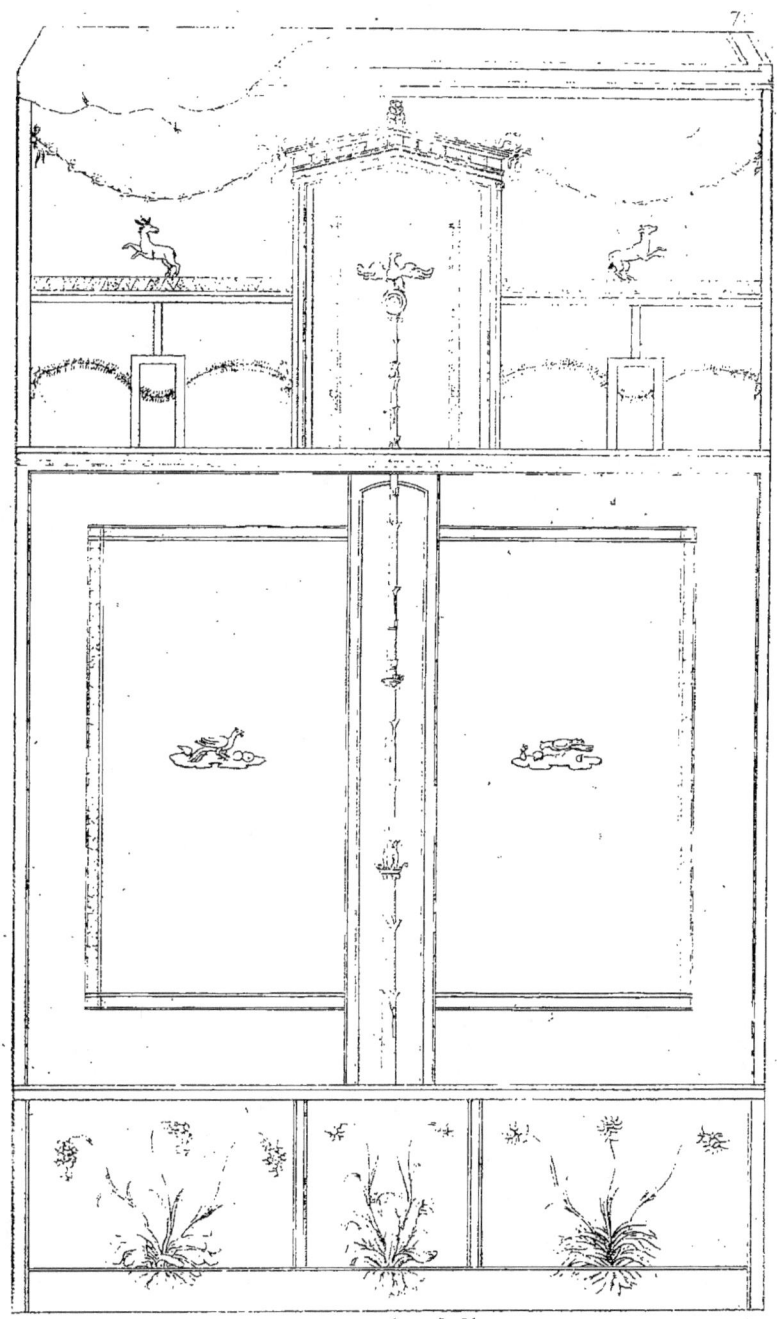

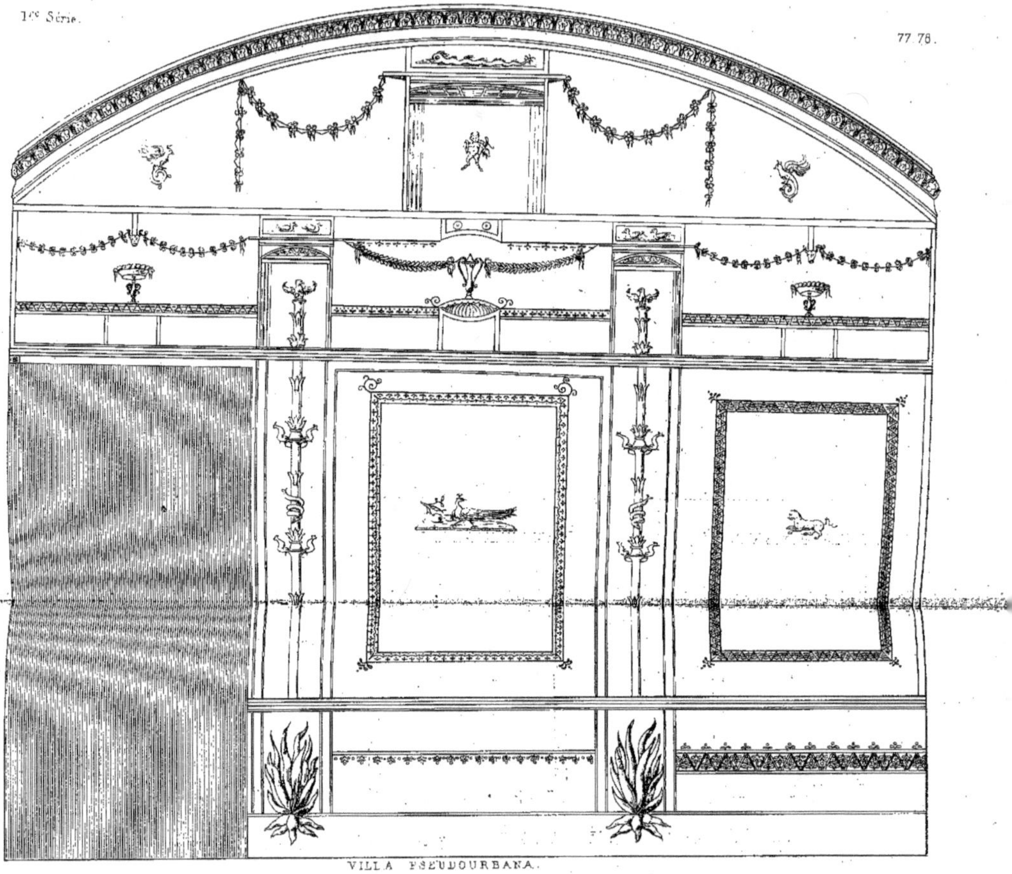

PEINTURES.
Malerei

VILLA PSEUDOURBANA.

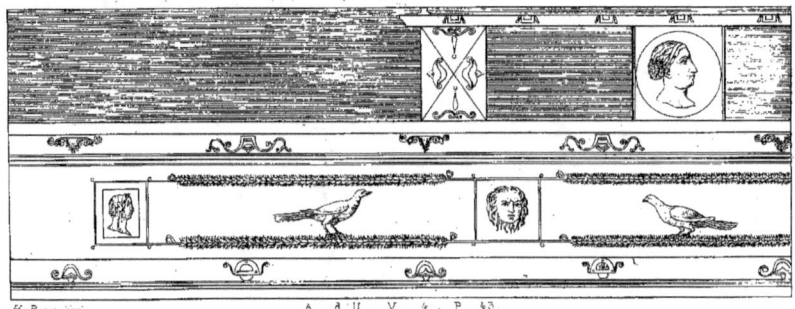

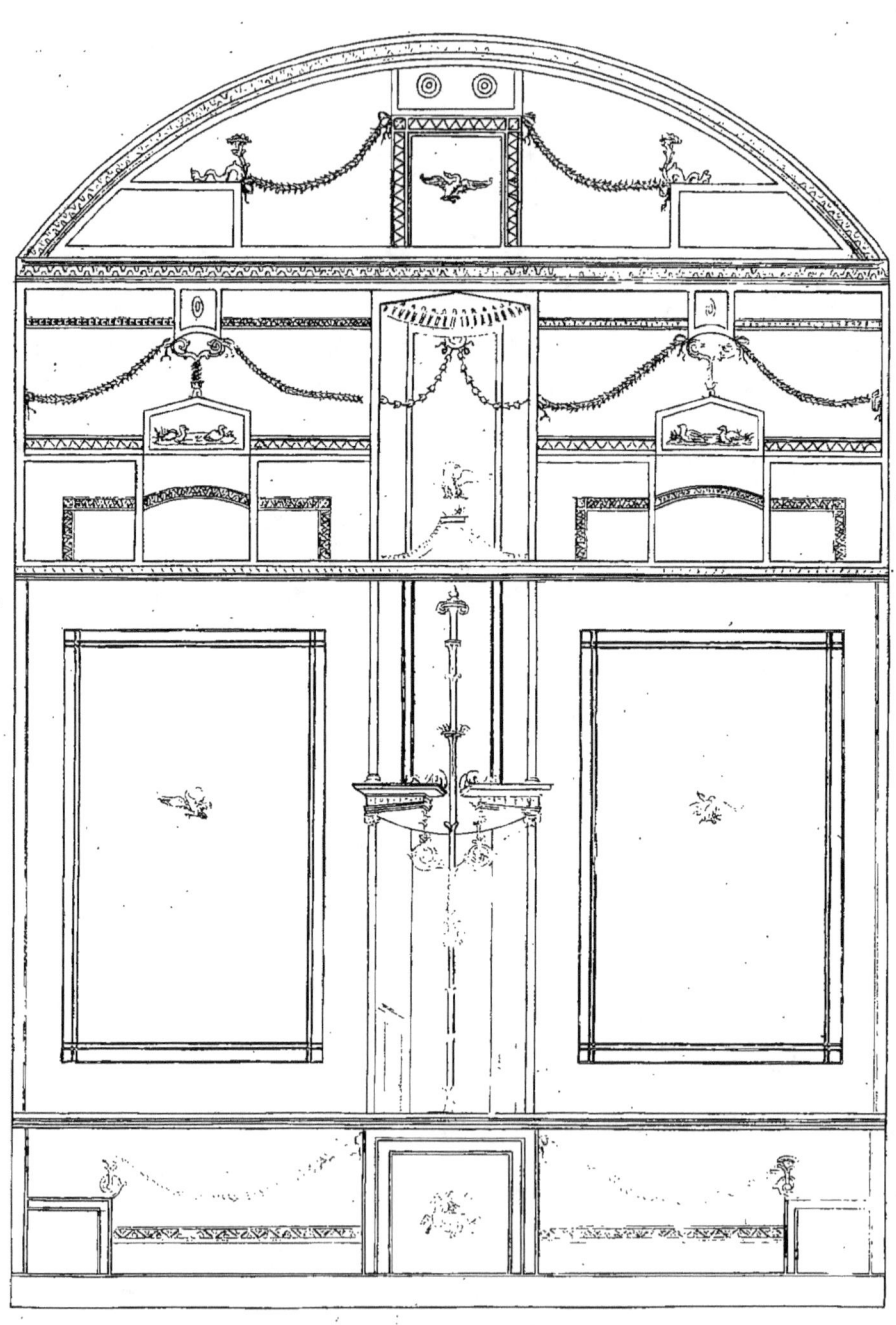

MAISON DE CAMPAGNE
Landhaus

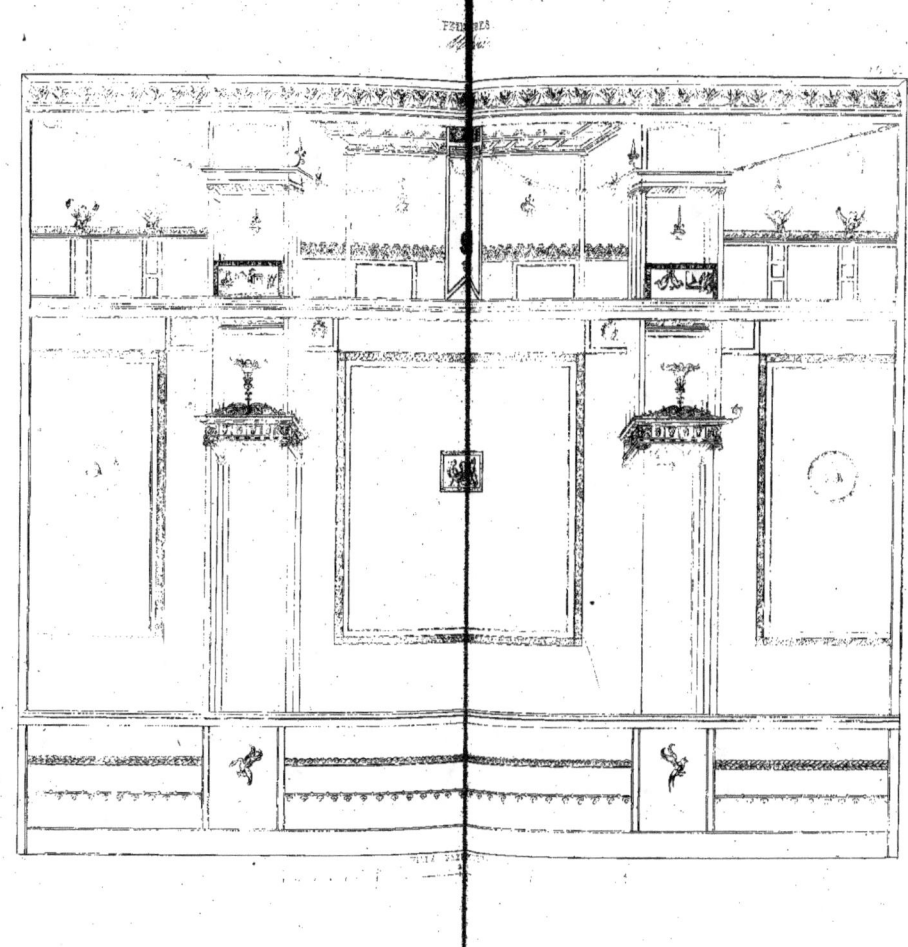

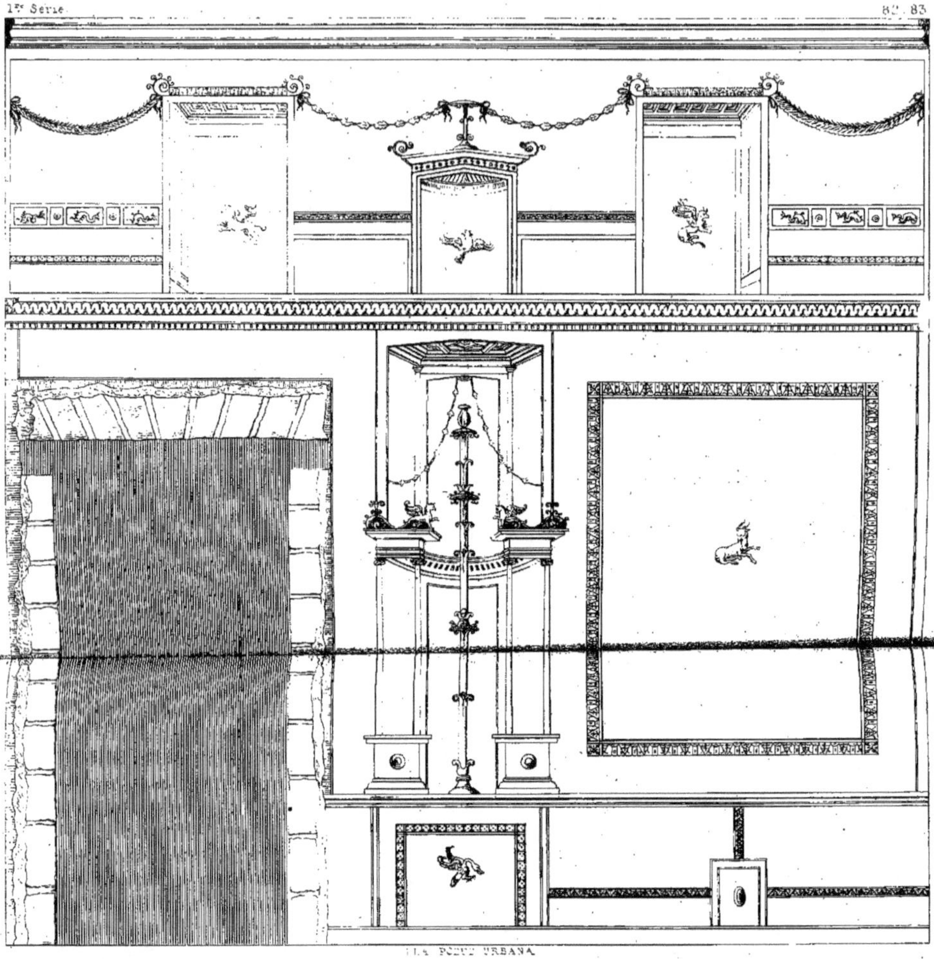

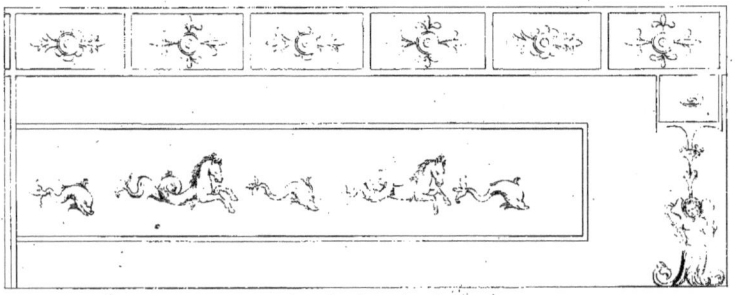

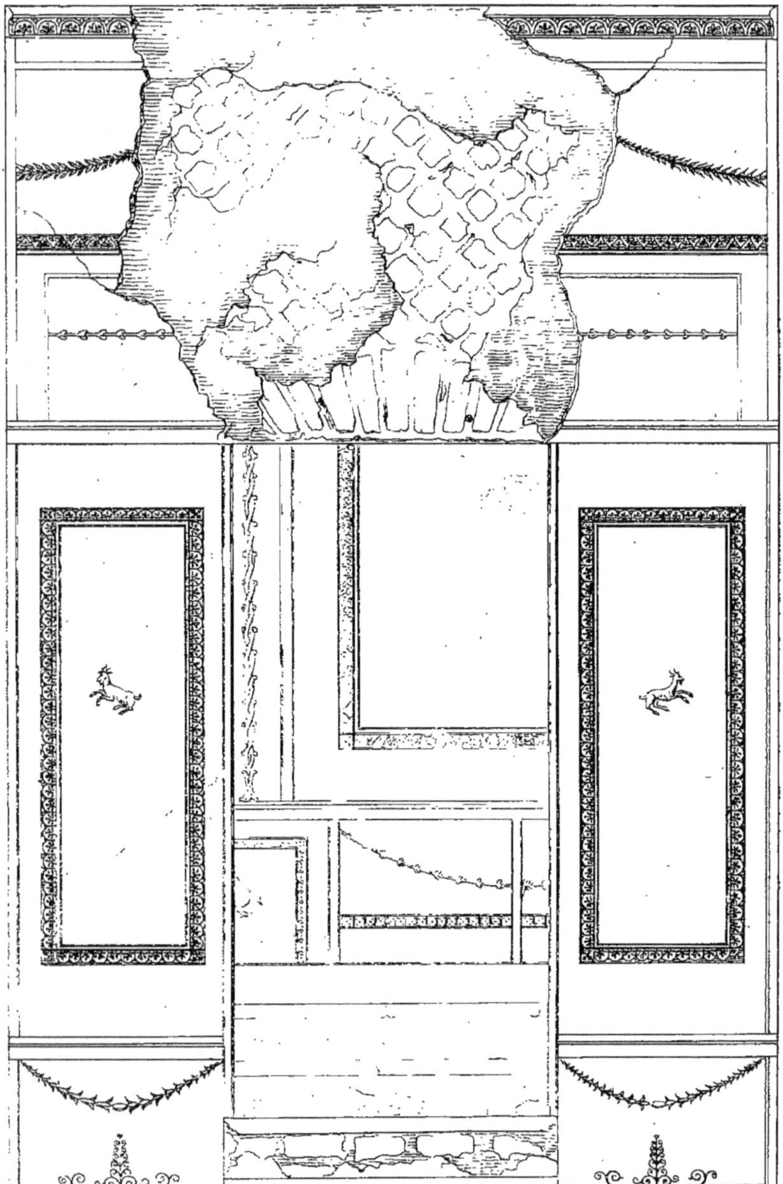

PEINTURES.
Malerei

1ʳᵉ Série. 84.

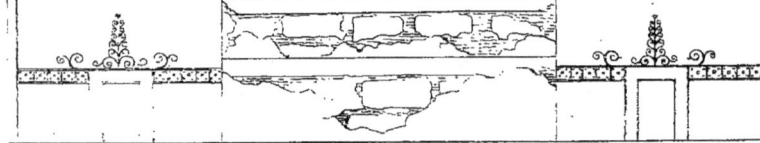

VILLA PSEUDOURBANA

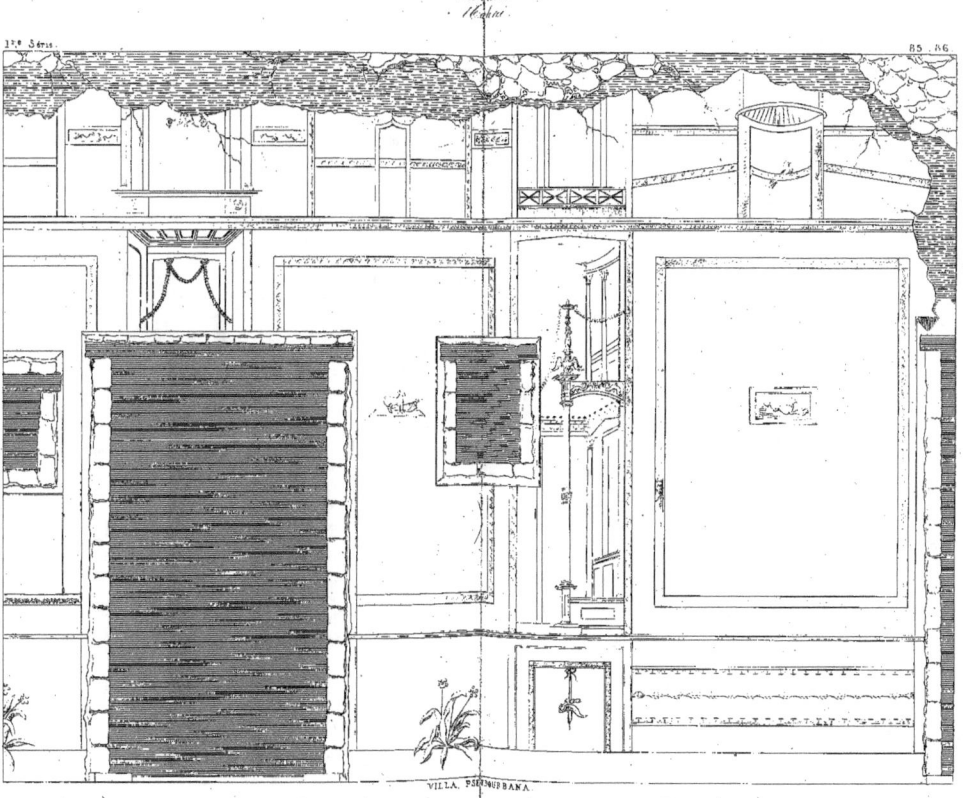

PEINTURES.
Malerei.

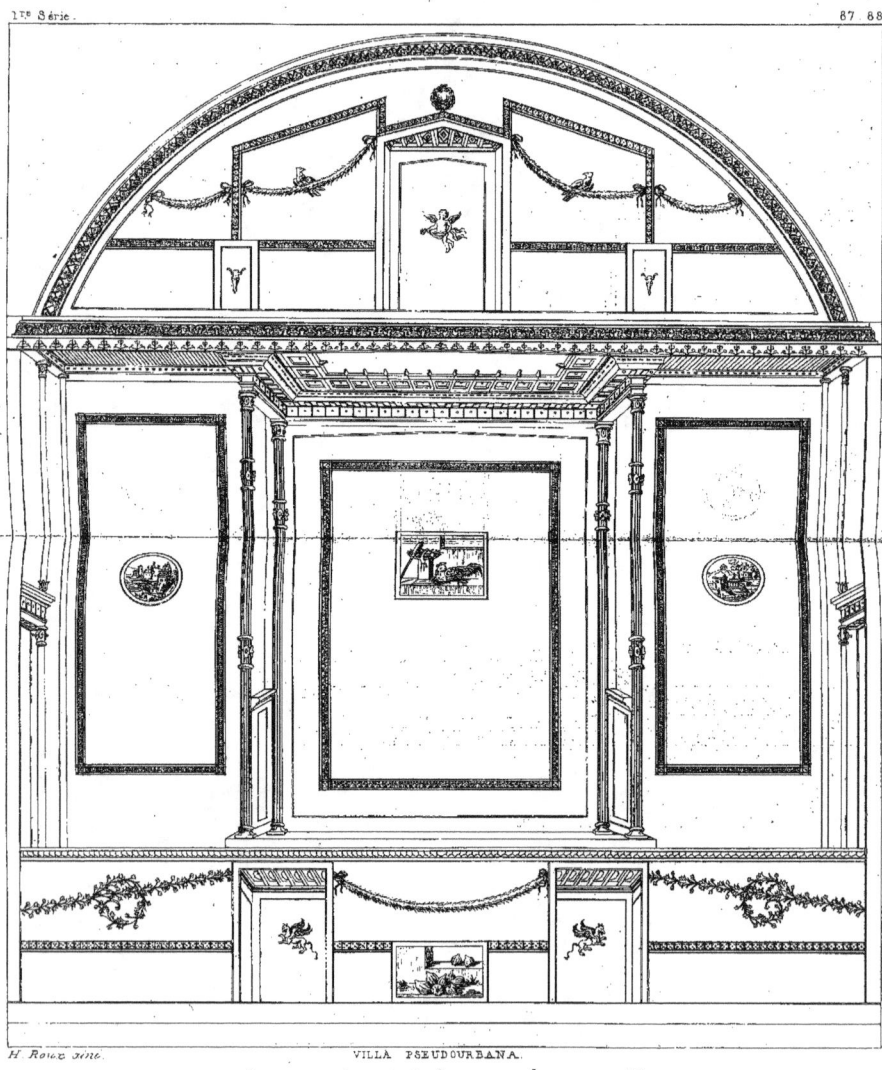

VILLA PSEUDOURBANA.

DÉCORATION ARCHITECTURALE.
Architectonische Verzierung.

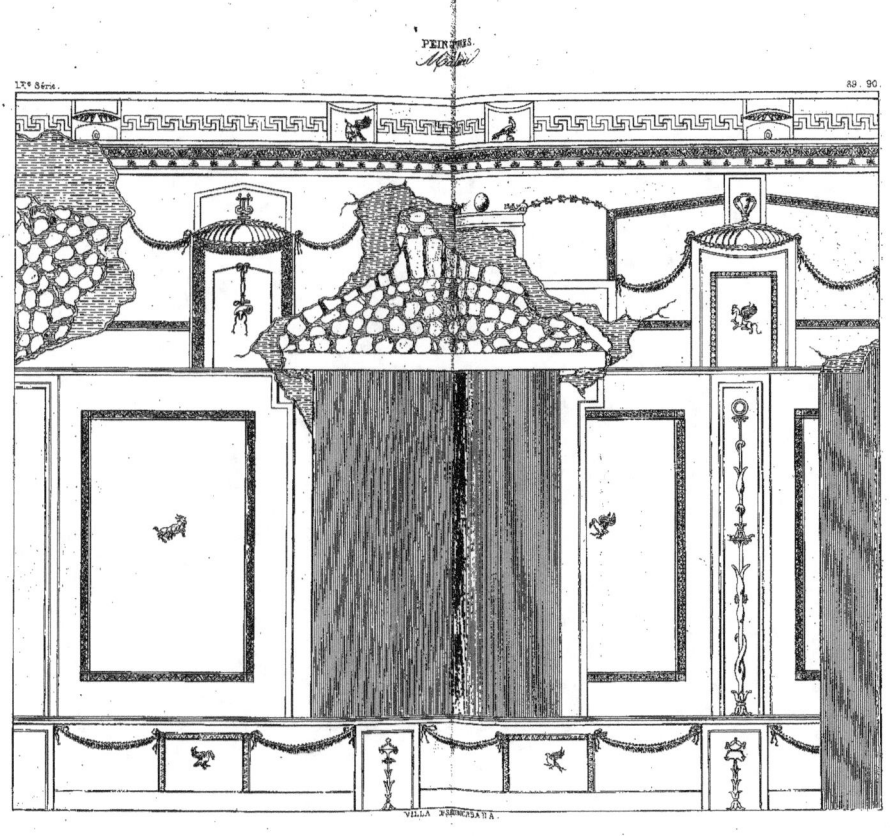

murales le luxe de recherches érudites et de profondes dissertations, dont elle avait si heureusement enrichi les autres monuments des villes ensevelies.

Cette décision, nous osons le dire, a été également fatale aux progrès de l'archéologie et à ceux de l'esthétique : de l'archéologie, car, outre les tableaux du centre de ces fresques qui sont publiés et expliqués séparément, quelques-uns de leurs détails auraient pu suggérer des observations que personne ne fera comme ces savants les auraient faites, c'est-à-dire avec la même conscience et les mêmes lumières; de l'esthétique, car un des premiers mérites de ces peintures réside dans le choix des couleurs, dans l'harmonie et quelquefois dans le contraste des teintes, et il aurait fallu que la gravure, inhabile à rendre ces effets, même par le clair-obscur, fût accompagnée au moins d'une notice qui les indiquât à l'artiste : en outre, beaucoup d'objets, dessinés en petit, gagnent infiniment en clarté, s'ils sont décrits, expliqués ou seulement nommés avec précision par un écrivain qui ait eu occasion de les voir dans toute leur grandeur sur la peinture originale. C'est même cette dernière considération qui a souvent rendu nos explications plus longues et plus minutieuses que ne l'auraient désiré peut-être des lecteurs habitués à des jouissances exclusivement littéraires : nous n'avons jamais perdu de vue que nous nous devons plus encore à l'artiste qu'à l'homme du monde, et que, s'il est bon de nous rendre agréables à celui-ci, il importe avant tout d'être utiles au premier.

Or cette double série de travaux également intéressants que nous venons d'indiquer, cette double tâche qu'ont repoussée les archéologues, les écrivains de l'Académie de Naples, nul aujourd'hui ne peut seulement l'essayer en leur place : l'heure de la description a passé quand le sujet a péri. Que de fois ainsi des parents, des amis ont regretté de ne point avoir profité des instants d'une vie éphémère pour immortaliser les traits chéris de l'être qu'ils regrettent! A peine ces fresques magnifiques étaient-elles exposées au contact de l'air, qu'aussitôt a commencé le lent et incessant travail de décomposition qui devait les anéantir. Bien plus, l'incurie de l'homme s'est jointe aux efforts de la nature, et des parties excavées ont été comblées à mesure qu'on en déblayait de nouvelles, et parce qu'on ne savait où porter ces amas de cendres : on a répété à Pompéi ce qui s'était passé au palais de Titus (1).

Ainsi, de la plupart de ces chefs-d'œuvre de goût, d'esprit et de fantaisie, de ces grandes pages d'architecture et de dessin, il n'existe plus en réalité que les fragments qui ont été détachés, sciés et transportés au musée, c'est-à-dire, les petits cadres faisant tableau que nous avons décrits dans les autres séries de cet ouvrage. Nul ne nous dira plus maintenant si cette tenture était de pourpre, si cette frise était peinte avec l'azur vestorien; si ces ornements et ces vases étaient d'or,

(1) Voy. *Peintures*, 4e série, pl. 31.

d'argent ou de marbre; si cet animal fantastique était peint en camaïeu ou des couleurs naturelles; si enfin, dans l'original, un œil exercé ne distinguait pas mieux la forme de ce contour indécis, l'espèce de cette fleur, ou cet oiseau mal indiqué. Les décorations des appartements de Pompéi pourraient à peine, et seulement en partie, être exhumées de nouveau, à grands frais et pour quelques jours, après quoi elles périraient pour jamais. Jusque-là, elles n'existent plus que dans les recueils que nous avons désignés, et enfin dans le nôtre, où nous les reproduisons non pas peut-être telles qu'elles étaient absolument, mais telles qu'on les a vues et comprises dans les dernières années du siècle précédent et les premières de celui-ci.

Les peintres qui voudront restituer ces fresques avec leurs couleurs, pourront néanmoins obtenir quelque succès, en suivant les indications que nous donnerons plus loin sur les panneaux les plus sombres et sur ceux qui n'ont qu'une teinte claire : ils mettront surtout dans le bas des lambris, et dans quelques cadres, ces grandes masses noires, qui devaient empêcher le papillotage des endroits brillants, et donner aux appartements de l'ombre et de la fraîcheur. Quant aux couleurs elles-mêmes, ils pourront se guider sur des probabilités et des analogies, en consultant ce que nous avons dit des fresques qui existent encore et qui ont été récemment découvertes : nous leur recommandons surtout les peintures entièrement inédites, gravées pour la première fois dans notre ouvrage d'après des dessins enluminés en présence des modèles (1). Il faudra que le coloriste imite la distribution des teintes diverses, non-seulement dans les différents cadres et panneaux, mais quelquefois même dans les petits compartiments irréguliers formés par les rinceaux et les baguettes qui s'entre-croisent; il évitera les nuances louches et ambiguës, proscrites dans un pays aimé du soleil; il n'oubliera pas, enfin, la dégradation des teintes suivant les lois de la perspective aérienne, dégradation que les anciens respectaient plus soigneusement peut-être que les règles de la perspective linéaire : cette dernière observation devient de la plus haute importance, dans ces compositions architectoniques, disposées sur plusieurs plans, avec des échappées de vue irrégulières, destinées à donner plus d'espace et plus d'air à l'appartement.

Quant aux accessoires, aux attributs qui réclameraient quelque indication fondée sur l'archéologie, la mythologie ou l'histoire, nous allons tenter de suppléer au silence des doctes académiciens, en parcourant toute cette suite de peintures et en nous arrêtant sur les points qui offrent quelque intérêt.

Nous devons préciser d'abord le sens de cette dénomination, *maison de campagne* ou *pseudo-urbana*, qui a été appliquée à toutes les planches de cette catégorie. Ce nom indique une maison située sur la voie des Tombeaux, maison dont nous avons parlé fort au long dans

---

(1) Voy. *Peintures*, 4ᵉ série, pl. 36, 52, 54 et 55; et 1ʳᵉ série, les dernières.

un autre endroit (1). Cet édifice, que Millin a cru être la villa d'Arius Diomèdes, parce que le tombeau de ce Pompéien était bâti tout en face, est appelé par Mazois (2) *pseudo-urbana,* c'est-à-dire maison de campagne, ou partie d'une maison de campagne, qui imite l'élégance d'une maison de ville (3); et ce savant architecte pense qu'elle a été trouvée en 1763. Un autre historien de Pompéi (4) l'appelle *suburbana,* ce qui veut dire simplement maison du faubourg (5), et ne fait pas remonter cette découverte au-delà de 1775 : il est vrai que ce dernier auteur semble confondre quelquefois cette première maison avec une autre habitation située sur le même côté de la voie des Tombeaux, que dans son plan il appelle également *suburbana* (6), et qui est connue sous le nom de villa de Cicéron. Les recherches, l'exactitude habituelle et le talent consciencieux de Mazois nous feraient pencher vers son opinion, quand même elle ne serait point confirmée par l'Académie d'Herculanum. Quoi qu'il en soit, la plupart des planches que nous donnons ici paraissent avoir été trouvées dans cet édifice, construit avec goût, brillamment orné, et dans lequel on a rencontré une foule d'objets d'art très-précieux. Il possédait un grand nombre de salles et de galeries, comme on peut le

(1) Voy. *Mosaïques,* pl. 1 à 12.
(2) *Ruines de Pompéi,* II° part., pl. 47.
(3) Vitruv., VI, 8.
(4) W. Gell, *Pompeiana,* Ire partie, p. 95.
(5) Ulpian., *Dig.,* XLIX, 4, 1.
(6) W. Gell, *Pompeiana,* Ire partie, pl. 2.

voir par le plan et les coupes de Mazois : en outre, comme il occupait un terrain inégal, sous l'étage élevé au niveau de la voie des Tombes, on en avait pratiqué un autre qui formait d'abord comme les souterrains de celui-ci, mais qui ensuite s'ouvrait par derrière, sur la terrasse du jardin, comme un rez-de-chaussée, tandis que la suite des appartements du devant formait de ce côté un premier étage. Le jardin lui-même, dans lequel on voyait un bassin et un petit temple, et qui était entouré d'un portique, se trouvait encore plus bas. D'après ces indications, on ne s'étonnera plus que toutes les fresques rassemblées ici aient décoré les vastes et nombreux appartements de cette villa pseudo-urbana : si quelques-unes n'appartiennent point à cet édifice, elles ont dû être trouvées en différents endroits de la ville qu'il serait impossible de désigner aujourd'hui.

Dans la planche 64-65, on remarque la bizarrerie de la corniche, dont le fond est sombre avec quelques ornements plus clairs; on admire la multiplicité des sujets que renferme cet entablement, marqué d'avance au coin de l'époque moderne qu'on appelle renaissance; on est charmé de la grâce des petites bacchantes qui font l'office de cariatides. Le soubassement est très-obscur; mais la tenture du milieu est blanche comme tous les dessus : le centre présente un poëte ou un pédagogue avec son auditoire et sa boîte de manuscrits, sujet qui a déjà été donné dans les tableaux. Une forêt de petites colonnes forme un demi-cercle derrière la tenture, et des animaux pygmées, chèvre, mulet, lézard et tortue, que le caprice du peintre a placés sur le premier plan, font encore mieux ressortir la gracilité et l'élévation des colonnettes. Et remarquez bien que si la hauteur excessive des colonnes est un défaut choquant pour nos yeux, cela tient uniquement aux habitudes en vertu desquelles nous apprécions le poids des voûtes et des plafonds, et la résistance des matériaux qui forment les supports. Rendez les plafonds très-légers, comme les supposent les décorateurs pompéiens, et l'on s'habituera aux colonnes grêles; employez des matériaux plus résistants pour celles-ci, et l'on ne s'étonnera plus de leur peu d'épaisseur. Sous ce rapport, les peintures murales offriront d'excellents modèles pour les constructions de fer, qui tôt ou tard feront une révolution dans l'architecture. Un philosophe moderne, dont le système hardi tend à renouveler tous les arts aussi bien que toutes les sciences humaines, l'illustre Fourier, conjecture qu'on ne tardera guère à employer ce qu'il appelle l'ordre duodénal et même des ordres supérieurs, c'est-à-dire des colonnes qui auront douze diamètres et plus encore de hauteur (1).

Dans la soixante-dixième, on observe pour la première fois l'emploi de bouquets de plumes ou de palmes au sommet d'une colonnette de feuillages. Dans un montant noir, et sur un fond très-pâle, le fragment inférieur offre des palmettes d'un effet assez neuf.

(1) *Traité d'association domestique agricole*, sommaire, I, 8.

Quelques planches, comme les numéros 63, 71, 80-81, 82-83 et 87-88, offrent un tracé du profil de la corniche, qui était en stuc et portait un léger relief.

Les portes que l'on voit, percées dans le mur et indiquées aux planches 71, 74-75 et 89-90, ainsi que les petites fenêtres de la planche 85-86, indiquent, selon quelques critiques, un changement de distribution fait dans la maison, postérieurement à la peinture murale, et peut-être après le premier tremblement de terre qui ébranla les édifices de Pompéi; d'autres, considérant la régularité de l'encadrement de ces ouvertures, pensent qu'elles ont été laissées dans l'œuvre lors de la construction de l'édifice. Les anciens étaient, en effet, assez ennemis de tout soin minutieux pour que le décorateur ne songeât pas toujours à mettre son dessin d'accord avec la disposition des jours et des entrées de l'appartement. Les deux opinions peuvent se concilier : peut-être dans certains édifices y a-t-il eu changement; dans d'autres, peut-être voit-on seulement absence de précautions, comme on le remarque aux pl. 77-78 et 82-83, où rien n'empêche de croire que la porte a été percée ainsi de première intention. Mais, à coup sûr, il ne faut pas accuser les directeurs des fouilles d'avoir commis ces mutilations : il est bien évident que la pièce de bois, qui avait été placée en guise d'architrave pour soutenir les voussoirs, a été carbonisée par la chaleur de l'éruption, et détruite par le temps; et si, dans les parties voisines du chambranle, le stuc a été détruit, il faut l'attribuer à la même cause, c'est-à-dire à la combustion de la porte, et quelquefois à ce qu'il était d'une application plus récente que l'enduit du reste du mur.

Les colonnettes ioniques et composites de la planche 73 méritent une attention particulière, à cause de leurs heureuses proportions. Cette fresque et la suivante, dont le fond est d'une couleur très-obscure, proviennent sans doute du même appartement : il y a beaucoup d'analogie dans les ornements; et l'on reconnaît, dans les cartouches du milieu des panneaux, deux chars de Diane et d'Apollon qui font pendant, et dont nous donnons ailleurs la gravure (1).

Les plantes qui sont peintes de leurs couleurs naturelles, à la partie inférieure du lambris (pl. 76), sont toujours sur fond noir, bien que tout le reste soit très-clair; et il faut remarquer que, dans le cavædium des maisons pompéiennes, on plaçait ordinairement devant ce lambris des caisses de fleurs et d'arbustes véritables, qui s'accordaient très-bien avec cette peinture.

Les deux tiges supportant des aigles et ornées de dauphins et de murènes donnent un cachet particulier à la décoration suivante, qui est presque semblable, sauf la voûte, à la soixante-troisième, et qui sans doute vient du même appartement de l'étage inférieur : à quelques attributs bachiques se mêle une intention plus noble, qui se montre encore dans les bucranes et les diadèmes de perles

(1) Voyez la deuxième série des Peintures, pl. 99.

de la corniche. Le trèfle de la moulure de la voûte est une feuille aussi rare dans l'ornementation antique qu'elle est commune dans celle du moyen âge. Ces deux fresques n'ont aucune teinte foncée, sauf la corniche : le lambris est noir.

Le fragment du bas de cette même planche a été trouvé à Civita, en 1764 : la partie supérieure est un fond jaune. La bande du dessus est blanche; le carré est partagé par deux diagonales en quatre compartiments, dont deux blancs et deux noirs : vient ensuite une bande noire, puis une blanche; les deux oiseaux sont peints au naturel sur un fond noir; puis il y a encore une bande blanche et une noire. La tête de femme, placée sur un rond à fond blanc au milieu d'un carré grisâtre, est peinte de manière à imiter un camée du genre appelé *corneola* (1). Les guirlandes sont vertes. A l'extrémité de gauche, on voit encore une tête de profil, peinte d'une teinte obscure sur un fond jaune clair, peut-être à l'imitation d'une tapisserie au métier, comme on l'a déjà vu ailleurs. La tête du milieu, d'un coloris très-vif, est peinte sur un fond d'un jaune plus sombre.

La décoration 80-81, qui est d'une grande élégance, réunit les attributs de plusieurs divinités et une foule d'accessoires gracieux : ce sont des aigles sur des globes, emblèmes de Jupiter, le paon junonien, les *oscilla* (2) ou

---

(1) *Mus. Odescalch.*, Præf., § 8 et 23; Rodig., XVII, 10.

(2) Virg., *Æn.*, XII, 603.

emblèmes de Bacchus suspendus aux plafonds; trois petits cadres représentant un coq avec des vases, prix d'un combat; un paysage et une sitographie; enfin, deux jolies petites constructions à trois étages et à deux rangs superposés de colonnes ioniques de teinte moyenne sur un fond clair. Le zoophore du premier étage est orné de bucranes qui indiquent un temple.

La planche suivante est remarquable par une guirlande composée de feuilles de chêne mises bout à bout, attribut de Jupiter, comme l'aigle qui plane au milieu du petit cadre d'en haut et le cygne du lambris inférieur.

La vignette de cette même planche est une fresque trouvée à Civita : le petit génie muni d'un pédum, d'un stylet et de deux ailes de papillon, rappelle la fable de Psyché (1); ce sont de pareilles ailes que Platon donne aux âmes (2).

La décoration, de couleurs assez foncées, du numéro 84, appartient au portique du jardin : elle est percée d'un dégagement donnant dans une chambre voisine, à laquelle on monte par quatre marches, et qui est peinte également à fresque. Les dégradations de l'enduit laissent apercevoir l'*opus reticulatum* du mur et les voussoirs du dessus de la porte.

Dans la planche suivante, il n'y a de noir que les trois cadres, et seulement la bande inférieure du lambris.

Le numéro 87-88 offre une vue du côté le plus étroit

---

(1) Spon., *Miscell. erud. Ant.*, 7.   (2) Spanh., ad *Cæs.*, p. 14 et 81.

d'une salle : toutes les couleurs en sont foncées, mais le lambris n'est pas noir.

Enfin, dans la planche 89-90, qui provient du portique environnant le jardin, on observe un désordre complet, une absence de symétrie choquante entre la frise et l'étage supérieur, entre celui-ci et le dessous, entre ce dernier et le lambris inférieur : une grande ouverture pratiquée au milieu est sans rapport aucun avec la peinture, et pourtant l'artiste primitif semble en avoir ménagé le cadre, ou bien un second artiste l'a raccordé. Ce désordre a pu passer autrefois pour de la variété; mais, à coup sûr, ce n'est point la variété dans l'unité, et par conséquent ce n'est point le beau. Nous ne recommanderions pas aux modernes l'imitation de ce morceau; car les anciens se sont trompés aussi quelquefois :

> Lorsque sur un modèle on prétend se régler,
> C'est par les beaux côtés qu'il lui faut ressembler.

PLANCHE 91.

La peinture murale qui fait l'objet de cette planche provient de fouilles beaucoup plus nouvelles que les précédentes; la disposition en est fort bien entendue. Elle se distingue par l'abondance et la variété des feuillages, tous peints au naturel, qui suivent les lignes de la décoration ou qui ornent les encadrements : ce sont d'é-

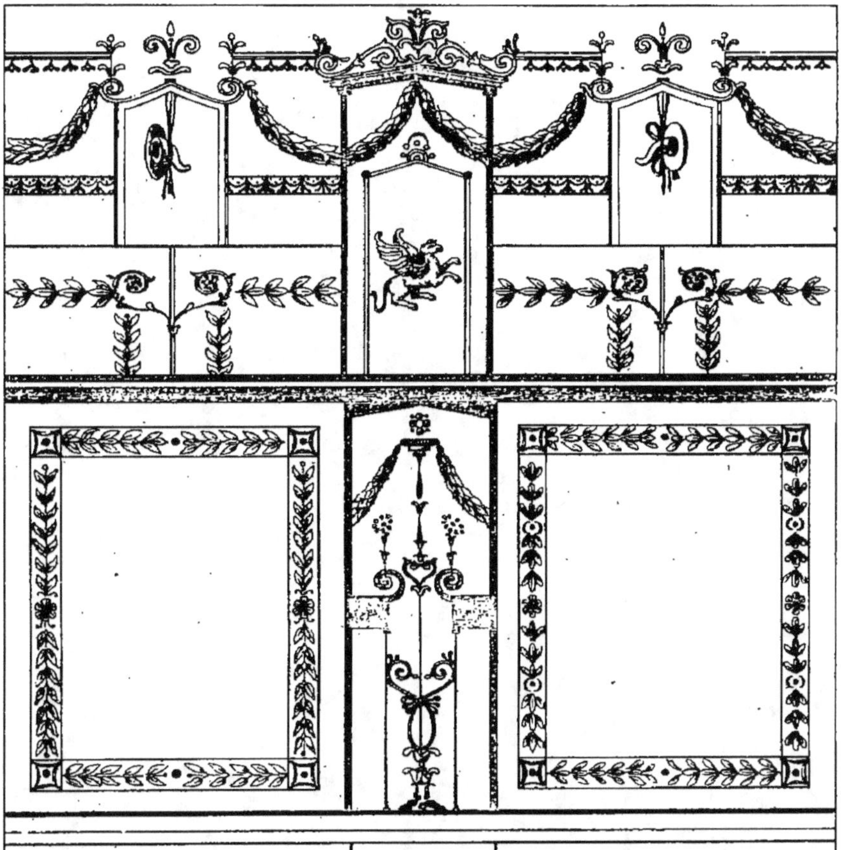

PEINTURES.
Malerei.

1.re Série.   91.

POMPEIANA. 1.re P.ie 40.

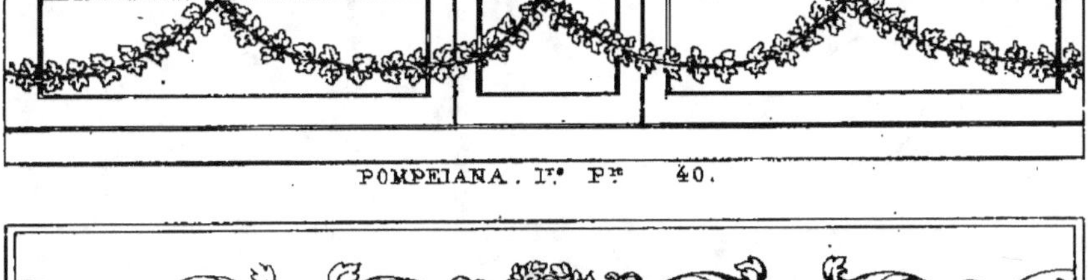

M.o B.o V. 7. P. 57.

H. Roux ainé.

paisses guirlandes de laurier dans le haut, puis des feuilles du même arbre assemblées trois à trois et ensuite deux à deux, et enfin des festons de pampre : ces feuillages divers, le rhyton et le cymbalum suspendu, ainsi que la figure de griffon, semblent indiquer que la salle était placée sous les auspices de Bacchus et d'Apollon. Il faut observer que, dans un grand nombre de ces décorations, l'étage inférieur est présenté par la perspective aérienne comme plus rapproché du spectateur que les étages ou l'étage de dessus : ainsi, l'appartement semble entouré d'une espèce de paravent qui s'élève à peu près à hauteur d'homme, tandis que l'air d'un appartement plus vaste ou même l'air extérieur paraît circuler librement dans le haut : tel est le pouvoir de l'imagination sur les sens, que cet artifice du décorateur pouvait tromper les convives et leur procurer une fraîcheur illusoire. Un effet analogue s'observe dans nos salles à manger, que l'on peint en marbre ou que l'on revêt d'un papier marbré; ainsi encore la vue d'un costume léger en apparence cause un sentiment de froid pénible en hiver, de douce fraîcheur en été.

La vignette représente un fragment de grotesques tel qu'on en a trouvé aux thermes de Titus, grotesques dont nous parlerons plus loin avec quelque détail (1). Nous devons rappeler dès à présent que Morto de Feltri, le premier, sut reproduire exactement les rinceaux antiques

---

(1) *Peintures*, 4ᵉ série, pl. 31.

du genre de ceux-ci (1). Ce fut après lui seulement que Raphaël put confier à Giovanni d'Udine la direction de ces ornements pour les loges du Vatican, d'où la mode s'en est répandue dans tout le monde civilisé (2). Nous rappelons encore que c'est aux grottes que formait le palais de Titus qu'est due l'origine du mot grotesque, *grottesche*, et nullement, comme l'a prétendu un auteur italien (3), à ce que ces décorations représentaient souvent des espèces d'hiéroglyphes ou d'énigmes (κρυπτικόν, κρόφος).

Une belle figure de Pan occupe le milieu de cette frise.

PLANCHE 92.

Cette fresque a été trouvée dans un édifice appelé, on ne sait trop pourquoi, la Maison des Vestales. C'est un monochrome d'un dessin correct, quoique beaucoup plus vague que la gravure au trait ne l'a pu représenter. Quelques critiques ont pensé (4) que les personnages qu'on y voit sont des acteurs tragiques, et que cette vaste fabrique est une scène théâtrale : un seul coup

---

(1) Vasari, tom. II, p. 320.
(2) Vasari, t. III, 45, 46 et 179; Borghini, *Riposo*, p. 594; Milizia, *Memorie degli architetti*, p. 82; Ortig., *Vitruv.*, p. 96.

(3) Lomazzo, *Tratt. dell' arte della pitt.*, 40.
(4) W. Gell, *Pompeiana*, 1817-1819, p. 169.

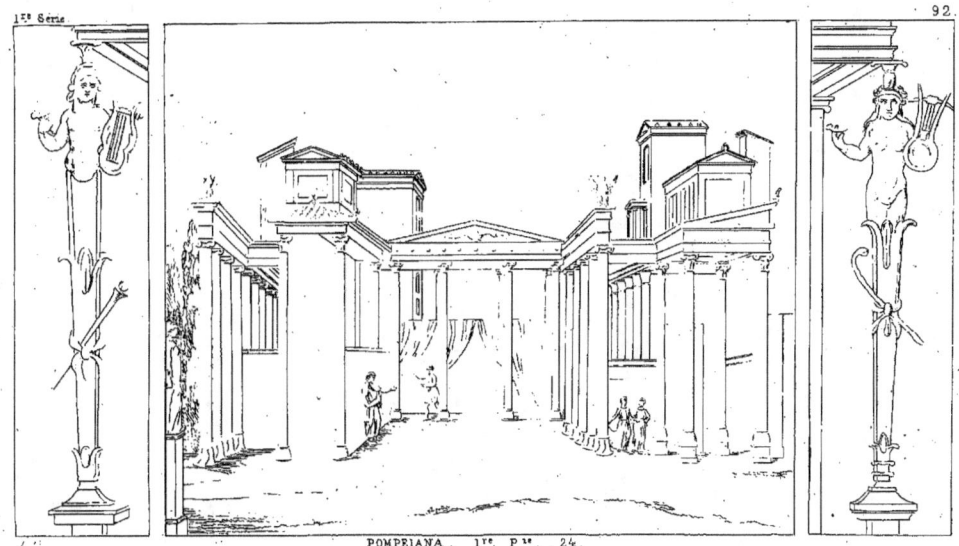

d'œil jeté sur la décoration scénique des théâtres d'Herculanum et de Pompéi (1) suffit pour voir que cette décoration consiste dans une façade plate qui n'a rien de commun avec les ailes et les galeries avancées que l'on remarque ici : le manque de profondeur du proscénium antique, c'est-à-dire, de ce que nous appelons aujourd'hui proprement le théâtre ou la scène, n'aurait jamais permis de pareils développements architectoniques. Notre composition est formée d'un fronton et de deux portiques, supportés par des colonnes à chapiteau composite et à petite base ronde; plus, deux rangs isolés de colonnes minces à chapiteau ionique, et à base feuillée, qui supportent deux aigles, indiquant peut-être un temple de Jupiter. La disposition inversement symétrique de toutes ces parties de l'édifice était-elle quelquefois adoptée dans la réalité? Nous n'oserions l'affirmer; et aucun exemple d'édifice antique n'a montré jusqu'ici un arrangement pareil. Quant à ces rangées de colonnes sans utilité apparente, il est plus probable qu'elles n'étaient point proscrites des édifices somptueux du temps de l'empire; les théories sacrées avaient besoin de ces espèces de jalons pour enrouler et dérouler leur marche sinueuse. On peut donc considérer cette peinture comme offrant quelques indications précieuses pour la restauration des édifices antiques. Le lointain montre aussi quel pouvait être l'aspect de certaines villes de l'Italie.

(1) *Ruines de Pompéi*, tom. IV, par L. Barré.

Les deux cariatides-hermès placées sur les côtés représentent sans doute deux poëtes célèbres, avec la lyre et le plectrum. L'un tient une cithare à trois cordes seulement et un bâton pastoral est attaché à la gaîne de l'hermès ; la figure et la coiffure ont quelque chose d'égyptien : c'est sans doute un poëte pastoral des temps primitifs, peut-être le Thrace Orphée, qui visita les bords du Nil. L'instrument du second a un plus grand nombre de cordes ; son attribut est un flambeau ; il est coiffé à la phrygienne ; c'est un poëte plus moderne, et d'un genre plus élevé ; le flambeau indique le feu de l'ode ou de la poésie épique. Nous n'osons cependant point songer sérieusement à Homère le Méonide, ni au dieu des vers et du jour : c'eût été un égal sacrilége de placer l'un ou l'autre dans cette position, qui était une flétrissure (1). Peut-être faut-il voir dans l'un Théocrite, qui vécut à la cour des Ptolémées ; dans l'autre, le chantre d'Énée : l'irrévérence serait moins grave ; mais ce ne sont encore que des conjectures.

PLANCHES 93 à 98.

Cette peinture murale et ces trois plafonds sont encore tirés de la collection que nous avons mentionnée tout à l'heure (2), et proviennent de la villa pseudo-

(1) Vitruv., I, I.   (2) Voy. ci-dessus, p. 108.

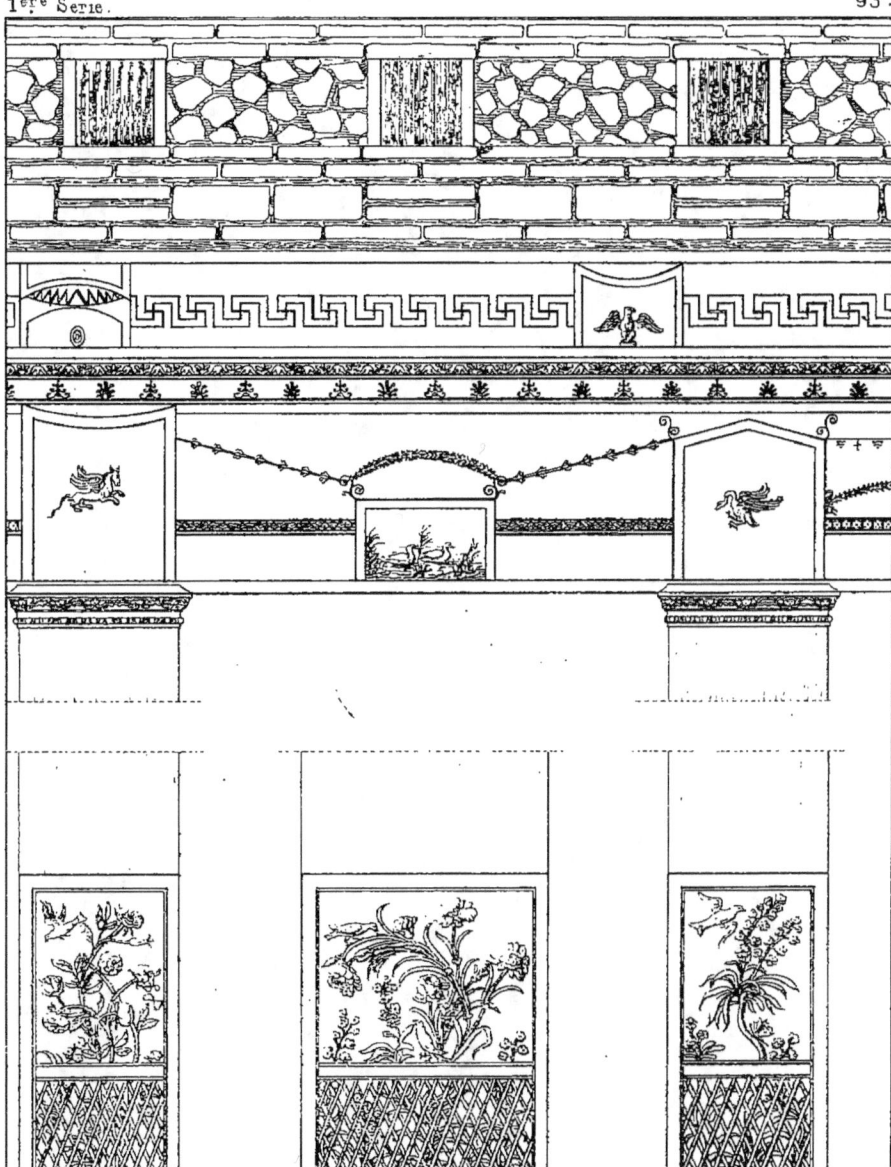

VILLA PSEUDOURBANA.

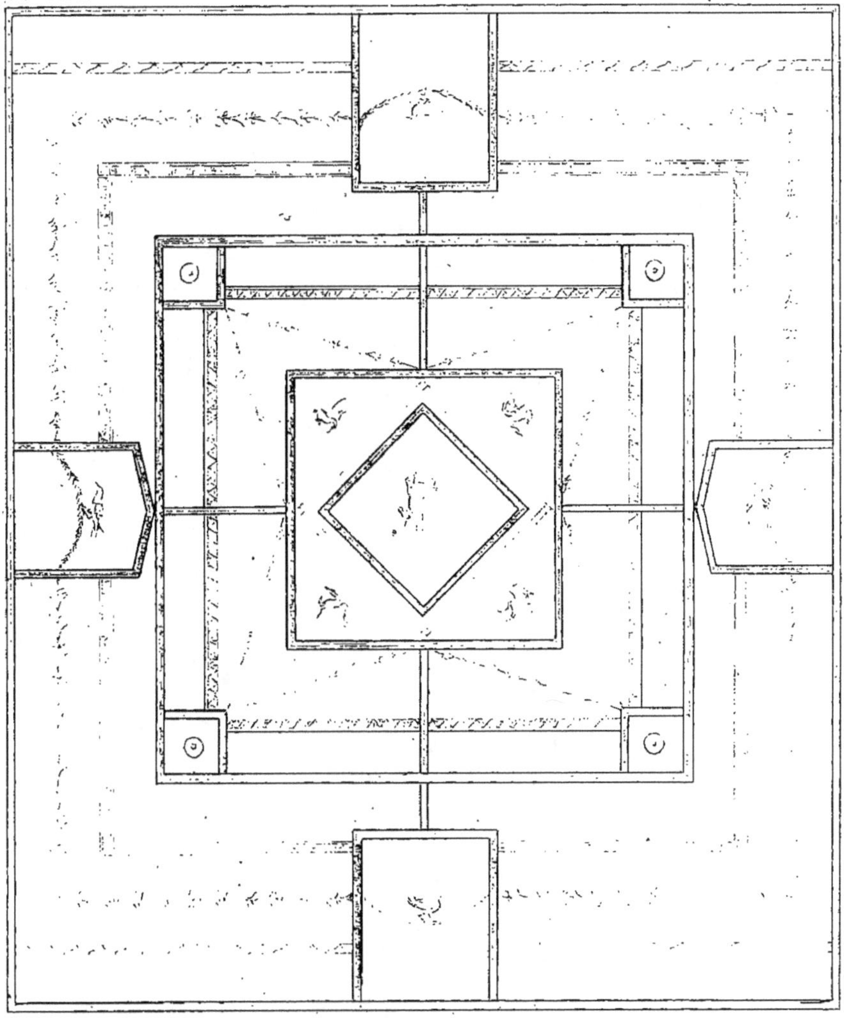

PEINTURES.
Malerei.

1ʳᵉ Série. 94.

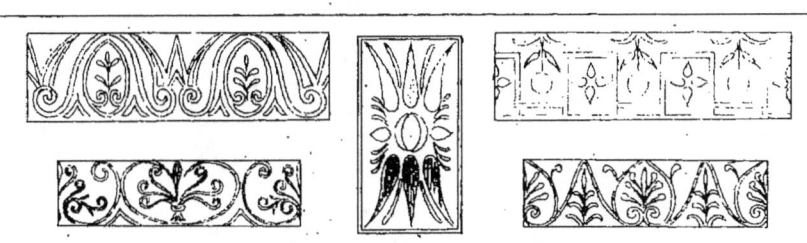

VILLA PSEUDOURBANA.

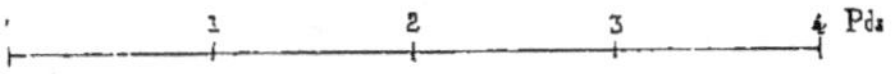

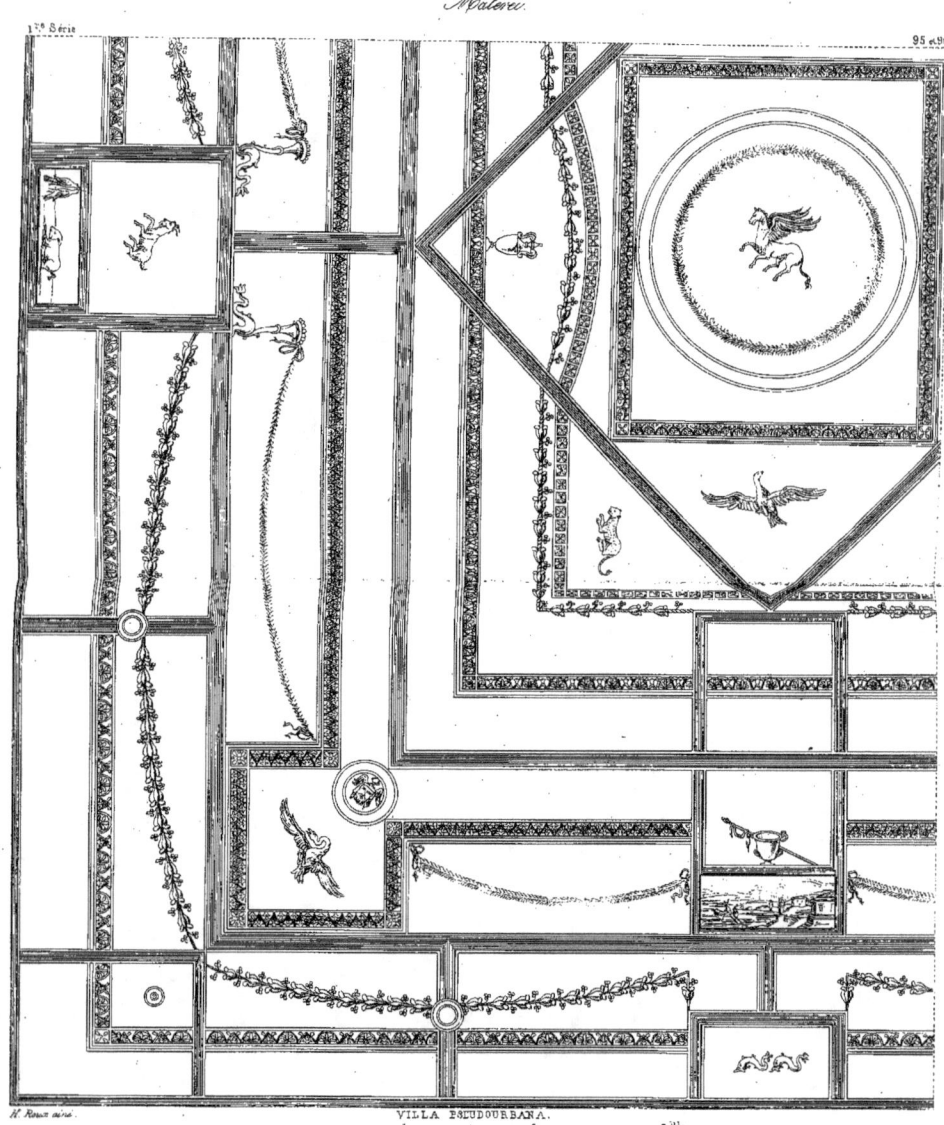

PEINTURES.
Malerei

VILLA PSEUDOURBANA.
MAISON DE CAMPAGNE.
Landhaus.

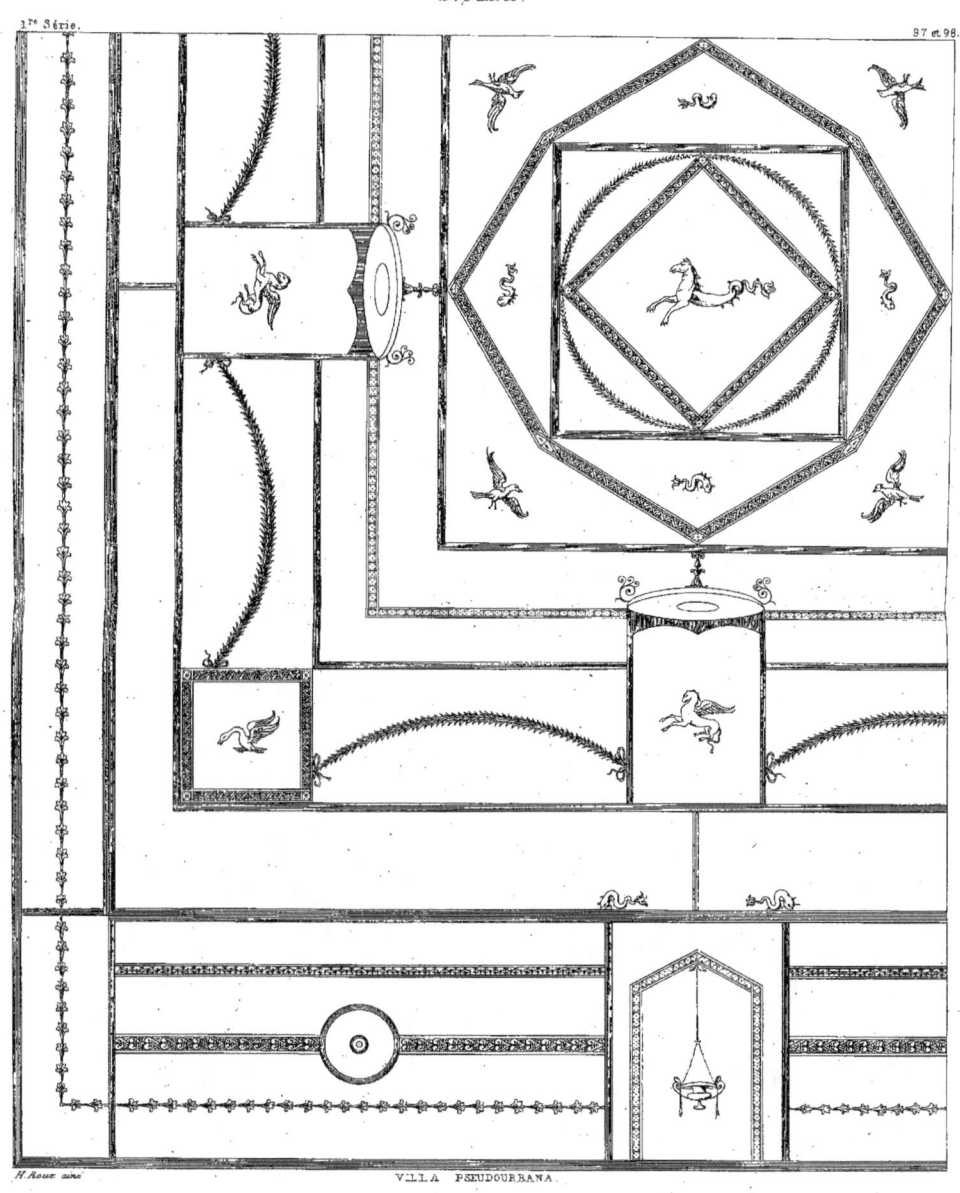

VILLA PSEUDOURBANA.

MAISON DE CAMPAGNE.
Landhaus.

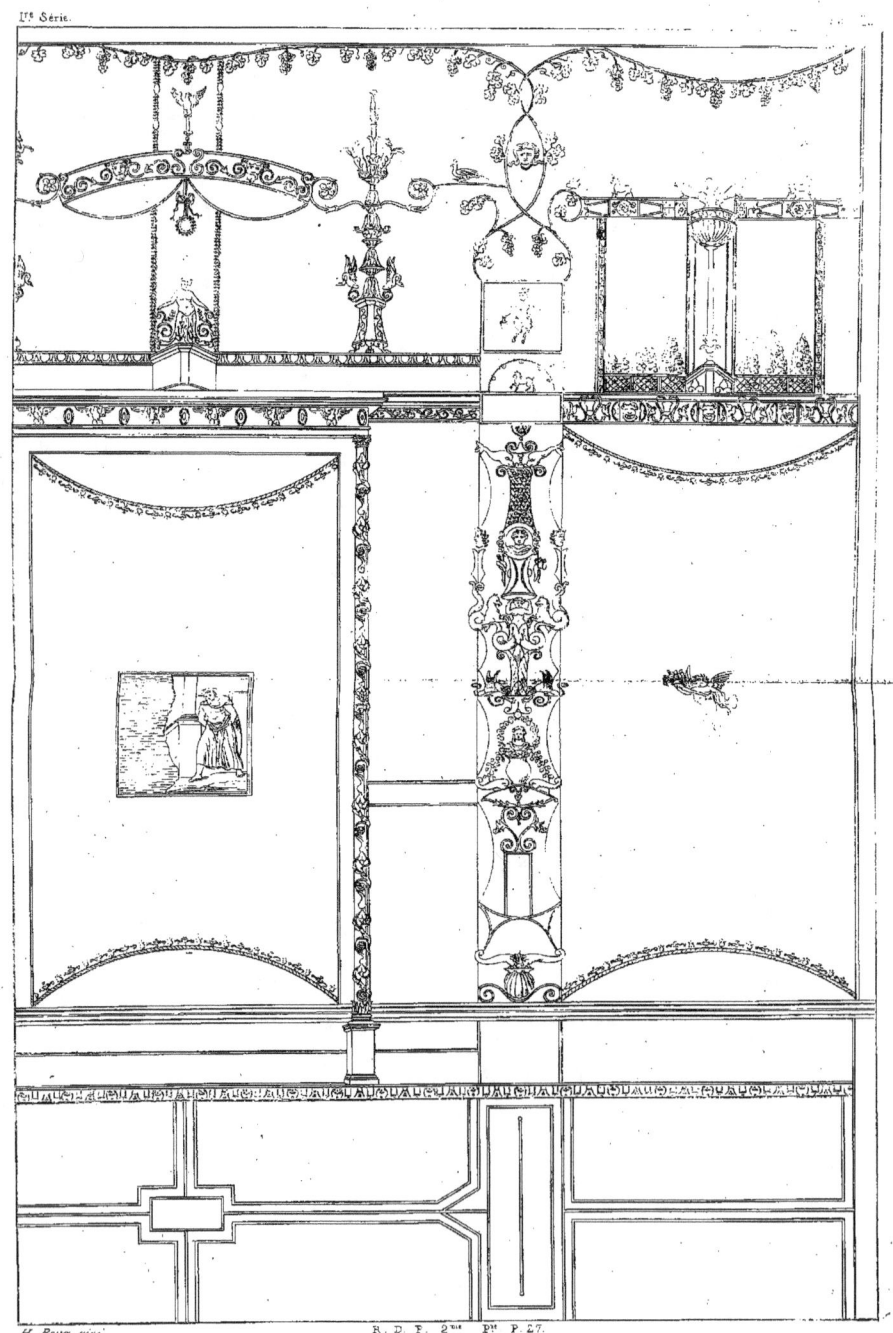

urbana du champ des tombeaux. Les fleurs, les oiseaux, les papillons, qui forment, dans le bas de la première, une espèce de viridarium, sont dessinés avec beaucoup de soin : tout cela était peint sur fond noir et colorié avec beaucoup d'éclat; les barreaux du treillage étaient verts; les deux pilastres, d'une teinte assez claire, laissent entre eux une des ouvertures du portique qui entourait le jardin du côté de l'habitation. On remarque encore un manque de symétrie dans la partie placée au-dessus de la corniche; les trous du mur d'en haut sont les ouvertures ou opes (ὀπαί) dans lesquelles étaient fixées les solives du toit.

Les plafonds appartiennent à trois voûtes surbaissées de l'étage inférieur : le deuxième est d'une teinte obscure; le premier et le troisième sont peints sur un fond blanc, ou au moins sur un fond de teinte très-claire.

PLANCHES 99 et 100.

La décoration que nous donnons ici, et qui est une des plus compliquées de toute la collection, doit être complétée par la pensée, en répétant symétriquement à gauche toute la partie de droite : ainsi, elle occupait tout un côté d'un appartement. Elle a été donnée par l'architecte Mazois, qui l'a extraite lui-même du second recueil dont nous avons parlé, et qui n'a point jugé à propos de l'accompagner d'une description. Il n'y a donc aucun moyen d'en connaître les couleurs ; seulement la gravure, étant ombrée, indique le degré d'obscurité des teintes. Le lambris inférieur, jusqu'à la moitié de la hauteur du piédestal de la colonnette, est noir, sauf les bandes qui le divisent en compartiments ; le fond de la tenture du milieu est d'un degré moins sombre, comme les deux segments de cercle de la frise d'en haut, et comme un petit rectangle qui se trouve vers le bas du montant décoré de dauphins, griffons et hippocampes. Les segments de cercle des côtés de ce montant et la plupart de ses ornements sont d'une teinte moins sombre encore d'un degré, ainsi que le dessus et le dessous des trois tentures, le carré où l'on voit un satyre, les compartiments dessinés dans le haut par la branche de vigne, et plusieurs autres petites parties. Il n'y a d'entièrement blanc que les deux tentures latérales, qui portent un Génie avec la corne d'abondance, et tout le fond de la frise du haut.

Cette indication de teintes nous a donné l'occasion d'énumérer presque toutes les parties importantes de cette composition, un peu bizarre, mais pleine de charme.

Nous y ferons remarquer un chef-d'œuvre de goût, dans les deux candélabres de la frise. Elle offre aussi un souvenir classique, dans un personnage du cadre du milieu, qui est détruit en partie : à son chapeau d'esclave, à son attitude pensive, nous croyons reconnaître Sosie sortant de la maison d'Amphitryon et préparant son fameux récit;

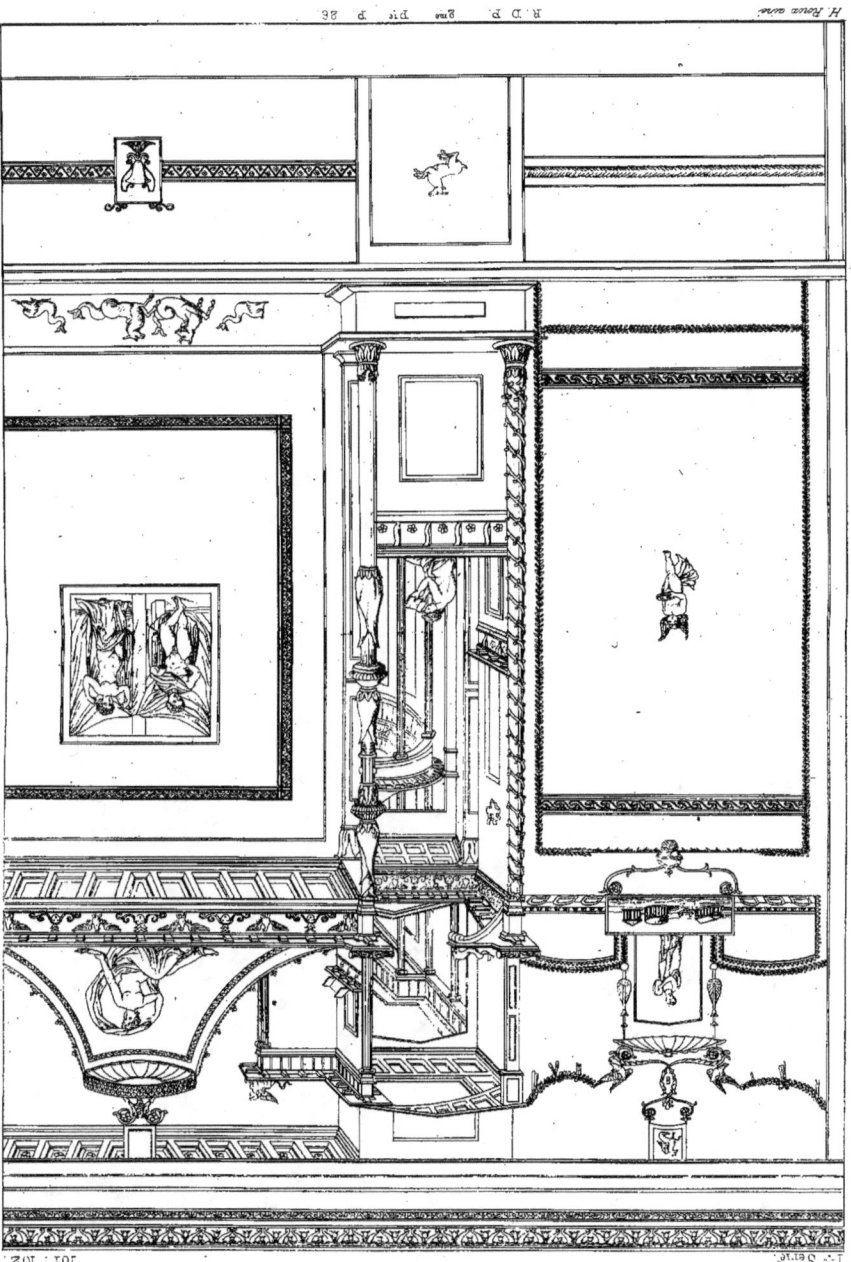

derrière la colonne se trouvait sans doute l'autre Sosie, Mercure, avec un bâton derrière le dos (1).

PLANCHES 101 et 102.

Les observations faites sur l'origine de la fresque précédente s'appliquent également à celle-ci. Il faut supposer que la partie de gauche, dans laquelle est un Génie portant des fruits, se répète symétriquement à droite. Les parties noires sont ici les lambris inférieurs, y compris le cadre dans lequel bondit un jeune taureau, et la petite frise où l'on voit deux taureaux marins et deux dauphins. C'est encore dans un panneau entièrement noir que se trouve le petit tableau de deux personnages, un homme et une femme, entourés de draperies et séparés par un poteau. Il nous est impossible de déterminer quelle scène probablement comique, quelle anecdote ou quel trait mythologique a pu fournir le sujet de cette petite peinture. Au-dessus du tableau est un plafond soutenu par deux colonnes en balustres : sur ce plafond, devant une tenture noire et sous une espèce de dais, se trouve une femme assise. Le noir domine encore dans la petite niche où se trouve une femme jouant du cymbalum et dans le petit cartouche au-dessous du paysage. Les teintes les plus sombres après le noir remplissent quelques cadres et quelques cartouches. Regardez encore la perspective qui se trouve des deux côtés du baldaquin, et où vous voyez un jeune homme qui lit : toute cette architecture, fort habilement disposée, est peinte en clair obscur, avec des tons plus prononcés.

Cette décoration, non moins compliquée que la précédente, paraît encore supérieure à celle-ci par la régularité et l'heureux agencement de ses différentes parties, aussi bien que par la pureté du goût qui domine dans chacune d'elles. Reproduite dans un édifice moderne, son effet serait certainement plus agréable, et elle obtiendrait plus sûrement l'approbation générale.

PLANCHE 103.

Nous avons peu de chose à dire de cette décoration fort simple et de bon goût, qui nous a été transmise comme les précédentes. Les deux petites colonnes composites sont assez jolies. Étrange rencontre, et pur effet du hasard! on trouve des croix de Malte dans deux des compartiments. Il n'y a de blanc que les trois bandes perpendiculaires et la ligne horizontale au-dessous de la frise ; le reste est d'une teinte sombre assez uniforme. Si les deux peintures que nous venons de voir auparavant conviennent aux galeries d'un palais, celle-ci décorerait parfaitement une salle à manger.

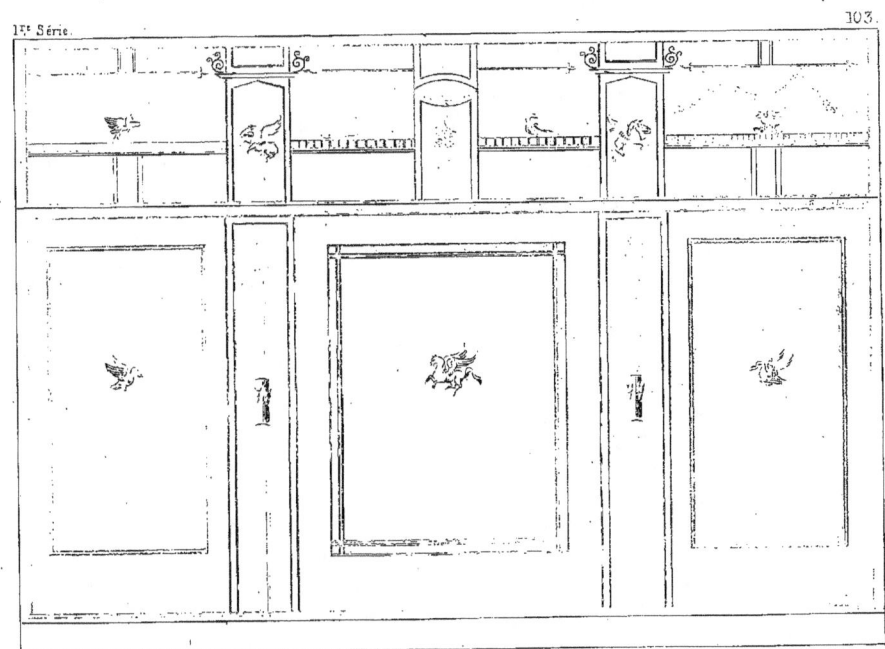

R. D. P. 2me Pie P 29.

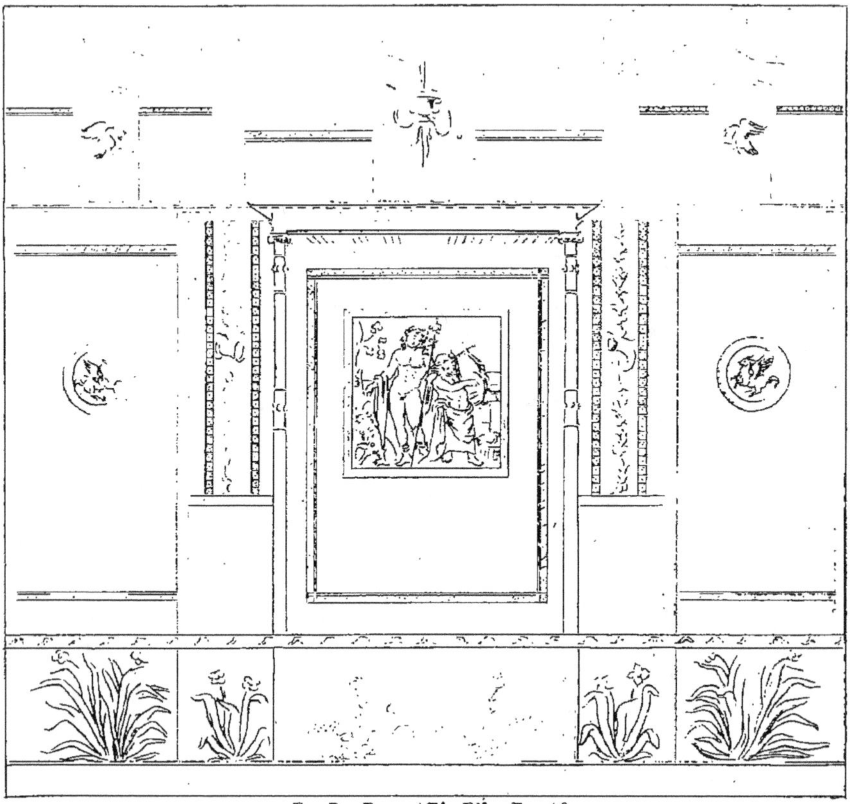

PEINTURES.
Malerei.

1re Série. 104.

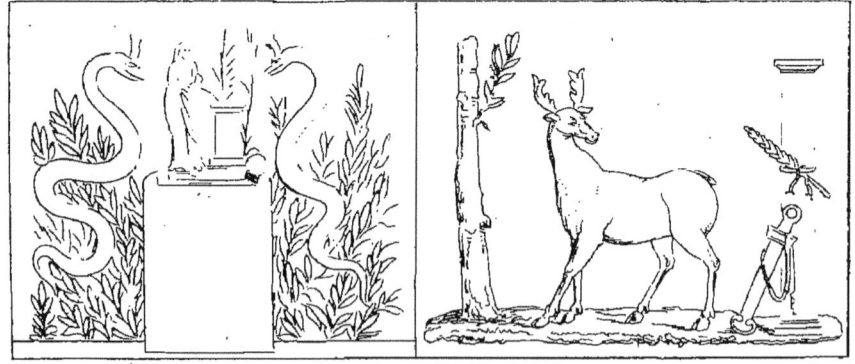

R. D. P. 4.me p.ie P. 42.

R. D. P. 4.me p.ie P. 11.

PLANCHE 104.

La petite décoration qui occupe la partie supérieure de cette planche fait partie de celles du temple de Vénus. On l'a trouvée dans une chambre du logement des prêtres, qui communiquait directement avec l'aréa du temple. Ce qu'elle a de remarquable, c'est le tableau du milieu, représentant Bacchus qui s'appuie d'un côté sur le vieux Silène et qui de l'autre répand du vin sur la tête d'un animal. Ce tableau se trouve gravé plus loin, sous des dimensions qui permettent d'en apprécier le mérite et d'en comprendre les détails. Ce qu'il y a de curieux, c'est la manière dont il était enchâssé ici; il paraît qu'on l'avait déjà détaché d'une autre muraille, en sciant celle-ci, comme le font les modernes, et qu'on l'avait transporté dans le temple de Vénus, où on l'avait fixé avec des crampons, au milieu d'une décoration faite pour cet objet. Ces circonstances nous prouvent que, chez les anciens déjà, ce tableau était considéré comme un morceau de prix : quel cas n'en devons-nous donc pas faire aujourd'hui !

Les deux petites fresques du bas de la planche appartiennent à la décoration du purificatoire, *purgatorium* ou *pastophorium*, qui se trouve dans un angle de l'aréa d'Isis. Le cerf, avec la palme et l'épée, pourrait bien avoir quelque chose d'allégorique, comme nous l'avons remarqué ailleurs (1); peut-être nous offre-t-il un emblème de la lâcheté qui s'éloigne à la fois du danger et de la gloire. L'autre peinture représente un de ces sujets si communs sur les murs de Pompéi, une offrande aux Génies du lieu (2).

PLANCHE 105.

Cette charmante décoration est le cadre dans lequel se trouve enfermé un des meilleurs tableaux de Pompéi, celui que le célèbre Thorwaldsen ne pouvait se lasser d'admirer, et qui a été copié par un habile artiste allemand, M. Zahn, peu de jours après qu'il eut été découvert, et quand les variations atmosphériques n'en avaient pas encore altéré les couleurs. Il représente Tyndare et Léda : on le trouvera gravé plus loin (3). On voit aussi dans cette composition une chasse de centaures, qui sera reproduite ailleurs, sous des dimensions plus commodes (4). L'encadrement est capricieux et compliqué, mais d'une complication qui disparaît un peu dans l'original, grâce à l'éclat et à l'harmonie des teintes, et surtout à la grandeur des dimensions de l'ensemble; cet encadrement est digne du tableau principal. Les deux ouvertures des côtés laissent entrevoir une vaste composition architec-

(1) *Ruines de Pompéi*, tom. IV, par L. Barré.
(2) *Peintures*, 4ᵉ série, pl. 33.
(3) *Peintures*, 2ᵉ série, pl. 140.
(4) *Peintures*, 4ᵉ série, pl. 17.

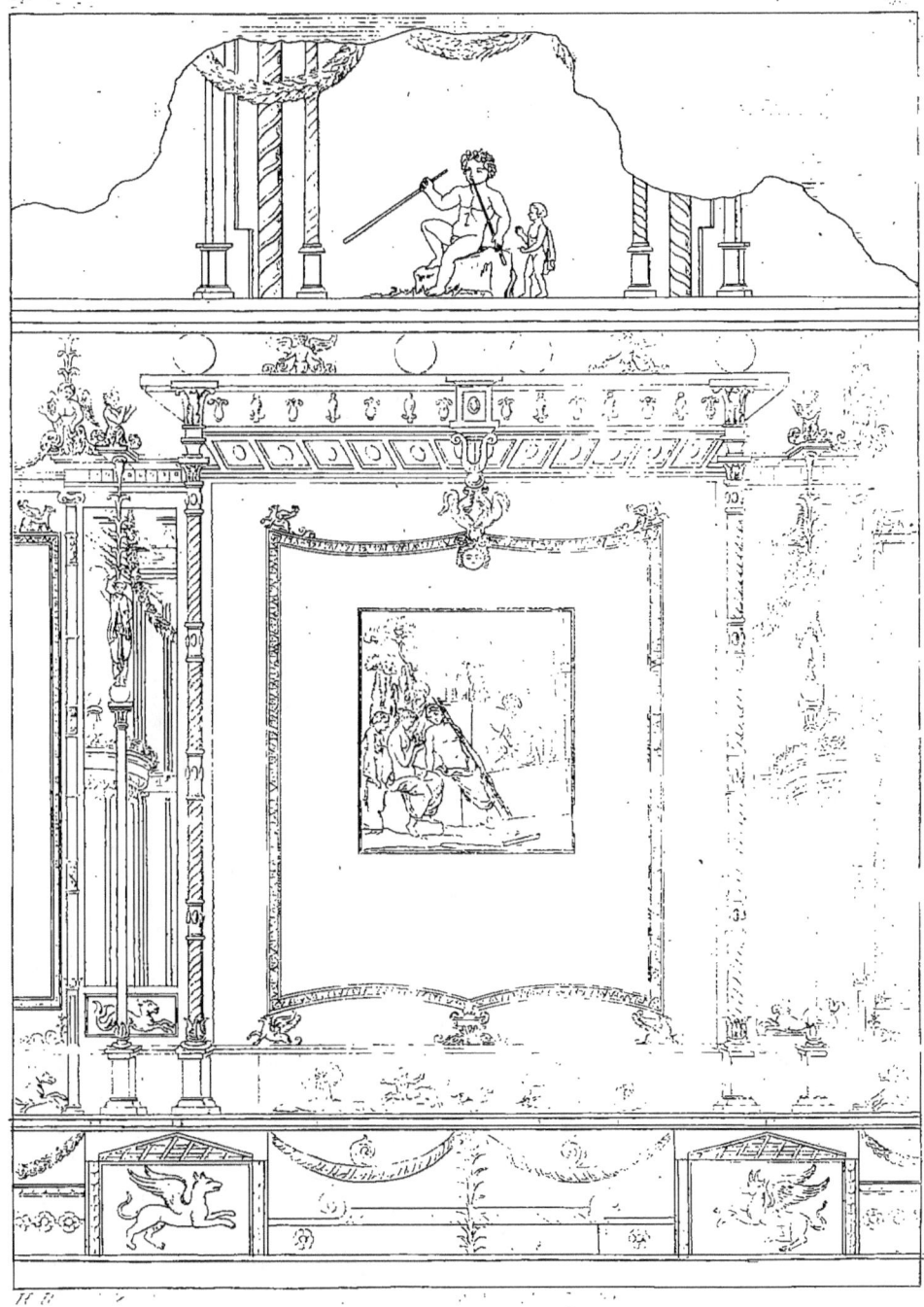

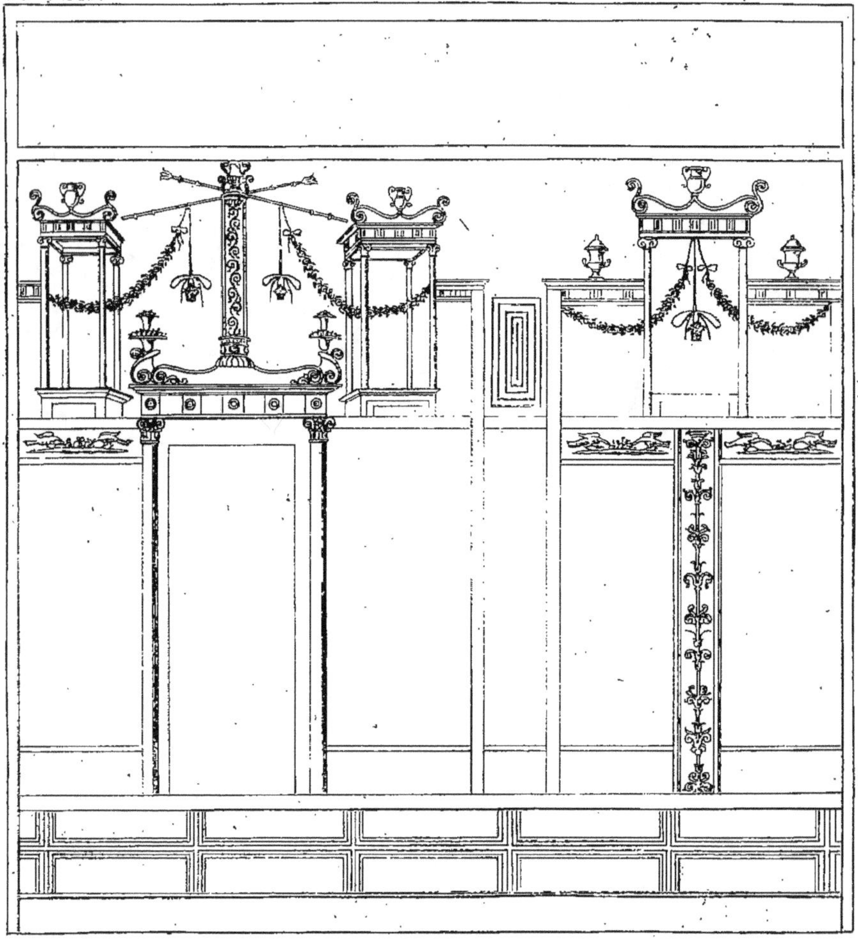

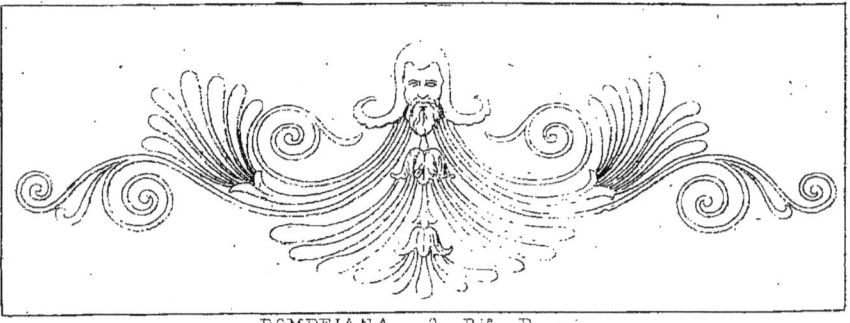

POMPEIANA.

turale, une forêt de colonnettes, et le bleu du ciel à travers leurs lignes effilées : ces deux percées sont d'un très-bel effet. Les Génies et les nombreux animaux qui font partie de la décoration sont dessinés avec beaucoup de goût : cet enfant qui joue de la double flûte est accompagné d'un autre enfant si petit, que le premier paraît un géant auprès du second. L'intention du peintre a sans doute été d'indiquer, par cette supériorité de taille, une divinité : peut-être le jeune Bacchus.

PLANCHE 106.

Lorsque le fils de Marie-Thérèse visita les ruines de Pompéi, on découvrit, en présence de ce monarque, un petit édifice qu'on appela la maison de Joseph II. On lui donna aussi le nom de Maison de Fuscus, à cause d'une inscription qu'on y trouva ; une seconde inscription, sans doute rogatoire, existait encore en partie : elle était tracée en grandes lettres rouges sur l'un des pilastres de la porte, et elle semble se rapporter à cette illustre famille Tullia, à la famille de Cicéron, qui lui-même vécut longtemps à Pompéi :

M. TVLLIV
M. MARCI
P. CI
MAR. III.

Une petite chambre de la demeure dont il s'agit était ornée de cette décoration, très-chargée en couleurs qui contrastent fortement entre elles. L'irrégularité singulière qu'on y remarque provient de ce qu'une des deux parties, celle de droite, devait être cachée en partie par un lit; l'autre partie paraissait alors isolée et symétrique en elle-même. Cette chambre était occupée sans doute par le locataire de la maison des Tullius, par le client qui implore (*rogat*) son noble patron, Marcus Tullius, fils de Marcus : et peut-être le grand Marcus Tullius lui-même est-il entré dans cet appartement : peut-être la voix de l'orateur romain a-t-elle résonné entre ces murailles, et l'œil d'aigle du consul s'est arrêté un moment sur ces lignes et ces couleurs.

La palmette largement développée, que l'on voit au bas de la planche, est tirée d'une des excavations voisines les plus récentes; elle a quelque chose d'encore neuf aujourd'hui, dans un genre où toutes les combinaisons possibles semblent avoir été essayées.

PLANCHE 107.

La première de ces deux peintures murales a été trouvée dans une maison voisine du temple de la Fortune Tullienne. Les couleurs qui y sont employées, le noir et le rouge, sont d'un effet assez tranchant, sans éblouir l'œil; à la partie supérieure, on voit un fond de ciel. Les

PEINTURES.
Malerei.

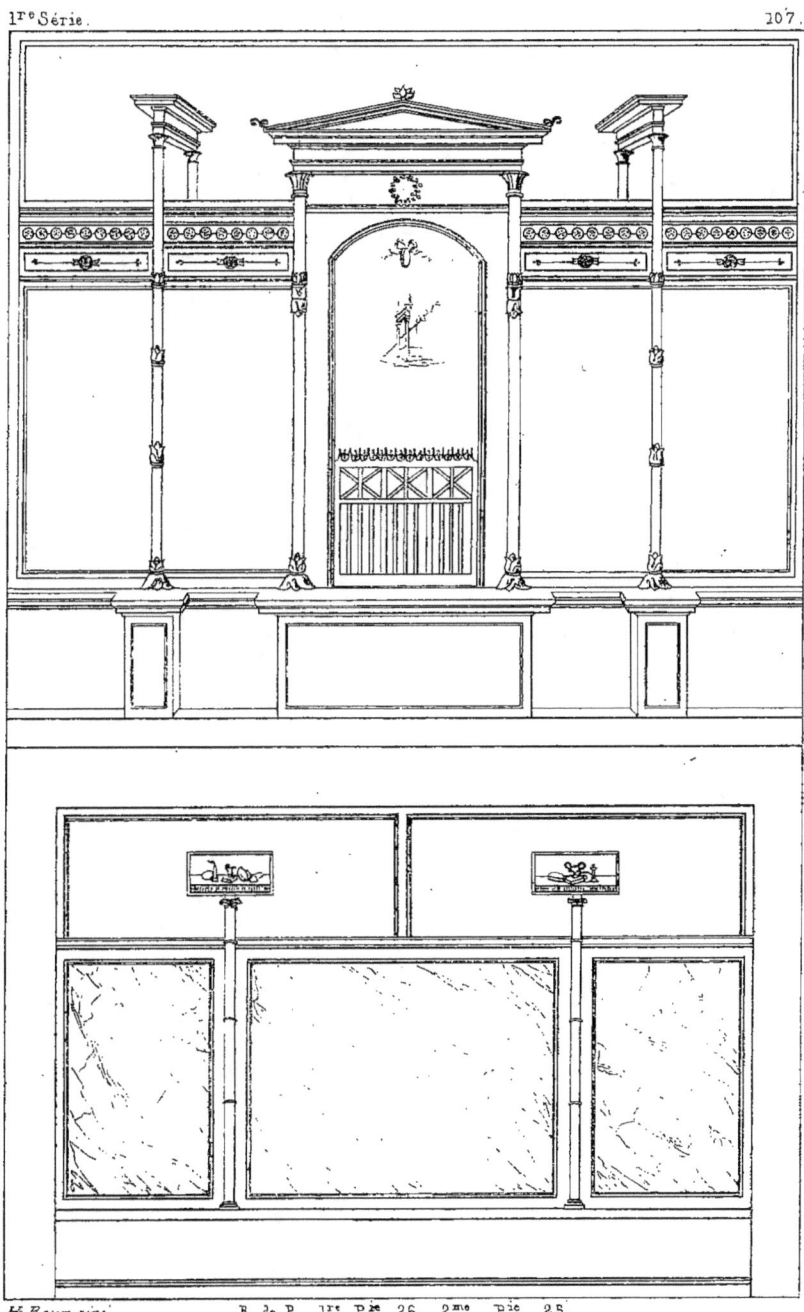

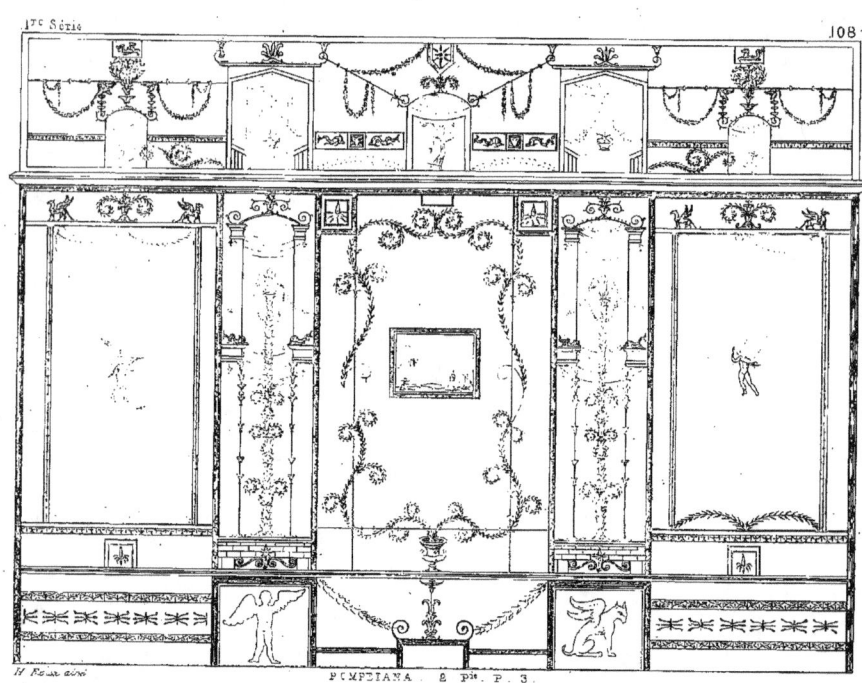

deux colonnettes qui supportent un entablement, et dont l'une est de ce côté de la cloison, tandis que l'autre est censée derrière, dégagent bien la cloison fictive du fond de la muraille.

La seconde est une décoration de salle à manger : lambris de marbre, deux petits tableaux de nature morte sur fond noir, bordure noire autour de tous les panneaux : voilà comme les anciens entendaient la simplicité du décor. Nous avons vu comme ils en comprenaient le luxe.

PLANCHE 108.

Ceci est peint sur le mur d'une seconde chambre de la maison de Joseph II, aussi petite que l'appartement dont nous avons parlé tout à l'heure (1). Autant les couleurs de l'autre fresque sont tranchantes et chargées, autant celles-ci sont légères et pour ainsi dire vaporeuses. Ces festons et ces rinceaux de guirlandes sont d'un effet très-gracieux. C'était une bonbonnière, un véritable boudoir, attenant à la chambre à coucher du client de Cicéron ; la peinture, à la place de laquelle nous avons mis un petit paysage, a été enlevée et placée au musée : on dit que le sujet en était peu décent ; elle doit donc se

(1) Pl. 106.

trouver dans le Musée secret. Visconti la désigne comme représentant Sophonisbe et Massinissa.

FIN DU PREMIER VOLUME ET DE LA Ire SÉRIE DES PEINTURES.

ERRATA

DU TOME PREMIER

La planche 29 porte par erreur le N° 36, elle représente un portique avec un arbre sur le devant.

La planche 49 est la seule de la série qui ne porte pas de numéro, elle représente, comme la planche 48, des figures égyptiennes.

Page 108, ligne 8, *lisez*, 63 à 90.

La planche 108 porte par erreur le N° 112.

SUPPLÉMENT

AUX ERRATA DES DIVERS VOLUMES

POUR LE PLACEMENT DES GRAVURES.

IIIe VOLUME.

La planche 121 porte le N° 159; elle représente Vénus pêchant.
La planche 122 porte le N° 160; elle représente une Danaé.

Ve VOLUME. — 4e SÉRIE.

La planche 46 porte le N° 75; elle représente trois sujets : celui du bas est un perroquet attelé à un char.
La planche 56 porte le N° 60; elle représente deux sujets : celui du haut est inédit; celui du bas, trois petits cadres contenant des oiseaux et des fruits.

VIe VOLUME.

La planche 24 porte le N° 62; c'est une Fortune sur un socle orné de guirlandes.

VIIe VOLUME.

La planche 36 porte le N° 26; elle se compose de 6 lampes dont les deux du haut posées sur des lampadaires.
La planche 57 porte le N° 76; elle contient 9 lampes : les trois du haut représentent deux mains croisées, un mouton et un coq.

AVIS AU RELIEUR

POUR LE PLACEMENT DES PLANCHES DU PREMIER VOLUME.

Planche		Planche	
1—2 vis-à-vis la page	3	41 vis-à-vis la page	58
3	3	42	59
4—5	4	43	60
6—7	7	44	61
8	10	45	62
9	11	46—47	67
10	13	48	70
11	14	49	76
12	17	50—51	78
13	19	52	85
14	20	52 *bis*	86
15	21	53	87
16	22	53 *bis*	88
17	24	54	89
18	25	55	90
19	26	56	94
20	28	57—58	95
21	29	59	103
22	31	60	104
23	32	61	105
24	34	62	106
25	35	63 à 90	108
26—27	37	91	120
28	38	92	122
29	40	93 à 98	124
30	41	99—100	125
31—32	44	101—102	127
33	46	103	128
34	47	104	129
35	48	105	130
36	51	106	131
37—38	53	107	132
39—40	57	108	133

www.ingramcontent.com/pod-product-compliance
Lightning Source LLC
Chambersburg PA
CBHW052237220526
45471CB00001B/88